本书受国家自然科学基金项目"基于'两型社会'的城市规模研究"（71073135）资助

许抄军 著

"两型社会"城市规模研究

RESEARCH ON
CITY SCALE BASED ON
"TWO-ORIENTED SOCIETY"

社会科学文献出版社
SOCIAL SCIENCES ACADEMIC PRESS (CHINA)

摘　要

2012 年末，我国城市化水平为 52.6%，达到世界平均水平，但与发达国家相距甚远；同时，我国城市化不平衡、不协调、不可持续的粗放发展模式严重阻碍了我国经济结构的转型升级。为此，党的十八大报告把"城镇化质量明显提高"作为"经济持续健康发展"的标志之一；同时，把"推动城乡发展一体化"作为"加快完善社会主义市场经济体制和加快转变经济发展方式"的举措之一。之后，2012 年的中央经济工作会议又进一步强调：积极稳妥推进城镇化，着力提高城镇化质量。

通过聚集效应，城市集中了包括人口在内的各种要素，规模不断扩张，产生了许多亟须解答的问题：城市规模对经济效率、资源消耗、环境质量有何影响？多大的城市规模是最优的或适度的？关于这些问题，现有文献从经济效率角度，对最优或适度城市规模进行了大量研究，形成了比较成熟的理论。为进一步落实科学发展观，我国于 2007 年提出"两型社会"建设，并设立武汉城市圈和长株潭城市群为全国资源节约型和环境友好型社会建设综合配套改革试验区。那么，多大的城市规模有利于"两型社会"建设是值得探讨的学术问题。

本研究以我国城市化过程中城市规模问题为主线，结合"两型社会"建设的实践，利用聚集效应、规模经济、系统工程等理论，借鉴城市经济学家巴顿的城市规模–成本收益曲线，着重进行三个关系和两个案例研究。

三个关系是：进一步完善资源消耗–城市规模、环境质量–城市规模两个理论模型，以此为基础建立"两型社会"–城市规模理论模型框架。以我国地级及以上城市为样本进行计量分析，探究城市规模与资源消耗、城市规模与环境质量、城市规模与"两型社会"建设之间的经验关系，为资源节约型和环境友好型城市建设提供理论支持。两个案例是：武汉城市圈、长株潭城市群"两型社会"建设成效比较。从资源与环境、"两型社会"建设成效角度探讨最优或适度城市规模，是对现有理论的有益补充，将为我国"两型社会"建设、城市及城市群可持续发展提供合理政策建议。

全书分为绪论、理论探讨、统计分析、计量研究、结论与建议等主要内容。

第一，绪论部分。介绍了本研究的现实背景及意义、研究方法和创新点、研究框架和结构安排等。

第二，理论探讨。包括对已有文献的综述，我国城市化进程的影响因素分析，综合城市规模测度指标体系的构建，资源消耗－城市规模、环境质量－城市规模、"两型社会"－城市规模三理论模型的构建等方面内容。

基于文献，在追溯"两型社会"思想渊源的基础上，分析了"两型社会"的内涵，构建了"两型社会"综合测度的理论框架和指标体系，构成了本研究的理论起点。

对我国城市化进程及影响因素的分析，是本研究的历史背景。借鉴历史经验，从政治经济学角度，在新的历史发展阶段平稳推进我国新型城市化，应做好顶层设计，坚持科学发展观，提高生产力发展水平；要协调城乡关系，提升城镇化质量，推动城乡发展一体化。

分析了城市规模单一表征法（以城市非农人口表示）的缺陷，从城市人口规模、经济规模和用地规模三个层面，构建了综合城市规模测度指标体系，是本研究创新点之一。

通过理论分析认为：城市人均资源消耗与城市规模之间的关系是正 N 形曲线，城市环境质量与城市规模之间的关系是倒 N 形曲线，"两型社会"建设指数与城市规模之间的相互依存关系比较复杂，本研究简化为 N 形曲线。三理论模型构成了本研究的理论基础，特别是从有利于"两型社会"建设的角度探讨城市规模，是本书的又一创新点。

第三，统计分析。包括我国城市人口规模、经济规模及用地规模的比较研究，"两型社会"建设成效的比较。统计分析构成了本研究的现实背景。

初步探讨了城市经济规模、用地规模的分类标准，是本书的另一创新点。

从全国范围及分区域角度，基于不同表征方法，探讨了我国城市规模等级结构的空间分布；并以 1984 年、1996 年、2011 年的相关数据，从时间维度，探讨、比较不同表征方法下我国城市规模等级结构空间分布的演变及城市体系类型的演变。

基于"两型社会"综合指数，对两个综合改革试验区、不同区域范围的"两型社会"建设成效进行了比较。结论是："两型社会"综合试验区的设立有利于"两型社会"建设，对长株潭城市群更为显著，同时长株潭城市群"两型社会"建设的基础较好；在区域空间上，"两型社会"建设成效由东向西呈递减趋势；在时间维度上，自"两型社会"政策实施以来，全国及四区域范围建设成效在持续下降。本研究涉及的 5 个城市群的"两型社会"建设效果好于四区域空间。

第四，计量研究。涉及生产力水平和城市化水平之间的因果关系，三理论模型的实证研究等，是本书的核心内容。

计量分析表明："生产力水平是城市化水平的 Granger 原因"的单向因果关系成立，生产力水平指数每提高 1 个百分点，城市化率指标将提高 3.115 个百分点。

以资源消耗－城市规模、环境质量－城市规模、"两型社会"－城市规模理论模型为基础，利用我国 2007～2011 年的相关面板数据进行了计量研究，得到关于全国及分区域的经验模型。

在进行面板数据回归中，与城市人口规模（以非农人口表示）相比，综合城市规模指数能提高经验模型的拟合度和稳定性，显示出综合指数度量城市规模的优点；但因为综合城市规模指数是一无量纲数值，不能直接反映人们习以为常的城市人口规模的大小，难以普及推广，其缺陷也显而易见。

第五，结论与建议。概述了本书的主要研究结论，总结了本书的创新与不足之处及后续研究的方向。

Abstract

At the end of 2012, the urbanization level of China was 52.6%, reaching average level of the world, but compared with that of developed country, the gap was great. At the same time, the unbalanced, uncoordinated and unsustainable extensive development model of Chinese urbanization is seriously hindered the upgrading and transformation of Chinese economic structure. Therefore, the report at 18th Party Congress put "The quality of urbanization should improve markedly" as a sign of "The economy should maintain sustainable and sound development"; and "Integrate urban and rural development" as one act of "Accelerating the improvement of the socialist market economy and the change of growth model". Then again, the Central Economic Work Conference (2012) put forward: Actively and steadily promote urbanization, improving the quality of urbanization.

With the agglomeration effect, various elements are centralized in the city, and with the bulgy expansion of cities, many questions have arisen to be answered urgently. How will the scale of cities impact on the economic efficiency, resources consumption and environment quality? How large scale of city is optimal or reasonable? There are lots of researches about the optimal city scale or reasonable city scale from the economics view and some theories have been put forward. In order to carry out the Scientific Outlook on Development, "Two – oriented Society" was proposed in 2007 in China, and the Wuhan Urban Agglomeration and Changsha – Zhuzhou – Xiangtan (CZT) city cluster were approved as a national experimental zone for comprehensive supporting reform to build a "Two – oriented Society" (resource saving and environmentally friendly society). Then, how large of city scale is conducive to the building of "Two – oriented Society"? This is an important academic issue to be discussed deeply.

In this study, we take the city scale of our country' urbanization as the theme, combining with the practice of "Two – oriented society" construction, in light of the theory of Mass Effect, Economies of Scale, Systems Engineering, and so on, based on the theory of Barton's Cost – benefit Curve, this study tries to discuss three relationships and two cases.

The three relationships go as follows: improving the theoretical models of resource consumption – city scale, and environment quality – city scale, then trying to construct a theoretical framework of "Two – oriented society" – city scale on the basis of above theoretical models. To explore the empirical relationship of the three theoretical models, a quantitative analysis is applied, taking the cities at prefecture level and above as sample, providing a theoretical support for "resource saving" and "environmentally friendly" city constructing. And the two cases are the compare of the construction effect of Wuhan Urban Agglomeration and CZT city cluster. To study the optimal or reasonable city scale from the view of resource, environment, and the construction effect of "Two – oriented society", this research will develop existing theories and give some helpful policy suggestions for the construction of "Two – oriented Society", as well as the sustainable development of city or megalopolis of our country.

The main content of this book is organized as follows: introduction, theoretical study, statistics analysis, econometric analysis, and conclusion.

Firstly, in the introduction, this book shows its realistic background, meaningfulness, research methods, contributions, research framework and so on.

Secondly, the theoretical study includes: literature review, identifying the influence factors of China's urbanization process, building measurement index system of comprehensive city scale, constructing a theoretical framework of resource consumption – city scale, environment quality – city scale, and "Tow – oriented society" – city scale, etc.

Based on existing literature, the origin thought of "Two – oriented society" is reviewed, and the connotations of "Two – oriented society" are discussed, which constitutes the theoretical starting point of this research.

The study of China's urbanization process and its' influence factors are the historical background of this research. Based on the historical influence factors of urbanization, some suggests are put forward for the New – type urbanization of China to develop stably as follows: We should do "top – level – design" and adhere to the scientific outlook on development, to improve the level of development of productive forces; we should coordinate the relationship between urban and rural areas and improve the quality of urbanization, to promote the integration of urban and rural development.

The defect of single representation method (city scale is expressed by city non – agricultural population only) for the city scale is analyzed. Then, from the city population scale, economies scale and land scope three level, comprehensive city scale measurement index system is constructed, which is one of the theoretical contributions of this book.

The conclusions of theoretical analysis are as follows: the theoretical model of resource consumption – city scale is a N – shaped curve, the theoretical model of environment quality – city scale is an inverted N – shaped curve, and the theoretical model of "Two – oriented society" – city scale is more complex, but simplified to N or U – shaped curve. Three theoretical models constitute the theoretical foundation of this study, especially, exploring the city scale based on "Two – oriented society" construction, is another contribution of this book.

Thirdly, the statistics study involves: the comparative study of the city population scale, economies scale and land scope of our country, the comparison of the effectiveness of "Two – oriented society" construction, which is the realistic background of this research.

The classification standard to economies scale and land scope of city is discussed, which is another contribution.

The space distribution of city scale hierarchical structure is discussed based on different method from the national and subregional perspective.

The evolution of hierarchical structure of spatial distribution of city scale and the evolution of city system type are discussed based on different method from the time dimension, with the related data of 1984, 1996, and 2011.

The construction effect of "Two – oriented society" of Two Comprehensive Reform Pilot Area and different regions are compared. Get the following conclusions: The establishment of the "Two – oriented society" comprehensive experimental area is favor for "two oriented society" construction, the construction effect of CZT city cluster is better than that of Wuhan Urban Agglomeration, and the base for "two oriented society" construction of CZT city cluster is better than that of Wuhan Urban Agglomeration. In the regional space, the construction effect of "Two – oriented society" is decreasing from east to west; in time dimension, from the "Two – oriented society" policy implementation on, the construction effect of national and four regions continue to decline. The construction effect of five city clusters involved in this research is better than that of four regions.

Fourth, Econometric research includes the causal relationship between the level of productivity and the level of urbanization, an empirical study of three theoretical models, which is the core of this book.

The result of econometric analysis showing as follow: "The level of productivity is the Granger cause of the level of urbanization", and it is one – way causal relationship, when the level of productivity improves 1 percentage, the level of urbanization will raise 3. 115 percentages.

Based on the three theoretical models (resource consumption – city scale, environment quality – city scale, "Tow – oriented society" – city scale), uses panel data from 2007 to 2011 of China, the econometric analysis is made, which results in empirical model of the nation and four regions.

Compared with the city population scale (represented by the non – agricultural population only), the comprehensive index of city scale can improve the fitting degree and stability of empirical model, which is the advantage of the comprehensive index of city scale method. But as a dimensionless number, the comprehensive index of city scale cannot show the city population scale which people used to, so it is difficult to popularize, the defect is obviously also.

The final part is conclusion, which summarizes the main research results, and points out the contribution and deficiencies of the research, and suggests the direction of subsequent research.

目　录

第一章　绪论 ………………………………………………… 1

 第一节　研究的现实背景及意义 ……………………… 1

 第二节　研究方法和创新点 …………………………… 8

 第三节　研究框架和结构安排 ………………………… 9

第二章　"两型社会"相关研究综述 ……………… 13

 第一节　"两型社会"的相关理论探讨 …………… 13

 第二节　"两型社会"建设的制度支持与国际经验 …… 16

 第三节　"两型社会"建设过程中利益相关者的行为探讨 ……… 21

 第四节　"两型社会"建设与产业支持 …………… 26

 第五节　"两型社会"综合测度的理论探讨 ……… 41

 第六节　本章小结 …………………………………… 53

第三章　我国城市化进程及影响因素分析 ……… 55

 第一节　我国城市化进程的阶段划分及其特征 …… 55

 第二节　基于政治经济学的城市化内涵 …………… 58

 第三节　我国城市化进程的影响因素——历史的经验与借鉴 ……… 60

 第四节　如何推进新型城镇化——基于政治经济学视角的建议 …… 68

 第五节　本章小结 …………………………………… 70

第四章 我国城市人口规模、经济规模及用地规模的比较研究 ········ 71

第一节 城市规模的界定与度量 ·················· 71

第二节 基于不同表征方法的城市规模等级结构空间分布
现状比较 ·························· 74

第三节 基于不同表征方法的城市规模等级体系的演变特点
——1984～2010 年的实证分析 ············ 86

第四节 不同表征方法的城市规模等级体系分布类型的
现状与演变 ························ 104

第五节 本章小结 ························· 122

第六节 进一步探讨的问题 ··················· 126

第五章 资源节约型、环境友好型城市规模探讨 ············· 132

第一节 最优城市规模的研究进展 ··············· 132

第二节 资源消耗－城市规模、环境质量－城市规模理论
模型的进一步完善 ···················· 136

第三节 综合城市规模测度研究 ················ 150

第四节 资源消耗－城市规模、环境质量－城市规模实证
模型探讨 ·························· 157

第五节 全国范围经验模型的最优和适度城市规模 ········ 177

第六节 分区域的经验模型比较 ················ 178

第七节 既有利于"资源节约"又有利于"环境友好"的
城市规模探讨 ······················ 187

第八节 本章小结 ························· 189

第六章 "两型社会"－城市规模理论与经验模型初探 ········· 191

第一节 "两型社会"综合配套改革试验区建设成效比较 ······· 191

第二节　不同区域范围"两型社会"建设成效比较 …………… 202

第三节　基于"两型社会"综合指数的最优和适度城市规模

　　　　探讨 …………………………………………………… 208

第四节　本章小结 ……………………………………………… 222

第七章　结论与建议 …………………………………………… 224

第一节　本研究的结论 ………………………………………… 224

第二节　本研究的对策建议 …………………………………… 232

第三节　本研究的创新之处 …………………………………… 232

第四节　本研究的不足之处及后续研究问题 ………………… 233

主要参考文献 …………………………………………………… 234

后　记 …………………………………………………………… 245

CONTENTS

Chapter 1   Introduction / 1

    1. 1   Research Background and Significance / 1

    1. 2   Research Methods and Contributions / 8

    1. 3   Research Framework / 9

Chapter 2   Review of Related Research on "Two – oriented Society" / 13

    2. 1   Theoretical Research on "Two – oriented Society" / 13

    2. 2   System Support and International Experience of "Two – oriented Society" Construction / 16

    2. 3   Research of Stakeholder Behavior in "Two – oriented Society" Construction / 21

    2. 4   Industry Support and "Two – oriented Society" Construction / 26

    2. 5   Theoretical Research on Comprehensive Measurement for "Two – oriented Society" / 41

    2. 6   Summary / 53

Chapter 3   China's Urbanization Process and the Determining Factors / 55

    3. 1   The Stage Division and Its Characteristics of China's Urbanization / 55

    3. 2   The Political Economic Meaning of Urbanization / 58

    3. 3   The Determining Factors of China's Urbanization: Historical Experience and Lessons / 60

3. 4　How to Put Forward the New Type of Urbanization: Suggestions

Based on Political Economy / 68

3. 5　Summary / 70

Chapter 4　Comparative Study of the City Population Scale,

Economic Scale and Land Use Scale in China / 71

4. 1　Definition and Measurement of City Scale / 71

4. 2　Comparison of Present Situation of Space Distribution of

City Scale System Based on Different Methods / 74

4. 3　Evolutionary Characteristics of City Scale Hierarchical

Structure Based on Different Methods: Empirical Analysis

from 1984 to 2010 / 86

4. 4　Present Situation and Evolution of Distribution Pattern of City

Scale System Based on Different Methods / 104

4. 5　Summary / 122

4. 6　Further Discussion / 126

Chapter 5　Research on the Scale of Resource Conserving and

Environment Friendly Cities / 132

5. 1　Research Progress on Optimal City Scale / 132

5. 2　To Further Improve the Theory Model of Resource Consumption –

City Scale and Environment Quality – City Scale / 136

5. 3　Research on the Measurement of Comprehensive City Scale / 150

5. 4　Research on Empirical Model of Resource Consumption –

City Scale and Environment Quality – City Scale / 157

5. 5　Optimal City Scale and Suitable City Scale of Empirical

Model from the National Perspective / 177

5. 6　Regional Comparison of Empirical Models Perspective / 178

5. 7　Research on City Scale in Favor of Resource Conserving and Environment Friendly / 187

5. 8　Summary / 189

Chapter 6　Preliminary Study of the Theoretical and Empirical Models of "Two – oriented Society" – City Scale / 191

6. 1　Comparison of the Construction Effect of Experimental Zone for Comprehensive Supporting Reform to Build a "Two – oriented Society" / 191

6. 2　Comparison of the Construction Effect of "Two – oriented Society" in Different Regions / 202

6. 3　Study of Optimal City Scale and Suitable City Scale Based on Composite Index of "Two – oriented Society" / 208

6. 4　Summary / 222

Chapter 7　Conclusions and Discussion / 224

7. 1　Conclusions of this Research / 224

7. 2　Suggestions of this Research / 232

7. 3　Contributions of this Research / 232

7. 4　Deficiencies of this Research and the Direction of Subsequent Research / 233

References / 234

Postscript / 245

第一章　绪论

第一节　研究的现实背景及意义

一　研究的现实背景

进入 21 世纪以来，我国的城市化快速发展，2012 年末城市化水平已达到 52.6%，但与发达国家 80% 以上的城市化水平相距甚远。中国的 21 世纪是城市化的世纪。诺贝尔经济学奖获得者斯蒂格利茨曾指出：21 世纪影响世界发展的最大两件事，一是美国的高科技产业，二是中国的城市化。当前，我国经济发展正处于企稳回升的重要战略机遇期，如何改变城镇化（本研究对"城市化"和"城镇化"不作严格的区分，视为等同）不平衡、不协调、不可持续的粗放发展模式，使之成为拉动我国经济持续增长的动力，成为理论研究和政策制定所关注的焦点。

为此，党的十八大报告把"城镇化质量明显提高"作为"经济持续健康发展"的标志之一；同时，把"推动城乡发展一体化"作为"加快完善社会主义市场经济体制和加快转变经济发展方式"的举措之一。之后，2012 年的中央经济工作会议又进一步提出：积极稳妥推进城镇化，着力提高城镇化质量。认为城镇化健康发展是扩大内需的最大潜力所在；城市体系的合理布局要与区域经济发展、产业布局及资源环境承载力协调；农业人口市民化是城镇化的实质所在；要在生态文明理念指导下走新型城镇化道路。

2013 年的中央 1 号文件提出：以城乡一体化解决"三农"问题。强调把解决好农业问题作为重中之重，把城乡发展一体化作为解决"三农"问题的根本途径；统筹协调，促进工业、信息、城镇、农业现代化同步发展,强化现代农业基础支撑,推进新农村建设。2013 年的政府工作报告也进一步指出:强化农业农村发展基础,推动城乡发展一体化。"城镇化健康发展、城乡发展一体化"被上升到"扩大内需、加快转型升级、解决三农问题"的高度。

具体地说,本研究是基于以下现实背景。

(一) 中国发展面临的现实约束

中国的城市化正面临着资源枯竭、环境恶化的巨大挑战,实现可持续发展压力大。特别是水资源、土地资源和能源的紧缺,对中国经济持续发展的制约作用已初现端倪;同时,治理已被污染的环境正消耗着大量的资源,成为阻碍中国经济持续增长的绊脚石。

首先,高资源消耗模式难以持续。从资源总量看,我国属于资源大国,但由于人口基数大,从人均资源量看又是一个资源小国,大多数资源的人均占有量都远低于世界平均水平。尤其是一些对经济发展具有重要意义的战略性资源,我国的人均拥有量远远低于世界平均水平。其中,水资源、土地资源不到世界人均水平的 1/4、2/5;石油、天然气、铁矿石、铜和铝土矿等重要矿产资源人均储量,分别为世界人均水平的 11%、4.5%、42%、18% 和 7.3%。[1] 随着经济的高速增长,导致人均资源消耗量急剧上升,资源供给压力不断增大,同时也使环境污染加重,不利于可持续发展的实现。

刘耀彬和谢宜春 (2013)[2] 的研究表明,可利用耕地与可用水资源的总体阻力,导致中国的年度经济增长率降低 1.3 个百分点,而在各省份和区域中的个体与总体阻力存在着显著的差异。

从资源利用效率看,长期以来我国资源利用效率低下,资源消耗强度大,通过高资源消耗来实现工业化和城市化。2012 年《BP 世界能源统

---

[1] 国家发改委经济研究课题组:《破除资源与环境约束的可持续发展战略》,《经济研究参考》2012 年第 43 期,第 58 ~ 59 页。

[2] Yaobin Liu, Yichun Xie, "Measuring the Dragging Effect of Natural Resources on Economic Growth: Evidence from a Space – Time Panel Filter Modeling in China", *Annals of Association of American Geographers*, This Article was Downloaded by Peking University on 04 June, 2013.

计》① 报告中指出，2011 年，全球所有净增长均来自新兴经济体，仅中国就占全球能源消费增长的 71%。从增长量看，2011 年中国的能源消费量增长了 5.5%，即 50.5 万桶/日，再次成为全球能源消费量增长最快的国家；从日消费量看，中国（内地）的石油消费量达每天 975.8 万桶，若加上香港地区石油消费量，则以 1012.1 万桶成为全球第二大原油消费国。但我国能源利用系统效率仅为 33.4%，比国际先进水平约低 10 个百分点；单位GDP 能耗水平分别为日本的 2.2 倍、德国的 2.4 倍、美国的 1.6 倍。②

从资源对外依存度看，主要战略性资源对外依存度不断上升③，能源问题尤为突出。2013 年 2 月 4 日，国家发改委数据显示：2012 年，我国生产原油 20748 万吨，同比增长 1.9%；进口原油 27109 万吨，同比增长7.3%；原油对外依存度 56.4%，创下历史新高。进口铁矿砂 7.4 亿吨，同比增长 8.4%，对外依存度约为 70%。根据中国当前拥有的部分不可再生自然资源储量，如果假定中国未来不可再生自然资源的开采额依然保持现有规模，那么预计煤炭可用于未来 34.5 年使用，石油为 13 年，天然气为 36.5 年，铁矿石则为 25～26 年。④

2013 年 7 月 14 日，在 2013 年 APEC 工商领导人中国论坛上，全国政协常委、经济委员会副主任李毅中表示，当前中国工业经济存在自主创新能力不强、资源环境难以支撑、产业结构不合理、地区和行业发展不平衡等深层次问题和结构性矛盾，上述四个问题如果没有明显改善，一味追求GDP 的增幅，不可能实现工业化。李毅中进一步指出：2012 年，中国单位GDP 能耗是世界平均水平的 2 倍，是发达国家的 4 倍，总耗能占全世界能源的 21.3%，却只创造了全世界 GDP 的 11.6%；同时，中国原油进口的

---

① www.bp.com/statiscalreview.
② 国家发改委经济研究课题组：《破除资源与环境约束的可持续发展战略》，《经济研究参考》2012 年第 43 期，第 58～59 页。
③ 按照王春秋 2006 年的数据，我国 45 种主要矿产资源的人均占有量不足世界平均水平的50%，其中石油、天然气、铁矿石、铜和铝等重要矿产资源的人均储量分别相当于世界平均水平的 11%、4.5%、42%、18% 和 7.3%。参见王春秋《我国的资源约束现状与可持续发展战略》，《中国矿业》2006 年第 4 期，第 6～9 页。
④ Cuyck，"China's Energy Security：Perception and Reality"，*Energy Policy*，2011，39，pp.1330 – 1337.

依存度超过 56%，预计到 2020 年要超过 69%。铁矿石按含铁量计算一半需要进口，铝和铝材一半需要进口，铜和铜材 70% 需要进口。

其次，环境污染压力大。《2012 年中国环境状况公报》[①] 指出：2012 年，全国现有水土流失面积 294.91 万平方千米，占普查范围总面积的 31.12%。其中，水力侵蚀面积 129.32 万平方千米，风力侵蚀面积 165.59 万平方千米。2012 年，全国共发生草原火灾 110 起，受害草原面积 127133 公顷，经济损失 10990.9 万元。与上年相比，全国草原火灾次数增加 27 起，受害草原面积增加 109659.6 公顷，重特大草原火灾增加 4 起。草原鼠害危害面积为 3691.5 万公顷，约占全国草原总面积的 9.2%，比上年减少 4.7 个百分点；全国草原虫害危害面积为 1739.6 万公顷，约占全国草原总面积的 4.3%，比上年减少 1.5 个百分点。2012 年，全国工业固体废物产生量为 329046 万吨，综合利用量（含利用往年贮存量）为 202384 万吨，综合利用率为 60.9%。随着工业化、城镇化和农业现代化不断推进，农村环境形势依然严峻。突出表现为工矿污染压力加大，生活污染局部加剧，畜禽养殖污染严重。

国家海洋局发布《2012 年中国海洋环境状况公报》[②] 显示：2012 年，近岸海域水体污染、生态受损、灾害多发环境问题依然突出，蓬莱 19 - 3 油田溢油事故和大连新港 "7·16" 油污事件对邻近海域生态环境造成的污染损害依然存在，日本福岛核泄漏事故对我国管辖海域造成的影响仍不确定。2012 年，我国江河污染物入海量上升，陆源排污对海洋环境影响显著。72 条主要江河携带入海的污染物总量约 1705 万吨，较上年有所增加。辽河口、黄河口、长江口和珠江口等主要河口区环境状况受到明显影响。监测的 435 个入海排污口达标排放次数占监测总次数的 51%，与上年基本持平。入海排污口邻近海域环境质量状况总体依然较差，排污口邻近海域 75% 水质、30% 沉积物质量不能满足海洋功能区的环境质量要求。

---

① 《2012 年中国环境状况公报》，http://jcs.mep.gov.cn/hjzl/zkgb/2011zkgb/。
② 国家海洋局发布《2012 年中国海洋环境状况公报》，http://www.gov.cn/gzdt/2013 - 03/20/content_ 2358728.htm。

根据中国可持续发展研究会网站发布的消息[1]：当前饮用水水源保护形势十分严峻，城市饮用水水源保护区内排放工业和城镇生活废水总量为15.1亿吨，占全国工业和城镇生活废水排放总量的2.7%，130个水源保护区内环境污染以工业源为主，133个保护区内存在化工企业等高风险污染源，294个保护区内存在危险品运输现象，1600个水源未设立规范标志和防护措施，439个水源未制定突发环境事件应急预案且部分水源应急预案操作性差，大部分城镇没有备用水源。不仅如此，根据"十一五"期间全国城镇饮用水水源地调查，在饮用水水源保护区和准保区内，尚有1129个加油站、4297个地下油罐、191个垃圾填埋场和439个矿山开发。

与饮用水水源一样，城市的空气质量状况也不容乐观。2013年第2个周末，我国中东部陷入严重雾霾；统计发现，在全国74个监测城市中，有33个城市的部分检测站点检测数据超过300，即空气质量达到了严重污染；2013年1月12日晚，污染已扩散至沿海地区[2]；2013年春节前后，中国沿海地区的一些主要城市先后都经历了严重的雾霾天气。

2013年5月，广州市食品药品监管局网站公布了第一季度餐饮食品抽检结果，其中一项结果为44.4%的大米及米制品抽检产品发现镉超标。随后的一项调查表明，在华东6个地区的县级以上市场中，随机采集大米样品91个，结果显示：10%左右的市售大米镉超标。另有调查显示，我国受重金属污染的耕地面积已达2000万公顷，占全国总耕地面积的1/6。[3]

（二）　中国发展观的理论探索与现实选择

传统发展观导致人类发展的不可持续性日益显现。通过对传统发展观的反思，人们提出了可持续发展概念；在可持续发展与中国经济实践结合的过程中，产生了科学发展观；"两型社会"的提出，则是可持续发展和科学发展观的具体实践。

---

[1] 《饮用水水源现状堪忧　八成城市空气不达标》，http：//www.kcxfz.org/News_Content.aspx? NewsId=1046，2012-12-13。

[2] 《33城市空气遭遇严重污染，雾霾天气向南部扩张》，http：//sc.people.com.cn/n/2013/0113/c345460-18012131.html，2013-01-13。

[3] 《调查显示中国现有2000万公顷耕地受到重金属污染》，http：//news.163.com/13/0526/19/8VQTE8SI0001124J.html。

资源与环境是可持续发展的基础，不实现资源与环境的可持续利用就无法实现可持续发展的目标。资源短缺、环境恶化是我国工业化和城市化发展的“瓶颈”，严重制约着我国的可持续发展。为了实现工业化和城市化，缓解资源约束矛盾，关键在于提高资源利用效率，大力降低工业化和城市化进程中的资源消耗量，走资源节约型和环境友好型工业化和城市化道路，即在“两型社会”理念指导下走新型的工业化和城市化道路。

为破解我国资源、环境约束，实现可持续发展，十八大报告进一步指出：大力推进生态文明建设。建设生态文明，是关系人民福祉、关乎民族未来的长远大计。面对资源约束趋紧、环境污染严重、生态系统退化的严峻形势，必须树立尊重自然、顺应自然、保护自然的生态文明理念，把生态文明建设放在突出地位，融入经济建设、政治建设、文化建设、社会建设各方面和全过程，努力建设美丽中国，实现中华民族永续发展。生态文明建设的提出，与资源节约型和环境友好型的基本国策一脉相承。

可持续发展概念提出之后，逐步由理论走向实践，不断和具体领域相结合。城市是一国或一区域经济增长极，是各种社会政治和经济活动的中心，人类的未来将反映在城市中（陈光庭，2007）；我国城镇化处在快速发展时期，更应该重视城市化的可持续发展（程俐骢，2009），城市应成为可持续发展的核心区域。现有文献对此进行了许多有益的探索（王放，2000；王新文，2002；孙久文、张佰瑞等，2006）。关于城市可持续发展的文献，涉及诸多方面内容，其中最优城市规模是焦点之一，李培（2007）、陈卓咏（2009）分别对此进行过相关述评。但从资源消耗和环境质量的角度探讨城市规模的文献较少。

“两型社会”的提出，也引发了“两型社会”相关问题的学术研究。现有文献总结了许多实践经验，也进行了相关理论探索。部分学者对“两型社会”的内涵和本质、消费方式变革、工业化战略举措、产业结构调整以及环境保护等进行了研究。还有学者从行政管理、财政税收、金融服务、产业和消费、教育与法制等方面研究体制机制创新，为“两型社会”建设提供了有价值的改革思路和政策建议（欧阳峣、生延超，2009）。2009年3月，首届“两型社会建设论坛”在长沙举行。与会者围绕“两型社会理论”“两型社会建设与体制机制改革”“两型社会与新型工业化、农业现代化道路"和"两型社会建设与新型城市化道路"等问题进行了广泛和深入的研讨（乔海曙、王修华，2009）。2010 年 4 月，第二届"两型社会建设国际论坛"在长沙举行。"生态文明、低碳经济与两型社会建设""结构升级与两型社会建设""完善开放经济体系与两型社会建设"和"体制机制创新与两型社会建设"等问题成为主要议题。两届论坛的顺利召开，为"两型社会"研究创造了理论氛围，把相关研究推向了新的高度。但关于"两型社会"建设与城市规模关系的探讨比较缺乏。

十八大报告提出：坚持节约资源和保护环境的基本国策，坚持节约优先、保护优先、自然恢复为主的方针，着力推进绿色发展、循环发展、低碳发展，形成节约资源和保护环境的空间格局、产业结构、生产方式、生活方式，从源头上扭转生态环境恶化趋势，为人民创造良好生产生活环境，为全球生态安全做出贡献。

二 研究意义

随着可持续发展概念的提出及相关研究不断深入，作为区域中心的城市，逐渐成为可持续发展的核心领域。城市可持续发展涉及城市领域诸多因素，城市规模的演变与选择则是基本问题之一，给我们带来许多迫切需要解答的问题：城市规模对经济效率、人均资源消耗（简称资源消耗）、环境质量等有何影响？什么样的城市规模对于经济效率、资源消耗、环境质量等来说是适度的、最优的？在"两型社会"建设的前提下，"两型社会"建设与城市规模的关系怎样？多大的城市规模对"两型社会"来说是最优的、适度的？

有关这些问题的研究，现有文献从经济效率的角度，对最优城市规模进行了大量的理论和实证探讨。这些分析以西方经济学中最大化原理为出发点，不考虑资源、环境对城市发展的制约作用，其结果更多偏向于城市的经济效应。从资源消耗和环境质量的角度，研究最优或适度城市规模问题，探讨有利于降低资源消耗与提高环境质量的最优或适度城市规模，为我国城市"两型社会"建设、城市群的可持续发展，从资源和环境管理方面提供合理的政策建议，具有一定现实意义，是对现有最优城市规模理论的有益补充。

另外，现有文献在研究城市规模时，大多以城市非农人口来度量城市规模，而城市规模还涉及经济规模、用地规模。在研究城市规模问题时，综合考虑城市规模各方面的因素，准确反映城市规模的变化，在我国城市化快速发展进程中极为重要。

第二节　研究方法和创新点

一　研究方法

在研究过程中，按照"提出问题—建立理论模型框架—实证研究（统计和计量分析、案例分析）—得到经验模型—提出政策建议"的研究思路。运用文献分析法、定性分析法、多元统计法、计量分析法和案例研究法等方法完成上述研究。具体见图 1-1。

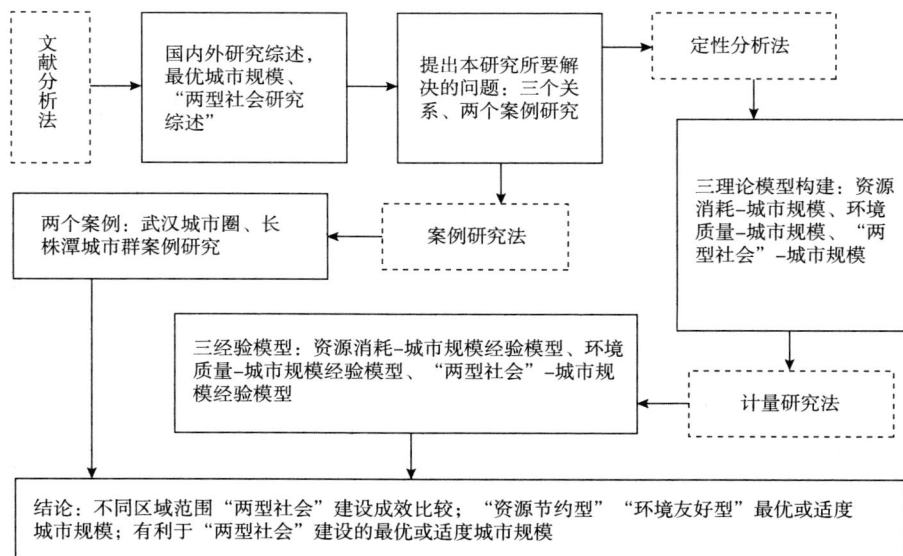

图 1-1　技术路线和主要研究方法

二　主要创新点

第一，初步探讨了城市经济规模、城市用地规模分类的划分标准，并对三种不同表征方法、城市规模分类的统计特征进行了对比。

第二，构建了综合城市规模测度指标体系，并利用主成分分析法得到能综合反映城市人口规模、经济规模和用地规模特性的综合城市规模指数。

第三，借鉴相关理论，基于已有的资源消耗－城市规模和环境质量－城市规模理论模型，构建了"两型社会"－城市规模理论模型。依据以上理论模型，利用 2007～2011 年的面板数据得到我国整体及分区域的"两型社会"－城市规模经验模型；基于经验模型，分析我国不同区域的有利于"两型社会"建设的最优及适度城市规模。

第三节　研究框架和结构安排

一　研究框架

本研究基于城市经济学家巴顿（1984）所给的基本范式，从城市经济学和经济地理学的角度，以中国地级及以上城市为样本，进行三个关系和两个案例研究。

三个关系是：①城市人均资源消耗与城市规模之间的依存关系。主要探究城市规模对资源消耗有何影响？什么样的城市规模对于降低资源消耗来说是适度的、最优的？是有利于资源节约型城市建设的？为资源节约型城市建设提供理论支持。②城市环境质量与城市规模的依存关系。主要探究城市规模对环境质量有何影响？什么样的城市规模对于改善环境质量来说是适度的、最优的？是有利于环境友好型城市建设的？为环境友好型城市建设提供理论支持。③城市规模与"两型社会"建设之间的依存关系。主要探究城市规模对"两型社会"建设有何影响？什么样的城市规模能同时满足资源节约和环境友好的要求？有利于"两型社会"建设的最优和适度城市规模是多少？为"两型社会"建设提供理论支持。并对不同区域范围的以上三个关系进行比较。

两个案例是：武汉城市圈、长株潭城市群案例研究。通过案例，一方面在一个特定的区域对上述三个关系进行进一步验证；另一方面，通过案例比较，得到资源节约型和环境友好型社会建设的经验和教训，为我国其他城市群发展管理提供借鉴。图1-2给出了研究框架，其中虚线框内为研究方法。

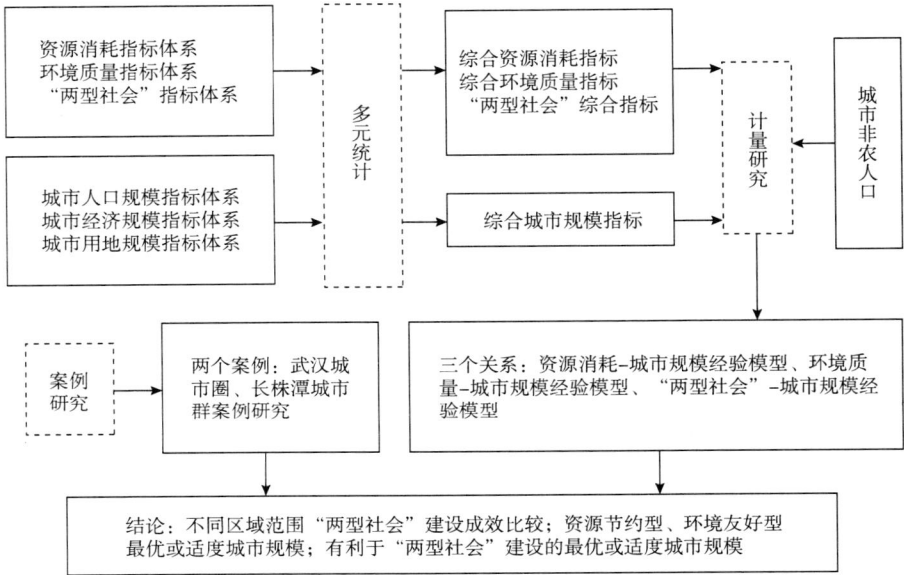

图1-2 研究框架

二 结构安排

第一部分为绪论。主要介绍本研究的现实背景及意义、研究方法和创新点、研究框架和结构安排等。

第二部分为"两型社会"相关研究综述。通过对已有文献的再研究，从"两型社会"的相关理论探讨、利益相关者行为、制度支持、国际经验、产业支持、综合测度等几个方面进行综述。产业支持和综合测度是文献再研究的重点。

在对"两型社会"与产业支持相关研究进行综述的基础上，认为："两型产业"并不是指某一具体的产业，而是指在产业运行过程中融入资源节约、环境友好的理念，使其符合"两型社会"建设的要求。并以旅游业为例分析了具体产业对"两型社会"的促进作用。

在追溯"两型社会"思想渊源的基础上，分析了"两型社会"的内涵，构建了"两型社会"综合测度的理论框架，为"两型社会"指标体系的构建及实证研究奠定了基础。

第三部分为我国城市化进程及影响因素分析。介绍了我国城市化进程的阶段划分、特征、基于政治经济学的影响因素。主要结论是：基于城市化水平及其年变化量，我国城市化进程可以分为四个阶段。表现出以下特征：整体增长速度快，部分年份僵持徘徊；年增长量前期波动大，后期增长平稳、高速。历史数据的计量研究表明，"生产力水平是城市化水平的 Granger 原因"的单向因果关系成立，佐证了生产力发展水平是影响我国城市化进程的根本因素。我国的城乡关系总体上经历了"融合""分离""统筹发展"的过程，"城乡分离"时期在时间上刚好与"非正常城市化"阶段对应，影响我国的城市化进程。借鉴历史经验，从政治经济学角度，在新的历史发展阶段平稳推进我国新型城市化的建议有：做好顶层设计，坚持科学发展观，提高生产力发展水平；协调城乡关系，提升城镇化质量，推动城乡发展一体化。

第四部分为我国城市人口规模、经济规模及用地规模的比较研究。一方面，利用 2011 年《中国城市统计年鉴》中城市非农人口、地区生产总值、建成区面积分别表示城市人口规模、经济规模和用地规模，从全国范围及分区域角度，探讨我国城市规模等级结构的空间分布；并以 1984 年、1996 年、2011 年的相关数据，从时间的维度，探讨、比较不同表征方法下我国城市规模等级结构空间分布的演变。

另一方面，利用齐夫公式和分形理论、城市首位指数及位序－规模分布图等方法，基于 1984 年、1996 年、2011 年《中国城市统计年鉴》相关数据，探讨不同表征方法下城市规模体系分布类型的现状及演变。

进一步，探讨我国城市建成区面积演变的影响因素，并提出了我国城市化进程中土地资源有效利用的建议措施。

第五部分为资源节约型、环境友好型城市规模探讨。进一步完善资源消耗－城市规模、环境质量－城市规模理论模型，从城市人口规模、经济规模和用地规模三个层面，探讨了综合城市规模指数。以此为基础，利用 2007～2011 年全国范围 286 个地级及以上城市的面板数据，从全国及东、中、西、东北地区四区域的空间维度，用综合城市规模指数和城市非农人口，分别与综合人均资源消耗指数、综合环境质量指数进行面板回归，得到资源消耗－综合城市规模（城市人口规模）、环境质量－综合城市规模（城市人口规模）经验模型。基于经验模型，进行资源节约型最优城市规模和适度城市规模、环境友好型最优城市规模和适度城市规模的探讨，并就全国范围及四区域的经验模型进行了比较。

第六部分为"两型社会"－城市规模理论与经验模型初探。构建了"两型社会"建设综合评价指标体系，并对武汉城市圈和长株潭城市群综合配套改革试验区，以及全国范围和分四区域的"两型社会"建设成效进行测度。之后，在初步探讨"两型社会"建设与城市规模之间关系的基础上，利用2007~2011年全国范围286个地级及以上城市的面板数据，从全国及东、中、西、东北四区域的空间维度，用"两型社会"综合指数分别与综合城市规模指数、城市人口规模进行面板回归，得到"两型社会"－综合城市规模（城市人口规模）经验模型。基于经验模型，进一步探讨不同区域范围内，有利于"两型社会"建设的最优和适度城市规模，并与第五章的有利于资源节约、环境友好的最优和适度城市规模进行了比较。

第七部分为结论与建议。概述了本书的主要研究结论与建议，总结了本书的创新与不足之处及后续研究的方向。

第二章 "两型社会"相关研究综述

本章通过对已有文献的再研究，从"两型社会"的相关理论探讨、制度支持、科学规划、国际经验、利益相关者行为、产业支持、综合测度等几个方面进行综述。其中，产业支持和综合测度是文献再研究的重点。在对"两型社会"与产业支持相关研究进行综述的基础上，本书认为，"两型产业"并不是指某一具体的产业，而是指在产业运行过程中，融入了"资源节约"和"环境友好"的理念，使其符合"两型社会"建设的要求。本章还以旅游业为例分析了具体产业对"两型社会"的促进作用。在追溯"两型社会"思想渊源的基础上，分析了"两型社会"的内涵，构建了"两型社会"综合测度的理论框架，为"两型社会"指标体系的构建及实证研究奠定了基础，最后指出了本研究的核心内容。

第一节 "两型社会"的相关理论探讨

一 "两型社会"概念①

"两型社会"指的是资源节约型、环境友好型社会。

"资源节约"型社会是指整个社会经济运行建立在节约资源的基础上，核心是追求资源的节约；即在社会生产、流通、消费等环节中，通过制度安排、调整结构、技术创新、宣传教育等手段，动员和激励社会生产者有效地利用资源，消费者最大程度地节约资源，以更少的物质投入，获得更大的社会产出。资源节约型社会要求在经济运行中通过彻底转变传统的经济增长方式，通过技术和管理创新等手段，实现以尽可能少的资源投入，

---

① 关于"两型社会"内涵的探讨见本章第五节。

创造尽可能多的财富；把循环经济理念融入生产和生活中，最大限度地回收利用各种废弃物。

"环境友好"型社会是一种以自然规律为准则，以可持续社会经济文化政策为手段，以环境资源承载力不下降为目标，致力于倡导人与自然、人与人和谐的社会形态。包括环境友好型生产和生活理念、环境友好型技术、环境友好型产品、环境友好型企业、环境友好型产业、环境友好型学校、环境友好型社区等。有利于环境的生产和消费方式，无污染或低污染的技术、工艺和产品，对环境和人体健康无不利影响的各种开发建设活动，符合生态条件的生产力布局，少污染与低损耗的产业结构，持续发展的绿色产业，人人关爱环境的社会风尚和文化氛围等，都属于环境友好的范畴。

总之，"两型社会"是一种理念，是一种手段，是一个过程，更是一个目标。在现代社会中，在科学技术日新月异的今天，树立"两型社会"理念更为重要。因为人类的任何生产和消费行为都是在某种理念支配或指导下进行的；只有每一个生产者和消费者都树立了"两型社会"理念，其目标才能顺利实现。

二 "两型社会"建设的重要意义

在"高投入、高消耗、高污染"的传统发展模式下，经济社会的持续发展难以为继，"两型社会"建设作为科学发展观的具体实践模式被提出来；它是一个涉及社会制度变迁、产业结构调整、发展方式转变、生活观念改变等综合性极强的系统工程。

2005 年的中央人口资源环境工作座谈会上，胡锦涛首次提出了"建设环境友好型社会"的号召；2005 年 10 月，在中国共产党十六届五中全会上，"建设资源节约型和环境友好型社会"被确定为国家"十一五"国民经济与社会发展规划的一项战略任务。《中共中央关于制定国民经济和社会发展第十一个五年规划的建议》明确提出要把节约资源作为我国的基本国策，加快建设资源节约型、环境友好型社会。

2007 年 12 月，国务院下达《国家发展改革委关于批准武汉城市圈和长株潭城市群为全国资源节约型和环境友好型社会建设综合配套改革试验区的通知》，批准武汉城市圈和长沙、株洲、湘潭城市群为全国资源节约型和环境友好型社会建设综合配套改革试验区。通知指出：推进武汉城市圈和长株潭城市群综合配套改革，要深入贯彻落实科学发展观，从各自实际出发，根据资源节约型和环境友好型社会建设的要求，全面推进各个领域的改革，在重点领域和关键环节率先突破，大胆创新，尽快形成有利于资源节约和生态环境保护的体制机制，加快转变经济发展方式，推进经济又好又快发展，促进经济社会发展与人口、资源、环境相协调，切实走出一条有别于传统模式的工业化、城市化发展新路，为推动全国体制改革、实现科学发展与社会和谐发挥示范和带动作用。①

从"两型社会"概念的提出，到武汉城市圈和长株潭城市群综合配套改革试验区的实践，再到 2010 年 10 月十七届五中全会进一步提出"坚持把建设资源节约型、环境友好型社会作为加快转变经济发展方式的重要着力点"，"两型社会"理念在短时间内被提高到国家战略的地位，其现实意义极为深刻。

十七大报告首次提出了"建设生态文明"的概念，十八大报告进一步提出：建设生态文明，是关系人民福祉、关乎民族未来的长远大计。面对资源约束趋紧、环境污染严重、生态系统退化的严峻形势，必须树立尊重自然、顺应自然、保护自然的生态文明理念，把生态文明建设放在突出地位，融入经济建设、政治建设、文化建设、社会建设各方面和全过程，努力建设美丽中国，实现中华民族永续发展。大力推进生态文明建设，必须坚持节约资源和保护环境的基本国策，坚持节约优先、保护优先、自然恢复为主的方针，着力推进绿色发展、循环发展、低碳发展，形成节约资源和保护环境的空间格局、产业结构、生产方式、生活方式，从源头上扭转生态环境恶化趋势，为人民创造良好生产生活环境，为全球生态安全做出贡献。

将生态文明建设放在突出位置，在我党历史上是首次，是我党对社会

---

① 《国家批准武汉城市圈和长株潭城市群为综合配套改革试验区》，http://news.xinhuanet.com/newscenter/2007－12/16/content_7261221.htm。

发展规律认识的升华。"两型社会"是生态文明观的主要内容和基本要求，"两型社会"建设是构建生态文明的主要手段。

三 "两型社会"的发展动力

"两型社会"的直接动力源于资源耗竭和环境污染对人类生存所产生的压力，主要表现在生产领域。但人类社会的生产是服务于消费的，所以"两型社会"建设的最终动力源于消费。

陈宏滨和李碧云（2012）[①]认为：在人类学的视域中，消费是人类的首要活动；所以，消费是"两型社会"萌动的起点，消费和生产矛盾是"两型社会"的始动力。曾立荣和王明安（2011）[②]则主张"两型社会"建设是一项系统工程，以政府为主导、企业为衔接、社会公众普遍参与的合力格局是必然选择。这一合力格局的形成必须以政府绩效绿色考评机制、合理激励机制、有效运行保障机制、企业绿色技术革新机制、社会公众参与机制、监督制度的建立和完善为前提。

钟惠英（2010）[③]把长株潭城市群建设的动力机制分为四个方面：由政府、企业、社会第三部门、家庭和个人构成的行为主体驱动力，由生态技术创新等构成的基础驱动力，由客体承载压力与府际（地方政府之间）竞争压力等构成的内部驱动力，以及由在宏观上由国际经济环境变化、国家战略目标和宏观政策，在微观上由城市群外的一些非政府组织、社团和其他利益集团等构成的外部驱动力。

第二节 "两型社会"建设的制度支持与国际经验

一 "两型社会"建设的制度支持

任何一种主动的社会改革行为都需要相应配套制度的支持。"资源节

---

① 陈宏滨、李碧云：《两型社会发展的始动力》，《求索》2012 年第 9 期，第 246～247 页。
② 曾立荣、王明安：《两型社会建设的合力格局及其构建机制》，《特区经济》2011 年第 3 期，第 136～137 页。
③ 钟惠英：《两型社会综合改革试验区构建的动力机制》，《求索》2010 年第 10 期，第 98～99 页。

约、环境友好"是基于"资源过度消耗、环境污染严重"的前提下提出来的；从经济学的角度，资源过度消耗和污染排放将产生负外部性，其产生的原因之一就是相关制度的缺失。所以，"两型社会"的建设，在一定程度上也是制度复位、制度创新的过程。

国内学者从行政管理、财政税收、金融服务、产业和消费、教育与法制等方面研究体制机制创新，为"两型社会"建设提供了有价值的改革思路和政策建议。对此，欧阳峣和生延超（2009）[1] 进行了相关综述，并进一步指出：加强对微观措施、体制改革、科技支撑等方面的研究，尽快形成有利于资源节约和环境保护的体制机制，是未来学术研究的重点问题，也是实践探索的核心问题。欧阳峣和陈修谦（2009）[2] 构建了"两型社会"建设体制机制创新反馈系统，并对长株潭试验区体制机制创新进行了系统动力学模型分析。认为体制机制创新若能加强"两型社会"建设战略的贯彻实施，保障现有的发展速度，则资源节约和环境友好目标将能顺利实现。

蒋嵘涛和李萍（2009）[3] 从城市群管理体制创新的角度认为：适应"两型社会"建设的城市群政府管理体制应彰显如下特征：以建设"服务型政府"为目标，以政府职能转变为核心，以行政区划调整来提供空间，逐步走向城市群行政一体化，以推进政府机构改革为组织保障，进行有效的利益整合与共同治理。

王方红和朱云（2009）[4] 从制度变迁与供给的角度认为：长株潭"两型社会"建设中制度创新的重点是长株潭地方政府管理制度创新和跨长株潭行政区的"两型社会"试验区的政府管理机构的管理制度创新。并对长株潭城市群"两型社会"建设综合配套改革试验的政府管理制度创新路径

---

① 欧阳峣、生延超：《两型社会建设体制机制创新研究述评》，《中国流通经济》2009 年第 10 期，第 34～37 页。

② 欧阳峣、陈修谦：《"两型社会"建设体制机制创新的系统动力学分析——以长株潭城市群为例》，《国家行政学院学报》2009 年第 6 期，第 84～88 页。

③ 蒋嵘涛、李萍：《城市群政府管理体制创新对"两型社会"建设的回应路径研究》，《社会科学辑刊》2009 年第 4 期，第 31～33 页。

④ 王方红、朱云：《长株潭两型社会建设中的政府管理制度创新路径分析》，《湖南大学学报》（社会科学版）2009 年第 6 期，第 152～155 页。

问题进行初步探讨。

黄锡生和邓禾（2010）[1] 以法律的"行为调整说"作为研究的逻辑起点，以不同社会主体行为对环境的不同程度的影响为着眼点，深入剖析资源节约型、环境友好型社会的目标模式和现实的差异及根源，确定不同行为主体在"两型社会"建设中的地位和责任。通过立法对各类主体的有关资源不节约、环境不友好的行为予以规制，结合我国的立法实践，以期对我国资源节约型、环境友好型社会的法制保障体系建设有所裨益。

二 "两型社会"的科学规划

"两型社会"建设是一项复杂的系统工程，需要做好顶层设计，特别对城乡规划提出了更高的要求。

段宁和黄握瑜（2011）[2] 认为：作为地方城乡规划建设的统领性法定文件，基于"两型社会"建设的背景要求，传统的城乡总体规划无疑将首先要有所突破和创新，表现在规划编制理念的转变和内容的创新两方面。

规划编制理念的转变体现在：其一，规划编制的出发点由单纯满足建设规模需求转变为生态容量与规模需求的双向协调；其二，规划编制视角由单纯的建设区范围内的城市规划转向区域与城乡协调发展的综合规划；其三，规划编制指导思想由传统粗放扩张型转变为节约集约型城市发展建设模式；其四，规划编制内容由传统的城市社会经济与城市土地、空间资源的关系转向社会经济、资源、环境相互协调作用下的城乡空间关系；其五，规划编制侧重点由传统的重视人工空间体系规划转向生态优先的人工与自然双空间体系的综合规划。

规划编制内容的创新包括：第一，树立科学发展理念，建立"两型"城乡总体规划指标体系；第二，贯彻生态优先理念，缔造安全友好的生态网络系统；第三，借鉴紧凑城市理念，倡导集约高效的用地布局模式；第四，秉持以人为本理念，构建人性化的绿色交通体系；第五，发展循环经

---

[1] 黄锡生、邓禾：《行为与规制：建设"两型社会"法制保障研究》，科学出版社，2010。

[2] 段宁、黄握瑜：《城乡总体规划编制的理念转变与内容创新——基于"两型社会"背景下城乡总体规划编制的创新思路》，《城市规划》2011 年第 4 期，第 35~40 页。

济理念，创新资源能源的循环利用模式；第六，坚持城乡统筹理念，构建城乡一体化的基础设施和公共服务设施体系；第七，基于"两型社会"要求的城乡建设实施策略。

洪亮平和程望杰（2012）[①] 借鉴国内外生态城市综合评价指标体系、"两型社会"综合指标体系及相关城市规划标准内容，初步建构了"两型社会"城乡规划指标体系整体框架。

廖启鹏和余瑞祥（2011）[②] 认为：村庄布局规划是建设"两型社会"、统筹城乡发展的重要一环，是我国城镇体系规划的重要组成部分，也是编制村庄规划和村庄建设规划的前提。提出：通过村庄布局规划寻求合理的代价与适度承受能力的动态平衡临界点，建立人与环境良性互动的关系，实现经济社会环境协调发展，改变现有村庄土地利用粗放、空间布局松散的布局形式，合理组织和利用乡村空间资源，达到集约、节约型内涵式发展目标，推动农村地区"两型社会"的建设。

三　"两型社会"建设的国际经验

尽管"两型社会"的概念由我国最先提出，但其思想是源于可持续发展理论；特别是《21世纪议程》中所提出的"无害环境"概念，则是"环境友好型社会"概念的起源。所以，国际上一些成功的、先进的"资源节约、环境友好"经验应成为我们学习的对象，以少走弯路。

张强和李远航（2009）[③] 基于长株潭一体化的现状，把长株潭城市群"两型社会"建设看成是一项系统工程，涉及各方面的创新和变革。在建设过程中，需要大力吸取日本太平洋沿岸、欧洲西北部、美国大西洋沿岸等世界城市群在工业化和城市化进程中的先进经验：包括构建发达的轨道交通网络体系、保护古老城市特色和生态环境、制

---

① 洪亮平、程望杰：《"两型社会"城乡规划指标体系整体框架研究》，《城市规划学刊》2012年第1期，第71~75页。

② 廖启鹏、余瑞祥：《"两型社会"视角下村庄布局规划若干问题研究》，《资源与产业》2011年第4期，第70~74页。

③ 张强、李远航：《"两型"社会建设的国际借鉴》，《财经理论与实践》2009年第1期，第79~84页。

订实施治理跨流域河流的有效措施、强化城市间的分工协作等。同时，也要避免产生"一极集中"以及"大城市病"、过度郊区化等问题，要始终秉持资源节约、环境友好的原则，实现长株潭城市群的持续性和长远性发展。

高鑫（2010）① 总结了英国政府节约资源与保护环境所采取的主要手段：健全相关法律法规制度、完善行政手段、灵活运用经济手段和优惠政策、注重绿色教育和公众参与。并提出了对武汉城市圈"两型社会"建设的启示：彻底转变发展观念，将环保作为国家和社会发展的核心价值观；以体制机制创新为核心，以具体项目为支撑；构筑政府调控、市场调节和社会调教的"两型社会"建设支撑平台；突出循环经济理念，推动全社会节能减排；彰显水资源特色，实现湖泊提档升级。

全毅（2011）② 认为：以 1970 年为分界线，日本经济经历了由高消耗和高排放为特征的粗放型发展，转变为以技术进步和资源节约为基础的集约型发展。对我国"两型社会"建设的启示有：要将环境治理作为转变经济发展方式的主要抓手；技术创新与制度创新在推动经济发展方式中的作用同样重要；发展循环经济对生态环境保护与可持续发展具有积极意义；科学的科技发展战略与技术创新能力是转变经济发展方式的关键；企业的环境行为与社会责任意识对国家法律与政策执行能力具有重要作用。

李化（2011）③ 认为：能源法律的趋同化和中澳两国相似的能源结构为我国借鉴澳大利亚成功经验奠定了基础。作为主要的能源消费国，中国应充分发挥能源战略的引领作用，完善新能源法律体系；继续加大财税政策扶持力度，培育新能源市场；依托能源创新，推进"两型社会"建设。

---

① 高鑫：《试析英国经验对武汉城市圈"两型"社会建设的启示》，《湖北社会科学》2010 年第 4 期，第 73 ~ 75 页。
② 全毅：《日本转变经济发展方式与建设"两型社会"的经验及启示》，《亚太经济》2011 年第 2 期，第 3 ~ 9 页。
③ 李化：《澳大利亚新能源发展：法律、政策及其启示》，《理论月刊》2011 年第 12 期，第 147 ~ 149 页。

第三节 "两型社会"建设过程中利益相关者的行为探讨

"两型社会"建设的利益相关者涉及政府、企业和居民（消费者）。

一 "两型社会"建设中政府的行为

"资源节约和环境友好"的相关行为将产生正外部性，行为相关者收益小于社会收益。正因为如此，作为理性的"经济人"，在追求自身利益最大化的前提下，无论是消费者还是生产者，都没有动力自觉地把"两型社会"行为内在化，出现了市场失灵，需要政府采取相关措施来纠正。政府既是"两型社会"的倡导者和实践者，又是"两型社会"建设相关制度的制定者。

邓超和尹媛媛（2009）[①] 认为，政府如何适应市场发展的需要，发挥创业投资在扶持中小企业发展中的职能，是推动长株潭产业结构调整优化的关键一环。具体来说，政府可以发挥以下两方面的作用：第一，在发展创业投资推进"两型社会"建设的过程中，政府对创业投资的引导及政策扶持是确保长株潭产业结构优化调整的基本要件。通过设立为"两型社会"服务的政府主导的创业投资引导基金，推进信贷资金向"两型产业"倾斜，为产业结构的优化升级提供资金保证。同时，政府通过为商业银行对创业企业提供的贷款进行担保，可以提高商业银行等金融机构对创业企业进行融资的积极性，并在一定程度上降低创业企业的融资成本。第二，由政府发起建立的不以营利为目的的创业投资服务中心，为创业投融资机构和创业企业提供投融资全过程中所需要的服务，是实现创业投资公司和创业企业之间的有效对接，缓解创业企业的融资难题，助推"两型社会"建设中产业结构调整优化的另一保障。

聂方红、黄夏先和钟荣丙（2010）[②] 认为，地方政府是长株潭城市群

---

① 邓超、尹媛媛：《政府在两型社会建设中对创业投资发展的支持作用》，《求索》2009 年第 12 期，第 57～59 页。

② 聂方红、黄夏先、钟荣丙：《长株潭城市群地方政府在低碳转型中的地位与作用》，载张萍主编《长株潭城市群发展报告（2010）》，社会科学文献出版社，2010。

低碳转型的巨大推动力量：首先，政府主导力量主要体现在低碳转型的制度安排方面；其次，地方政府是低碳发展的财政提供者。

此外，政府作为社会最大的消费者，一方面要通过机构改革精简政府机构、裁减冗员，建设高效性政府；另一方面，在政府采购行为中要推进政府绿色采购制度。政府绿色采购制度通常是指遵循可持续发展理论，对政府采购进行"绿化"和完善，将环境准则纳入采购模式，并在采购活动中选择符合国家特定绿色标准的产品和服务。[①] 通过政府行为树立"节约资源、保护环境"的公众形象。

二 "两型社会"建设中企业的行为

企业作为市场的主体，不仅是资源消耗的主体，也是污染物排放的主体，在"两型社会"建设过程中企业行为至关重要。相关研究着重就企业的社会责任、企业社会责任的评价、企业责任竞争力、绩效评价、战略预算管理等进行了探讨。

近年来，接连不断发生的我国国有企业重大环境污染事件，引发社会高度关注。国有企业环境责任的缺失不但影响自身形象制约企业可持续发展，也不利于我国"两型社会"建设的需要。刘儒昞（2012）[②] 结合经济学和心理学知识，将国有企业履行环境责任，社会公众履行投资责任（由政府代为履行）界定为国有企业与公众之间的心理契约。运用博弈论分析方法，分确定性和不确定性两种情况对此心理契约进行分析，最后提出提升国有企业环境责任意识、重建国有企业绩效评价指标等加强国有企业环境责任建设的策略建议。

企业履行社会责任是社会对现代企业的基本要求，企业承担社会责任已经成为一种不可阻挡的国际趋势，引起了社会各界的广泛关注，如何准确科学地对其进行综合评价已成为当前研究的热点问题。阳秋林和代金云

---

① 路晓非：《政府绿色采购与环境友好型社会》，《环境与可持续发展》2008 年第 5 期。
② 刘儒昞：《国有企业环境责任——基于心理契约视角的博弈分析》，《企业经济》2012 年第 4 期，第 42~46 页。

（2012）① 在"两型社会"视角下，首先对企业社会责任的范畴进行了界定，然后分别从责任管理、环境、资源、经济、社会五个方面构建了企业社会责任指标评价体系，最后利用因子分析法对湖南省相关企业 2011 年社会责任的履行情况进行评价及得出结论，并针对一些不足提出相应的建议。

蔡珍贵和罗灿（2009）② 认为："两型社会"的提出，全球契约所倡导的企业在人权、劳工、环境等领域履行社会责任、促进可持续发展的意义也就更加重大，逐渐成为企业竞争力的新内容。在发达国家，企业社会责任已从当初以处理劳工冲突和环保问题为主要功能，提升到事关企业国际竞争力的战略高度。并提出了提升企业责任竞争力的六方面的策略：尽快完善与企业社会责任标准相关的法规建设；企业要强化主动承担社会责任的意识；努力提高企业核心竞争力；进一步改善劳资关系；加强社会性贸易壁垒的预警意识；重视并争取取得社会责任认证。

"两型社会"建设对企业绩效评价提出了更高的要求，传统的会计利润、财务指标等企业绩效评价体系已不能满足这一新要求。王朝阁和孙海涛（2013）③ 分析了"两型社会"背景下对企业绩效评价的新要求：对于企业内部而言，节能减排与资源循环利用可以为企业节省不必要的浪费，降低生产成本，提高利润；对于企业外部而言，减少了环境污染，在对周边环境的改善、人们生活质量的提高贡献力量的同时，也提高了企业自身在消费者心目中的地位，赢得社会的认可，树立企业的形象对于企业来讲更是增加了企业的无形资产。所以，在进行平衡计分卡业绩评价时，企业应当在原有的平衡计分卡方法中加入对于环保程度和资源节约程度考评的指标，以适应"两型社会"建设的需要。进一步，从整体的绩效评价体系框架以及评价重点指标两方面构建了新型平衡计分卡绩效评价体系。

---

① 阳秋林、代金云：《"两型社会"背景下的企业社会责任评价指标体系及其运用研究——以湖南企业为例》，《湖南社会科学》2012 年第 3 期，第 114～117 页。

② 蔡珍贵、罗灿：《基于"两型社会"的企业责任竞争力探析》，《商业时代》2009 年第 31 期，第 42～43 页。

③ 王朝阁、孙海涛：《"两型社会"背景下工业平衡计分卡的构建》，《商业会计》2013 年第 1 期，第 55～57 页。

颜赛燕（2012）[①] 指出，企业战略预算管理是企业在进行预算时，以战略为出发点，提升企业治理效率。战略预算管理着眼于与企业的长期发展有关的事项。因此，在其预算编制内容、流程和考核指标的设立上，不仅需要着重考虑利润、成本等短期指标，而且要考虑长远竞争优势的获得和保持，才能生态、节约和惠民，达到"两型社会"建设的终极追求。

三 "两型社会"建设中消费者的选择

人类消耗各种资源从事生产活动，并排放各种污染物导致环境的污染，根本的目的是满足人类的各种消费。过度和畸形的消费是间接导致地球资源耗竭、环境污染的原因之一。所以，建设"两型社会"，一方面要转变发展方式，调整产业结构；另一方面也需要改变人们的消费模式。有关文献从生态消费模式、责任消费、"两型社会"消费引导、"两型社会"居民消费指数、使用产出 – 环境边界和环境偏好曲线分析"两型社会"的一般均衡等角度进行了探讨。

倪琳（2013）[②] 认为生态消费模式就是指不断提高人们生活质量的消费水平适度、消费结构合理、消费方式健康、绿色和低碳的消费模式，它既要满足当代人需求，又不能以危害同代他人和下一代的消费权利为代价，是与经济、人口、资源、环境相协调的消费模式，是促进人的全面发展的消费模式。表现出消费水平适度、消费结构合理、消费方式健康、绿色和低碳的特征。提出了如何加快构建生态消费模式，推进"两型社会"建设的对策：加快提升消费对经济发展的贡献力；加快构建"两型"产业体系；加快构建有利于生态消费的制度体系；加快营造有利于生态消费的社会氛围。

王天仁和李建锋（2011）[③] 提出："责任消费"一般是指具有社会责

---

① 颜赛燕：《"两型社会"建设中企业战略预算管理研究》，《经济纵横》2012 年第 12 期，第 107～109 页。
② 倪琳：《论"两型社会"建设视阈下生态消费模式的构建》，《经济纵横》2013 年第 3 期，第 142～144 页。
③ 王天仁、李建锋：《倡导"责任消费"的意义与路径选择》，《人民论坛》2011 年第 8 期，第 116～117 页。

任感和公民意识的消费者，自觉将自身消费与国家经济发展、社会文明进步及社会责任履行相联系，通过有鲜明价值导向的"选择消费""货币投票"和维权监督等方式，去支持、鼓励符合国家标准及产业政策的优质商品与服务，摒弃、抵制不符合国家标准及产业政策的商品与服务，以促进国家经济健康持续发展、社会文明进步、人与自然和谐相处，推动企业自觉履行社会责任的消费观念、消费态度、消费行为和消费方式。倡导责任消费是加快转变经济发展方式、建设"两型社会"以及促进社会文明进步的需要。倡导责任消费就是要让消费者树立"责任消费"意识，用好消费选择权，积极监督企业的行为，并带动身边亲友实行"责任消费"。倡导和实施责任消费是全社会的共同事业，需要政府、企业、新闻媒体以及社会各界的共同努力。

海鸣（2012）[①] 提出了"两型社会"消费引导的概念，指的是建设资源节约型和环境友好型社会进程中的政府，为了实现"两型社会"消费，促进"两型社会"建设，采用一定手段引导社会成员按照政府引导的消费方向和要求（也即引导的消费生活方式）进行消费的一种社会活动。认为"两型社会"消费是迄今为止要求最高层次的最新消费活动；而进行"两型社会"消费引导，则可以加速实现"两型社会"消费模式的形成，但是要很好地进行"两型社会"消费引导，必须首先认识"两型社会"消费引导的作用和性质，才能更自觉地进行"两型社会"消费引导。

"居民消费问题研究"课题组（2011）[②] 以居民家庭消费为着眼点，构建居民消费指数模型和指标体系，并运用"两型社会"居民消费指数的计算方式进行了试算，探索当前居民消费现状和消费趋势以及衡量标准。并提出：立足"两型社会"建设，在实践中推进"两型社会"消费；加大宣传，培养"两型社会"消费者；加强政府规范和引导，建立科学的消费调控机制；大力倡导公众参与四方面的对策建议。

---

① 海鸣：《两型社会消费引导作用和性质的探讨》，《福建论坛》（人文社会科学版）2012 年第 2 期，第 40~43 页。

② "居民消费问题研究"课题组：《"两型社会"居民消费指数分析》，《调研世界》2011 年第 1 期，第 46~52 页。

朱清、余瑞祥和李彦军（2012）[①] 认为，从居民环境偏好的角度来看，居民环境偏好的强烈程度决定了一个社会的绿色程度。那么，"两型社会"本质反映了人们对资源环境偏好与经济物品偏好的选择与排列。使用产出－环境边界和环境偏好曲线分析了"两型社会"的一般均衡，对"两型社会"展开了新的解读，并指出：当一个社会的最大产出正好满足居民愿意支付的最高环境质量时，该社会即是"两型社会"，即资源节约型、环境友好型社会。最后，提出了"两型社会"环境政策的发展方向：居民环境偏好打破传统环境治理的二元结构，实现对政府环境规制和企业环境行为的全面驱动，成为"两型社会"建设的新起点。

另外，在信息社会时期，各种社会媒体在信息披露、舆论引导等方面起着重要的作用。特别是互联网应担负起介绍、宣传、推广"两型社会"的社会责任，同时还应起到监督政府、企业和消费者行为的作用。各种社会媒体应协同一致，推动全社会形成资源节约型、环境友好型社会建设的良好氛围，使"两型社会"成为不同经济主体的自觉行为。

大学生是社会建设的生力军，理应成为"两型社会"建设的积极参与者和相关理论的探索者。陈秀芹和许抄军（2013）[②] 从心理学角度探讨了大学生参与"两型社会"建设的心理动机，得出的结论有：大学生参与"两型社会"建设的心理动机是积极的，强度较强；幸福生活追求是大学生参与"两型社会"建设的一个最重要的内在动机；大学生的心理动机受性别、专业、区域因素的影响。

第四节 "两型社会"建设与产业支持

在实践中，尽管"两型社会"建设是以"综合配套改革试验区"的形式被提出的，但"两型社会"建设必然要落实到具体的产业，离不开相关产业的支持。本节将从"两型产业"的初步界定、产业聚集及结构升级、

---

① 朱清、余瑞祥、李彦军：《基于居民环境偏好的两型社会经济学分析》，《中国软科学》2012 年第 6 期，第 48~52 页。

② 陈秀芹、许抄军：《大学生参与"两型社会"建设的心理动机》，《中国健康心理》2013 年第 12 期，第 23~26 页。

具体产业对"两型社会"建设的促进作用等方面，对"两型社会"建设的产业支持相关研究文献进行综述，并指出现有研究的不足。科学合理地界定"两型产业"的内涵和外延，构建"两型社会"产业体系标准，应用新技术改造传统产业，更多案例的支持以及更广范围的理论探讨，将是今后"两型社会"研究的发展方向。

"两型社会"建设过程中离不开相关产业的支持，众多学者就"两型产业"的界定，产业集群、产业结构升级及相关产业对"两型社会"建设的促进作用等进行了多方面的探讨。

一 "两型产业"的界定

张亚斌和艾洪山（2009）[1] 认为：凡是符合"资源节约与环境友好"标准的产业都是"两型产业"，主要包括：高新技术产业、现代服务业、创意产业、"优、特、绿、高"农业（即优质、特色、绿色、高效农业）；主张通过实施信息化带动、新型工业化与新型城市化相结合、优化城市群间产业布局等措施实现长株潭"两型社会"建设中的产业发展目标。毛腾飞（2010）[2] 提出："两型产业"是建设"两型社会"的重要支撑；湘潭市要重点发展精品钢材、先进装备制造、新能源、小汽车及零部件、生产性服务业、文化旅游、现代农业、职业教育等优势的"两型产业"。冷俊峰、杨赛鑫和李金保（2011）[3] 认为：产业两型化发展是指以技术创新和管理创新为手段，以提高经济、社会、生态环境效益为目的，促进产业体系向资源消耗低、环境污染少的方向发展，从而优化产业结构，增强产业持续发展能力，使其符合"两型社会"建设的要求；进一步构建了产业两型化发展水平评价指标体系，并进行了实证分析。程鑫（2012）[4] 认为："两型产业"是指符合资源节约型和环境友好型社会建设发展的产业，是

---

[1] 张亚斌、艾洪山：《两型社会建设与新型产业体系的构建》，《湖南大学学报》2009 年第 4 期，第 135～140 页。

[2] 毛腾飞：《发展"两型产业"建设"两型社会"——以湘潭市为例》，《中国经贸导刊》2010 年第 4 期，第 40 页。

[3] 冷俊峰、杨赛鑫、李金保：《区域产业两型化发展水平评价研究》，《科技进步与对策》2011 年第 5 期，第 120～123 页。

[4] 程鑫：《两型产业发展影响因素实证研究》，《求索》2012 年第 10 期，第 228～230 页。

指以资源节约型和环境友好型为目标，以高科技、低消耗、环保性、循环型为主要生产方式的产业模式。具体包括三种情况：一是在生产过程中环境污染较低、资源耗费较少的产业；二是产品或服务能直接应用于改善环境、防治污染、节约资源和循环利用的产业；三是在生产过程中采取有利于改善环境、防治污染、节约资源和循环利用等技术的产业。

结合已有文献的研究，本研究认为："两型产业"并不是指某一具体的产业，而是指在产业运行过程中，融入"资源节约、环境友好"的理念，使其符合"两型社会"建设的要求。基于这一认识，不只是高新技术产业、现代服务业、创意产业等现代产业属于"两型产业"，传统的钢铁、石化等产业，在"资源节约、环境友好"理念的引导下，在其生产运作过程中引入技术创新和管理创新，也可以实现向"两型产业"的转变。基于传统产业的高消耗、高污染特点，以及其对人类基本生活、生产活动的基础性作用，传统产业领域是推行"两型社会"建设的主要阵地。

二 产业集群及结构升级在"两型社会"建设中的作用

由于存在外部规模经济，在极化效应和扩散效应作用下，特定的区域形成的地方特色的企业集群是区域（国家）竞争力的关键。从区域产业结构与经济发展、资源利用、环境保护的角度，贾晓娟（2008）[①] 在对武汉城市圈实证研究的基础上，认为"两型社会"在产业结构调整中应注意：在资源承载力与环境容量的基础上进行武汉城市圈产业结构的调整和优化；抓住产业链附加值高、资源利用率高、无污染、少污染的产业作为区域的主导产业；大力发展劳动密集型产业；积极发展循环经济；努力提高企业研发能力。基于产业集群化思想，朱俊成和钟儒刚（2010）[②] 认为：在武汉城市圈建设"两型社会"背景下，咸宁要融入武汉城市圈，必须实施产业集群化战略。具体包括：一是构建以核电产业为龙头的核电产业集群，二是构建生态与休闲旅游产业集群与产业链，三是构建特色农业产业

---

① 贾晓娟：《资源环境约束下的"两型社会"产业结构调整》，《理论月刊》2008 年第 3 期，第 86 ~ 88 页。

② 朱俊成、钟儒刚：《两型社会视域下的咸宁市产业发展研究：基于集群的思考》，《世界地理研究》2010 年第 2 期，第 123 ~ 129 页。

集群与产业链，四是构建生态农业和现代农业产业集群与产业链，五是构建技术创新型和孵化型产业集群，六是构建业务外包式产业集群与产业链。张启春和王茜（2010）[①] 提出：产业集聚对武汉城市圈建设具有重要意义，产业集聚可以有效提升整个城市圈的经济竞争力；武汉城市圈的发展必须从"两型社会"建设的试验目标出发，在做大产业集群的同时，重点优化产业结构及其圈内空间布局，突出城市圈资源与生态环境承载能力的整体提升。栾晓梅（2012）[②] 通过实证分析认为，第二产业在武汉城市圈中的区位熵呈现下降趋势，第三产业表现出较高的专业化发展优势。武汉城市圈各地区三次产业发展不平衡、结构雷同、资源浪费与环境污染严重，与"两型社会"的建设目标不相适应。应通过调整武汉城市圈的产业结构、营造良好的产业集群发展环境等措施，促进城市圈产业结构升级，保证武汉城市圈经济的健康、绿色发展。

结合长株潭产业集群现状，周靖（2008）[③] 建议：通过建立支撑产业集群发展的政策导向机制，加强对产业集群的规划与引导；建立产业集群发展的科技支撑机制；建立以"两型社会"为导向的资源配置机制，培育产业集群加快产业升级。发展长株潭产业集群，助推长株潭经济一体化和"两型社会"建设。在中西部地区承接东部地区及国际产业转移的前提下，赖明勇、吴义虎和肖皓（2010）[④] 通过可计算一般均衡模型对湖南的实证分析表明：从"两型社会"建设的长远目标出发，湖南省应首先重点承接信息知识产业和农产品加工业，承接信息知识产业转移将有效带动产业结构升级和新型工业化发展，而承接农产品加工业将有效促进新型农业化进程，对环境有很好的改善作用。黄梅和甘德欣等（2011）[⑤] 探讨了"两型

---

① 张启春、王茜：《基于"两型社会"建设的武汉城市圈产业集聚发展分析》，《湖北社会科学》2010 年第 8 期，第 72～74 页。

② 栾晓梅：《"两型社会"视角下武汉城市圈产业集群发展分析》，《湖北社会科学》2012 年第 4 期，第 50～53 页。

③ 周靖：《产业集群：长株潭经济一体化的推动器》，《长沙理工大学学报》（社会科学版）2008 年第 3 期，第 34～38 页。

④ 赖明勇、吴义虎、肖皓：《湖南省承接产业转移与"两型社会"建设——基于湖南省 CGE 模型的分析》，《湖南大学学报》（社会科学版）2010 年第 4 期，第 48～53 页。

⑤ 黄梅、甘德欣等：《"两型社会"背景下长株潭生态工业网络构建研究》，《经济地理》2011 年第 2 期，第 271～276 页。

社会"建设背景下长株潭城市群生态工业网络的构建模式：立足于长株潭核心区内现有产业集群和工业园区，选择关键种企业（龙头企业）和关键种生态工业园，构建从企业到园区再到长株潭城市群区域的多层次产业生态链网，并以长株潭城市群一体化的信息、科技、管理为支撑，实现产业生态链网与区域在社会层面融合的生态工业网络构建。

随着我国经济结构的转型升级，在比较利益的支配下，东部沿海地区一些传统产业逐步向中西部转移，我国产业结构正重新布局。在新一轮产业结构调整过程中，对于产业转移承接地，要坚持产业集群发展及可持续发展原则，按照"资源节约、环境友好"的要求，做到产业链整体入园、关联产业就近布局，提高产业承接地产业聚集效益。同时，按照建设创新型国家的要求，从政府、企业及科研机构等层面增加创新投入，完善创新体系，加大创新力度，加快转型升级，推动我国由制造业大国向制造业强国的转变。

三 相关产业对"两型社会"建设的促进作用

在实践中，"两型社会"建设必然要落实到具体的相关产业。一方面"两型社会"建设对各种产业都提出了更高的要求；另一方面，产业的调整、升级又将对"两型社会"建设提供支持。研究者从金融、农林、旅游、科教、文化创意、化工、制造、交通、物流等产业对"两型社会"建设的促进作用进行了广泛探讨。

（一）金融业对"两型社会"的促进作用

在现代社会中，经济与金融相互渗透融合成为一个整体，使得经济资源配置越来越金融化，金融日益成为经济发展的主要因素；一些发达国家甚至完成了由"产业资本"向"金融资本"的转变。2008 年始于美国的次贷危机最终演变成影响全球的经济危机，有力地说明了金融在现代社会的"帝国"地位。为了更好地推进长株潭城市群"两型社会"建设，需要采取综合措施及创新手段来促进长株潭区域金融生态环境的健康发展。已有文献对金融创新、金融体系"立体创新战略"、金融是"两型社会"发展的"第一动力"、绿色金融政策法律化、金融与循环经济的融合、城市群金融支持体系的构建等问题进行了广泛的探讨。

段进、罗红艳和朱静平（2009）[①] 在借鉴上海浦东新区、天津滨海新区、武汉城市圈三个综合配套改革试验区在金融创新方面的经验，并结合长株潭自身的区域环境，对金融机构、金融产品、金融市场以及金融制度四个方面的改革与创新提出建议，以此来促进长株潭"两型社会"的建设。此外，长株潭还可在金融政策支持、金融资源整合、区域金融中心建设等方面继续努力创新；在金融改革与创新的过程中，要注重防范风险，同时在借鉴经验的基础上也要注重从长株潭"两型社会"建设的实际出发，使金融改革与创新成为长株潭"两型社会"建设的助推器，成为湖南经济发展的新引擎。

熊威和聂柳（2010）提出[②]：实施武汉城市圈金融体系"立体创新战略"，促进"两型社会"建设。该金融体系"立体创新战略"由目标、主体、要素三维组成。战略的目标维度由金融一体化、经济发展方式转变、构建中部金融中心三个阶段目标组成；主体维度由政府、金融机构、企业、个人四个主体构成；要素维度由金融机制、金融生态环境、金融市场、金融服务、金融工具、金融文化构成。

李正辉、王佳和许涤龙（2010）[③] 认为：金融作为经济的核心，在一定程度上是"两型社会"发展的"第一动力"，可通过金融相关率、金融深度和金融广度3指标体现；并就金融促进"两型社会"建设的空间差异性进行实证研究；结果表明，金融相关率、金融深度和金融广度对"两型社会"发展作用的方向、程度和显著性三个方面均具有空间差异性。

张红（2010）[④] 提出：绿色金融政策是"两型社会"建设中可资利用的一种市场激励机制，它包括绿色信贷、绿色证券与绿色保险等制度。我国已初步建立了绿色金融制度的基本框架，但没有上升为法律，在规则内

---

① 段进、罗红艳、朱静平：《以金融改革与创新助推长株潭两型社会建设》，《湖南大学学报》（社会科学版）2009 年第 4 期，第 141～144 页。

② 熊威、聂柳：《武汉城市圈"两型社会"建设与金融创新的分析与研究》，《武汉金融》2010 年第 8 期，第 46～47 页。

③ 李正辉、王佳、许涤龙：《金融促进"两型社会"建设的空间差异性研究》，《统计与决策》2010 年第 3 期，第 78～81 页。

④ 张红：《论绿色金融政策及其立法路径——兼论作为法理基础的"两型社会"先行先试权》，《财经理论与实践》2010 年第 3 期，第 125～128 页。

容上还有完善的空间；虽然具有较强的灵活性，但可能缺乏稳定性和权威性，从而很难在实践中取得比较理想的制度绩效，因此，应把绿色金融政策转化为法律。其法律化的可能路径，是在"两型社会"试验区内把它从环境经济政策转化为"绿色金融促进条例"；其法律化的正当性基础是"两型社会"的"先行先试权"和"先行先试"立法模式。

方建珍和杜伟岸（2010）[1] 认为：金融与循环经济的深度融合将最终确立"两型社会"的建设范式。其融合可以划分为"两种层次""三个阶段"；"两种层次"指金融与循环经济的表面结合和实际结合，"三个阶段"指表面结合的初始阶段、实际结合的初级阶段和高级阶段。

熊正德和韩丽君（2011）[2] 认为：长株潭城市群金融支持体系是推进"两型社会"建设的强大动力，体现在 3 个方面：有助于促进长株潭城市群内经济的平衡发展、有助于推进长株潭城市群新型产业体系的形成、有助于催化长株潭城市群金融功能的有效发挥。构建长株潭城市群"两型社会"金融支持体系需要政府、金融机构、资本市场三方共同参与，立足于城市群金融体系发展现状，结合湖南特色和实际，大胆先试先行。

（二）农林业对"两型社会"的促进作用

农业和林业作为人类社会生存和生态的基础，与"资源节约和环境友好"思想结合有着重要的意义。农业作为一个对资源依存度极高的产业，在建设现代农业的过程中，也具有建设资源节约型和环境友好型的内在需求（张俊飚，2008）[3]。而林业既是生产生态产品的部门，又是重要的基础产业和文化载体，有巨大的生态功能、经济功能和社会文化功能，其多重属性和多种功能决定了林业在"两型社会"建设中的基础地位和重要作用（周光明、黄农，2008）[4]。为实现"建设生产发展、生活宽裕、乡风文明、

---

① 方建珍、杜伟岸：《金融与循环经济的深度融合：论"两型社会"的建设范式》，《武汉金融》2010 年第 7 期，第 11 ~ 13 页。

② 熊正德、韩丽君：《构建长株潭城市群"两型社会"的金融支持体系研究》，《湖南大学学报》（社会科学版）2011 年第 6 期，第 155 ~ 160 页。

③ 张俊飚：《"两型社会"建设与湖北农业发展》，《湖南社会科学》2008 年第 5 期，第 106 ~ 109 页。

④ 周光明、黄农：《试论湘潭市林业与"两型社会"建设的耦合关系》，《湖南林业科技》2008 年第 6 期，第 81 ~ 82 页。

村容整洁、管理民主"的社会主义新农村要求，2008 年十七届三中全会首次提出了"资源节约型、环境友好型社会农业"，作为农村改革发展基本目标任务之一，即"资源节约型、环境友好型"农业生产体系基本形成，农村人居和生态环境明显改善，可持续发展能力不断增强。[①]

王辉和刘茂松（2011）[②] 指出：都市农业是城市经济、生态、社会系统的重要组成部分，具有多功能性；都市农业在利用各种资源时的节约程度是衡量资源节约型社会的一个方面，也是都市农业生态功能的重要体现；其另一个重要功能就是改善都市环境，为都市居民创造健康舒适的居住条件。

同时，对如何建设"两型农业"，已有文献也进行了广泛讨论。胡汉荣和康煌（2008）[③] 认为：要以科学发展观为指导，以改造中低产田为重点，大力发展循环农业、绿色农业、生态休闲农业、设施农业，推进农业农村节能减排，强化农村生态环境建设，促进社会实现可持续发展。王秋跃和田艳丽（2008）[④] 提出：要大力发展绿色农业，促进"两型"社会建设。匡远配和曾小溪（2010）[⑤] 认为：两型农业建设应当以农业的生产功能为主导功能，同时兼顾资源节约功能和环境友好功能两翼，实现农业收益的帕累托最优。李碧云和陈宏滨（2010）[⑥] 提出发展"两型社会"的长株潭农业应当把握四个要务：强化生态功能，提升生态休闲服务业的比重，优化产业模式，不断进行科技创新。

（三）旅游业对"两型社会"的促进作用

在旅游业中，旅游者对旅游资源消费不是实物消费，而是一种经历和

---

① 引自《中共中央关于推进农村改革发展若干重大问题的决定》，2008 年 10 月 12 日中国共产党第十七届中央委员会第三次全体会议通过。
② 王辉、刘茂松：《两型社会都市农业发展综合评价指标体系的构建》，《求索》2011 年第 4 期，第 79～80 页。
③ 胡汉荣、康煌：《推进农业综合开发　促进"两型社会"建设》，《农业开发研究》2008 年第 5 期，第 22～24 页。
④ 王秋跃、田艳丽：《构建"两型"社会背景下绿色农业发展对策探讨》，《贵州商业高等专科学校学报》2008 年第 3 期，第 55～58 页。
⑤ 匡远配、曾小溪：《"两型农业"功能演变及其定位研究》，《社科纵横》2010 年第 4 期，第 30～33 页。
⑥ 李碧云、陈宏滨：《两型社会长株潭农业的四个要务》2010 年第 4 期，第 77～78 页。

感受，使得旅游资源的使用具有重复性特点，决定了旅游业对"两型社会"建设的重要作用。杨洪、田银华和袁开国等（2009）[①] 认为：旅游业是资源节约、环境友好的"两型产业"。与各种用途的资源开发形式相比，旅游用途的资源利用相对节约，也最能综合权衡和统筹暂时利益与长远利益、经济利益与社会利益的关系；旅游业也是生态环保型的"绿色产业"，绿色、生态、环境优美，既是发展旅游业的必要基础，也是衡量旅游业发展水平的重要指标。许贤棠、王铄和张飞琴（2009）[②] 提出：旅游业是最能体现科学发展观、最契合"两型社会"建设要求的新兴产业；武汉城市圈水体旅游资源有着较明显的群体优势，营造城市圈亲水型的景观，构建水体旅游发展体系，是加快武汉城市圈旅游业良性发展的必然选择。

张丽华（2010）[③] 提出了"两型社会"建设中长株潭旅游产品开发模式：农业旅游产品模式、工业旅游产品模式、湘江水景旅游产品模式和红色旅游产品模式；认为建设"两型社会"要解决的关键问题是发展农业旅游，这是建设长株潭资源节约型社会的重要特色内容。同时，长株潭区域旅游竞合既是建设"两型社会"的必然途径，也是"两型社会"建设的要求；其竞合模式的构建，必须以政府为主导，以市场为导向，以地方利益为主体，从空间竞合和产品竞合两个方面进行（刘红梅，2010）[④]。

还有文献从旅游品牌、旅游产品、旅游交通、旅游营销、旅游生态（胡扬帆，2010）[⑤]，以及构建和谐的旅游社区、旅游资源开发（叶全良、李涛，2009）[⑥]、"两型旅游"发展战略（刘辛田、肖华茂，2012）[⑦] 等方

[①] 杨洪、田银华、袁开国等：《长株潭"两型社会"建设试验区旅游发展基础研究》，《湖南科技大学学报》（社会科学版）2009 年第 6 期，第 72～77 页。

[②] 许贤棠、王铄、张飞琴：《基于"两型社会"背景的武汉城市圈水体旅游发展研究》，《国土与自然资源研究》2009 年第 4 期，第 76～77 页。

[③] 张丽华：《"两型社会"建设中长株潭旅游产品开发模式研究》，《中国流通经济》2010 年第 1 期，第 63～66 页。

[④] 刘红梅：《长株潭两型社会区域旅游竞合研究》，《求索》2010 年第 2 期，第 71～72 页。

[⑤] 胡扬帆：《"两型社会"综合配套改革试验区建设对旅游业的推动》，《特区经济》2010 年第 4 期，第 146～147 页。

[⑥] 叶全良、李涛：《基于"两型社会"建设的三种旅游资源开发模式》，《经济管理》2009 年第 9 期，第 119～122 页。

[⑦] 刘辛田、肖华茂：《论长株潭城市群"两型旅游"发展战略》，《社会科学家》2012 年第 5 期，第 76～79 页。

面，分析了"两型社会"综合配套改革试验区建设对旅游产业的推动作用。刘韵琴（2011）[1] 提出：以低碳技术创新为核心，以制度创新为依据，以节能、生态、环保、低排为目标，从意识、技术、资源、品牌上重构"两型社会"旅游产业发展要素，打造新型产业结构，培养"两型社会"旅游产业新的增长点和卖点，引领旅游产业乃至其他产业的低碳化和生态化。

（四）科教、文化创意产业对"两型社会"的促进作用

现代经济运行中，科教、文化创意产业具有无污染、低排放特点，将成为助推"两型社会"的主要领域。刘友金、胡黎明和赵瑞霞（2012）[2] 认为创意产业是处于价值链高端的"两型社会"，而"两型社会"是产业不断创意化的低碳社会。邹德文和陈要军（2008）[3] 建议：要有效发挥湖北的科教优势，引导海内外 EET 产业的创新资源向湖北武汉集中，突破性地发展新能源与环保技术（EET）产业，为"两型社会"建设和全国的节能减排环境保护提供强有力的产业及技术支撑。作为"无烟""无废"的艺术产业，在"两型社会"语境下属于"两型产业"；与"两型社会"建设的理念从根本上是一致的；艺术文化和艺术创意正日益成为构建"两型社会"的朝阳产业（吴小莲，2010）[4]。而文化创意产业具有创新性、高附加值、强渗透性和强辐射性等特征，能起到节约资源、保护环境、发展经济的作用，能在"两型社会"建设中具有举足轻重的地位（刘登佐、瓮晶波，2010）[5]。李光（2010）[6] 认为：创意产业是人类 21 世纪最有前景的

---

① 刘韵琴：《低碳视角下两型社会旅游产业发展要素重构——以长株潭城市群为例》，《吉首大学学报》（社会科学版）2011 年第 1 期，第 137～140 页。

② 刘友金、胡黎明、赵瑞霞：《湖南"两型社会"建设与创意产业发展研究》，《湖南科技大学学报》2012 年第 2 期，第 85～88 页。

③ 邹德文、陈要军：《大力发展 EET 产业支撑"两型"社会建设》，《理论月刊》2008 年第 9 期，第 37～40 页。

④ 吴小莲：《两型社会语境下的湖北艺术产业化探析》，《湖北社会科学》2010 年第 8 期，第 68～71 页。

⑤ 刘登佐、瓮晶波：《两型社会建设与湖南文化创意产业发展探析》，《现代商贸工业》2010 年第 16 期，第 113～114 页。

⑥ 李光：《创意产业化：加快湖北"两圈一带"建设的重要途径》，《湖北社会科学》2010 年第 2 期，第 52～53 页。

产业之一，符合可持续发展的要求，具有强大的生命力和社会影响力；大力发展创意产业，不仅是武汉城市圈"两型社会"建设综合配套改革试验区的需要，是鄂西生态文化旅游圈建设的需要，而且也是湖北长江经济带新一轮开放开发的需要，更是湖北"两圈一带"科学发展的需要。

刘远彬、丁中海和孙平等[1]（2012）认为发展智慧产业，是产业转型升级、促进经济可持续发展的本质要求，是缓解资源约束和环境压力、全面建设资源节约型环境友好型社会的重要举措；并从智慧农业、智慧工业、智慧服务业等角度，探索了发展智慧产业的有效途径。

邓伍英、柳玉（2013）[2]认为"两型社会"的发展需要构建物质文明和精神文明相适应的文化体系，艺术审美活动是社会精神文明建设的重要组成部分，它与"两型社会"文化构建的互动是一项伟大而复杂的系统工程。"两型社会"文化最本质的内涵和根本目的都是追求人与自然的和谐以及社会的可持续发展。构建"两型社会"文化体系在本质上是崇尚生态文明、健康环保、推崇节俭，秉持可持续发展理念的文化，以促进人、社会、自然和环境的全面、协调、可持续发展。"两型社会"文化主张的是一种人与自然和谐相处的绿色价值念，强调用系统的和整体的观念来重新审视人与自然的关系，保持人与自然协调发展。

另外，在推进"两型社会"建设过程中，一靠科技进步，二靠提高劳动者素质。教育对于"两型社会"建设的最大功能就是提供强大的人力资源支撑。由于我国的职业教育落后于社会经济发展的需要，大力发展职业教育显得尤为重要。

（五）化工、制造业对"两型社会"的促进作用

基于重化工产业发展过程中表现出的高消耗、高污染的特点，梁小青（2009）[3]提出了重化工城市发展循环经济、建设"两型社会"的指导思

---

① 刘远彬、丁中海、孙平等：《两型社会建设与智慧产业发展研究》，《生态经济》2012 年第 11 期，第 133 ~ 135 页。

② 邓伍英、柳玉：《论两型社会文化构建的艺术审美实践》，《湖南社会科学》2013 年第 3 期，第 212 ~ 214 页。

③ 梁小青：《重化工城市"两型社会"建设实证分析——以荆门市为例》，《企业改革与发展理论月刊》2009 年第 9 期，第 163 ~ 165 页。

想和实践原则。指导思想：以节能减排为手段，以环境友好为目的，做好"抓紧减量、优化存量、扩充增量"三个方面的工作；实践原则是：按照循环经济"减量化、资源化、再利用、再制造"原则，把握好循环经济的点，联结牢循环经济的线、拓展开循环经济的面。

从制造业产需平衡的角度，孙红玲（2009）[①] 认为：推进长株潭城市群"两型社会"改革建设的关键在于构建这种制造业产需平衡体，必须以最大供给半径与最大需求半径相对称的"3＋5"城市群为依托，按国际大都市的"标准结构"来定制产业发展，结合城市群的建设与改革做大做强制造业并带动服务业的大发展，走出一条有别于传统模式的工业化、城市化发展新路。从发展清洁高效能源产业的角度，太阳能具有取之不尽、用之不竭、无污染等特点，符合"两型产业"的要求。张莹（2009）[②] 提出了积极发展太阳能产业，助推武汉"两型社会"建设的建议。

（六）交通、物流对"两型社会"的促进作用

在现代城市中，交通一方面是石化资源主要消耗部门，同时也是废气排放的重点领域，"两型社会"建设将面临城市交通优化的重大挑战。《城市轨道交通研究》年杂志建议科学规划轨道交通网络，全面促进武汉城市圈"两型社会"建设。刘细良和秦婷婷（2010）[③] 提出基于低碳理念的内涵和目标，从确定交通模式、构建低碳指标、科学管理和强化引导等方面来优化长株潭城市群交通系统的发展；进而推动长株潭"两型社会"建设。

杜涛、陶良虎（2008）[④] 认为绿色物流是指在抑制物流活动各个环节对环境造成危害的同时，实现对物流环境的净化，使物流资源得到最充分的利用；具有环境共生型、资源节约型、低熵型和循环型特征，其发展有

---

① 孙红玲：《长株潭两型社会城市群的产业结构优化与发展》，《求索》2009 年第 8 期，第 54～56 页。

② 张莹：《积极发展太阳能产业　助推武汉两型社会建设》，《中国软科学》2009 年增刊（上），第 138～140 页。

③ 刘细良、秦婷婷：《低碳经济视角下的长株潭城市群交通系统优化研究》，《经济地理》2010 年第 7 期，第 1124～1128 页。

④ 杜涛、陶良虎：《基于两型社会要求的武汉绿色物流发展研究》，《商品储运与养护》2008 年第 5 期，第 10～14 页。

利于“两型社会”的建设。

四 相关产业对“两型社会”促进作用的案例分析——以旅游业为例[1]

(一) 旅游业的内涵

旅游业，国际上称为旅游产业，是以旅游资源为凭借，以旅游设施为条件，专门或者主要从事招徕、接待游客，为其提供交通、游览、住宿、餐饮、购物、文娱6个环节的综合性行业；其行业的基本特征是非生产性的，所以又称无烟工业、无形贸易。[2]

目前，旅游业已成为世界第一大产业，也是我国国民经济的支柱产业。旅游业的发展将在我国经济结构调整、产业转型过程中起着重要作用。

(二) 旅游业对“两型社会”的促进作用

一方面，从旅游者的角度，大多数人从事的旅游活动具有消遣、享受的特点；人们外出旅游时为了获得一种经历和体验，得到身心的愉悦和精神的放松。这种活动是一种精神文化的活动，属于社会文化的范畴（蔡敏华、魏芬和王芳，2008）[3]。尽管旅游活动要以物质的消费为基础，但旅游活动不是一种纯粹物质消费活动，精神文化层面的内容是主要的。所以旅游业被称为“无烟工业”，具有资源节约、环境友好的特点，发展旅游业是有利于“两型社会”建设的。

另一方面，旅游资源具有重复使用的特性。依托旅游资源开发出来的旅游产品是无形的——是一种概念、一个活动或一个过程，旅游者所消费的正是这种无形产品，从中获得一种经历和体验，而不是消费旅游资源本身。正是因为这样，先前的旅游者对一旅游产品的消费并不影响后来的旅游者对同一旅游产品的消费；理论上，旅游资源具有永续重复使用的特性，符合资源节约的要求。另外，旅游资源包括自然景观旅游资源和人文

---

① 许抄军、张东日、全东东：《有利于“两型社会”建设的旅游业研究——以湛江旅游业为例》，《国土与自然资源研究》2011年第6期，第43~45页。
② 李肇荣、曹华盛主编《旅游学概论》，清华大学出版社，2006。
③ 蔡敏华、魏芬、王芳：《旅游学概论》，人民邮电出版社，2006，第23~25页。

景观旅游资源两大类。从事前一种旅游活动，显示了旅游者亲近自然、与自然环境友好；通过经历特有的旅游体验，促使人们提高环境保护的意识。从事后一种旅游活动，则体现着旅游者沐浴人类文明的光辉，与人文环境交融，也促使人们提升对文化多元化的保护。因此，旅游活动具备环境友好的要求。

总之，旅游业具有资源节约、环境友好的特点，符合"两型社会"的要求，对"两型社会"建设有促进作用。同时，"两型社会"又能指导旅游业的可持续发展。在发展旅游业中融入"两型社会"理念，一方面要在保护各种旅游资源的基础上，减少旅游业所涉及的交通、游览、住宿、餐饮、购物、文娱各环节的投入和耗能；另一方面，它也要求在旅游活动中做到人和自然环境、人文环境和谐共处，减少旅游业带来的各种污染。

（三）基于"两型社会"的旅游业发展理念

实践中，旅游活动包括旅行、游览、住宿、饮食、购物和娱乐6个环节，为达到促进"两型社会"建设的目的，就必须在各环节中融入资源节约、环境友好的理念，并加大宣传力度，使这种理念深入人心，逐步成为每个游客和旅游业从业人员的自觉行为。

交通出行。完善交通基础设施，加强交通网络化建设，优化交通线路布局，推进交通网络智能化进程；交通道路及相关设施的建设要遵循"集约节约利用土地资源"原则；减少出行的碳排放量，提倡和鼓励使用清洁能源，提倡徒步出行。

景区游览。景区开发与建设要融入当地的生态环境，避免开山修路对景区地形地貌造成破坏；景区应注重生活污水的处理，做到循环利用；加大景区内的环保宣传，减少游客游览带来的生活垃圾；提倡景区徒步游览，减少汽车尾气对景区的污染。

酒店住宿。酒店装修要避免奢华、浪费，应注重环保、健康和舒适；推广酒店日用品有偿使用制度，提倡游客自备洗漱用品入住；长期入住同一房间时，尽量减少床上用品的洗涤次数。

餐馆饮食。旅游景点的餐饮店要拒绝使用一次性餐具，减少一次性餐具带来"白色污染"；推广新鲜无公害的绿色食品；游客点菜要适度，不要铺张浪费，提倡"光盘"饮食。

纪念购物。旅游景点要推广销售环保袋，减少塑料袋的使用；销售的纪念品应富有本地特色。

文化娱乐。完善现代娱乐设施，推广具有地方特色的民族文化风情展示、表演，提倡游客消费健康向上的娱乐活动。

（四）基于"两型社会"的旅游业发展的原则

理论上，旅游资源在旅游活动中具有重复使用的特性；但同时它又有不可再生性。对游资源的开发利用要坚持保护第一、利用第二的原则。特别是对一些具有独特性且脆弱的自然景观，当游客的旅游活动对其影响超过一定程度时，将产生不可逆转的蜕变甚至消亡，其保护应引起高度重视。而对一些少数民族的民族传统文化风情，应最大程度上进行保护，可通过纪录片的形式向外界进行宣传，减少外来游客对它们的影响，保护世界文化的多样性。

总之，"两型社会"建设是一个长期的发展过程，涉及各行各业。在旅游发展实践中，应该将"资源节约、环境友好"的理念贯彻到旅游活动各个环节，使之融入人们的旅游出行活动，成为每个人的自觉行为。

五　结论与展望

通过对已有文献的探讨，对"两型产业"进行了初步界定；认为产业聚集及结构升级将助推"两型社会"建设；在现有产业中引入循环经济和低碳经济理念、对已有产业进行改革创新、充分发挥不同产业的优势，将有利于"两型社会"建设。这些结论，对武汉城市圈和长株潭城市群综合配套改革试验区的"两型社会"建设已经或正在发挥指导性的作用。

但现有文献对"两型社会"产业支持的研究还未形成体系。尽管有文献（冷俊峰、杨赛鑫、李金保，2011）对产业两型化发展水平评价指标体系进行了初步探讨，但科学的"两型产业"概念和"两型社会"产业体系标准没有形成，特别是如何改造传统产业来满足"两型社会"建设的相关研究文献更是缺乏。尽管如此，本书认为："两型产业"并不是指某一具体的产业，而是指在产业运行过程中，融入"资源节约、环境友好"的理念，使其符合"两型社会"建设的要求。另外，相关的研究局限于以两个综合配套改革试验区为案例，研究者也以这两个区域高校及相关研究机构的研究人员为主。

"两型社会"建设是一个系统工程，不是单个产业所能支撑的，如何从系统工程的角度，科学合理地界定"两型产业"的内涵和外延、构建"两型社会"的产业体系标准及评价指标体系、应用新技术改造传统产业使之符合节能环保的要求，将是今后相关研究的主要内容之一。尽管"两型社会"建设是以综合配套改革试验区的形式付诸实践，但"两型社会"建设是我国面临新的资源、环境约束条件下增长方式和社会生产函数的改变，要在整个经济系统内全面铺开，需要更多案例的支持和更广范围的理论探讨，这将是今后"两型社会"研究的发展方向。

第五节　"两型社会"综合测度的理论探讨

在"两型社会"有关研究文献中，关于"两型社会"综合测度研究是主要内容之一，是实现"两型社会"可行性与实践操作性的必需手段。本节主要致力于以下两方面工作：一是对已有文献进行再研究，通过中国知网"中国学术期刊网络出版总库"，查阅有关"两型社会"综合测度的研究文献，从中筛选出影响较大且方法比较规范的文献进行重点解读，总结已有文献在指标体系构建模式、指标选取、主要评价方法等方面的研究特点及存在的缺陷；二是从"两型社会"思想渊源出发，探讨"两型社会"内涵，为其综合评价提供理论支持。

一　已有文献研究

（一）"两型社会"综合测度的重要性

"两型社会"是指资源节约型、环境友好型社会。要使"两型社会"建设落到实处，必须有一个衡量标准——怎样才是节约资源？如何才算环境友好？尽管"两型社会"建设以综合改革试验区方式开展，其实施却是一项庞大的系统工程。对研究者而言，需要对该系统进行分类、量化以确定实施后所要达到的预期目标，或与相关系统（可持续发展、和谐社会、小康社会、生态文明建设等）进行对比分析；对政府部门而言，需要制定科学规划、计划，并组织实施及进行有效管理，而且还要对实施进程进行预测和监督；对企业而言，需要政府制定相应政策和法规予以引导，还要通过市场机制对其形成硬约束，使其生产决策符合资源节约、环境友好；对社会公众而言，需要得到广泛动员并形成积极的社会舆论，使其消费行为符合资源节约、环境友好。所有这一切都离不开准确的数据信息，这些多样化数据信息往往通过指标体系形式展现更为有效。正如可持续发展指标体系的建立是可持续发展能力建设的重要内容一样，"两型社会"测度指标体系也是"两型社会"建设的重要内容。

陈瑜和马北玲（2009）① 基于"两型社会"建设过程中政府部门决策缺少依据、执行缺乏方向、考核无标准的现状，说明建立"两型社会"评价体系的迫切性。李梦觉（2010）② 认为科学合理的评价体系有利于为长株潭"两型社会"建设提供科学标准和依据，也有利于对长株潭"两型社会"建设实施动态监测和跟踪评估，及时发现长株潭"两型社会"发展进程中的薄弱环节和存在的问题，有针对性地进行政策调控和项目规划调整。李新平和申益美（2011）③ 认为评价指标体系可以评价和监测"两型社会"建设状态和程度。曹立军和周少华（2010）④ 从转变观念、明晰发展方式，提供依据、实行科学决策，有效预警、把握发展趋势，综合考核、评估发展水平等方面阐述了区域"两型社会"评价的主要意义。基本涵盖了不同文献关于"两型社会"测度重要性的主要观点。

（二）"两型社会"评价模式及指标选择

表 2 - 1 是对有关"两型社会"综合测度主要研究文献的不完全统计。

---

① 陈瑜、马北玲：《湖南两型社会发展评价模型与实证研究》，《求索》2009 年第 11 期，第 37 ~ 39 页。

② 李梦觉：《长株潭"两型社会"建设绩效评价指标体系的构建》，《湖南商学院学报》2010 年第 3 期，第 46 ~ 49 页。

③ 李新平、申益美：《基于熵值法的"两型社会"经济建设评价体系的构建》，《统计与决策》2011 年第 13 期，第 84 ~ 87 页。

④ 曹立军、周少华：《区域两型社会的评价方法》，《求索》2010 年第 4 期，第 52 ~ 54 页。

通过文献比较可知，在构建"两型社会"指标体系时，大部分文献使用了平行式菜单指标体系模式；指标级数的选择，大部分采用了二级指标体系，也有些文献使用了三级指标体系。此外，李海东和陈建欣（2010）基于数据包络分析（SE－DEA）构建了 6 个输入指标、2 个输出指标的评价指标体系。

对各级指标数的选择，是已有文献分歧的焦点。一级指标（分类指标）数最少只有 3 个，最多有 11 个，多数文献选取 3～5 个分类指标；二级指标（单项指标）数的差异更大，最少只有 10 个，最多达到 61 个，所用指标数在 30 个左右的文献居多。

由于"两型社会"建设是一个复杂系统，包含着丰富内容，涉及若干子系统，单一指标很难涵盖全貌，应构建一个合理的分级指标体系来对其进行评价；但指标数又不能太多，否则就不能突出"两型社会"的特征。结合已有文献研究，包含 5 个左右一级指标（分类指标）、30 个左右二级指标（单项指标）的指标体系应基本能反映"两型社会"的主要特征。

表 2－1 "两型社会"综合测度研究文献的不完全统计①

单位：个

研究者	时间（年）	权重确定、评价方法	分类指标	单项指标	实证分析对象
曾翔旻等	2008	经验权重、期望值评价法	5	29	武汉市
湖南大学课题组	2009	目标评价法	8	61	—
叶庆红等	2009	目标树分析法	3	12	—
陈黎明等	2009	目标评价法	9	39	—
陈瑜等	2009	因子分析法	4	12	湖南省
朱璐璐等	2009	层次分析法、目标评价法	5	32	武汉市
朱顺娟等	2010	经验权重，目标评价法	5	30	长株潭
许鞍铭	2010	经验权重，加权综合指数法	5	26	全国
李仁安等	2010	层次分析法、模糊综合评价	4	30	武汉市

---

① 本表只对"两型社会"综合评价影响较大的有关文献进行不完全统计，不包括与"两型社会"有关的专题评价文献，如"两型社会农业评价指标体系""两型社会物流评价指标体系""两型社会卫生评价指标体系"等。个别文献（陈黎明和欧文的研究）采用了三级指标体系，为统计方便，最后都统一为分类指标数和单项指标数。李海东和陈建欣的研究中对应 SE－DEA 模型的数据，是 6 个输入指标、2 个输出指标。

研究者	时间（年）	权重确定、评价方法	分类指标	单项指标	实证分析对象
曹立军等	2010	模糊评价法	5	24	—
李梦觉	2010	经验权重、加权综合指数法	4	40	长株潭
薛珑	2010	层次分析法、目标评价法	5	30	山东省
叶文忠等	2010	集对理论	9	38	长株潭
马玉林等	2010	层次分析法、因子分析法	3	36	山东省
李海东等	2010	SE – DEA 模型	—	—	全国
姚成胜	2011	层次分析法、加权综合指数法	3	32	江西
叶文忠等	2011	粗糙集模糊聚类模型	4	18	长株潭
陈宏等	2011	德尔菲法、模糊数学	3	10	河南
廖小平等	2011	构建理论框架	—	—	—
李新平等	2011	熵值法、加权综合指数法	11	26	两试验区
王茜茜等	2011	投影寻踪法	4	18	武汉市
李鑫	2012	量化值加权函数法等	15	53	长株潭
曹立军等	2012	系统动力学预测集成模型	—	—	湖南
曹玮	2012	突变级数法	4	28	长株潭
游达明等	2012	层次分析法	5	15	中部地区
肖超等	2012	综合指数法	11	33	长沙市

（三）"两型社会"综合测度方法及目标值的确定

在菜单指标体系模式基础上，各级指标权数的确定及是否使用目标值（期望值），直接导致研究结果的多样性。部分文献在确定各级指标权重时按照各个指标相对重要程度进行权数分配。有的按两类指标分配，但分配的比例各不相同：有的核心指标65%、基础指标35%（"两型社会建设指标体系研究"课题组，2009）[①]，有的核心指标60%、其他指标40%（朱顺娟、郑伯红，2010）[②]，还有的核心指标50%、其他指标50%（许鞍铭，

---

① "两型社会建设指标体系研究"课题组：《"两型社会"综合指标体系研究》，《财经理论与实践》2009年第5期，第114～117页。

② 朱顺娟、郑伯红：《长株潭"两型社会"评价指标体系研究》，《统计与决策》2010年第2期，第62～63页。

2010）①；有的按三类指标分配：核心指标 60%、基础指标 30%、效果指标 10%（曾翔旻、赵曼和聂佩进等，2008）②。

关于目标值的确定。有的文献以党中央确立的"到 2020 年建成全面小康社会的目标"和"长株潭城市群关于'两型社会'建设的最终构想"为重要依据（陈黎明、欧文，2009）③；也有的认为要遵循的原则是：一要符合"两型社会"的基本内涵，二要切实可行；还有的文献坚持"一个兼顾，两个参考"原则来确定目标值（期望值），如曾翔旻、赵曼和聂佩进等（2008）④、薛珑（2010）⑤ 等。所谓"一个兼顾"就是兼顾理想与现实，确定的期望值既要体现前瞻性、预见性，同时又不脱离中国经济社会发展的现实基础，充分尊重期望值的可操作性和可实现性。"两个参考"就是参考已有的"和谐社会""小康社会"评价指标体系中相近指标的期望值；参考香港、台湾先进地区，以及日本、韩国、美国等发达国家在相关指标上达到的现有水平。

由于人为进行权数分配及确定目标值受到许多主观性因素的影响，同样是核心指标，其得分值各不相同，将导致评价结果可信度下降。为提高评价结果的可信度，研究中使用了层次分析法（AHP）、模糊评价法、因子分析法、德尔菲法、熵值法、量化值加权函数法、投影寻踪法等来确定各级指标权重或得到相关指数以进行评价分析（如表 2-1 所示）。层次分析法、模糊评价法及德尔菲法对指标权重分配进行了改进，降低了主观性成分。而粗糙集模糊聚类法则更进一步，结合原始数据，通过粗糙集可辨识矩阵，挖掘出各项指标的权重，克服了传统评价方法中主观确定指标权

---

① 许鞍铭：《长株潭"两型社会"综合评价指标体系探析》，《文史博览（理论）》2010 年第 3 期，第 59~62 页。

② 曾翔旻、赵曼、聂佩进等：《"两型社会"综合评价指标体系建设和实证分析——基于武汉市的实证研究（一）》，《科技创业月刊》2008 年第 5 期，第 85~87 页。

③ 陈黎明、欧文：《可持续发展视角下的两型社会指标体系研究》，《科技进步与对策》2009 年第 20 期，第 37~41 页。

④ 曾翔旻、赵曼、聂佩进等：《"两型社会"综合评价指标体系建设和实证分析——基于武汉市的实证研究（一）》，《科技创业月刊》2008 年第 5 期，第 85~87 页。

⑤ 薛珑：《山东省"两型社会"监测评价系统构建及实证分析》，《山东经济》2010 年第 6 期，第 142~150 页。

重的缺点（叶文忠、欧婵娟和李林，2011）[1]。李海东和陈建欣（2010）使用数据包络分析方法中超效率模型（SE－DEA 模型）则改变了以往评价的思路，以资源投入和污染物排放量为投入，以发展水平为产出——作为评价分析指标；尽管 SE－DEA 模型具有指标数少、无须任何权重假设、具有很强实用性和客观性等优点，但结果不便于不同系统间比较，指标选择有待于进一步优化。突变级数法将突变理论和模糊数学有机结合，按指标间的内在逻辑关系确定指标的相对重要性，减少了指标权重确定的主观性（曹玮，2012）[2]。曹立军和杨中明（2012）[3] 提出了系统动力学预测集成模型，能实现对"两型社会"发展的情景分析及定量预测与评价。应用基于实数编码的加速遗传算法来实现投影寻踪聚类评价的优化，克服了传统优化方法需要目标函数具有连续可导特性的缺点，实现过程更为简单，使得投影寻踪聚类技术便于实际操作应用（王茜茜、周敬宣、李湘梅等，2011）[4]。

按经验方法确定目标值，方法简单，便于和其他系统（比如可持续发展系统）的相应指标进行比较，也便于进行国内外、区内外比较；如果目标值确定科学合理，也容易被广为接受，用于指导具体的"两型社会"实践。而通过相关计算方法得到的指标比较抽象，适于理论分析，实践指导意义不强。

（四）简单评价

现有关于"两型社会"综合评价文献，探讨了对"两型社会"进行综合评价的重要性，形成了比较稳定的评价指标体系模式——菜单式指标体系；但具体单项指标数和目标值确定、评价方法选择还存在较大分歧；现有研究注重评价体系的构建模式、指标选择、评价方法的介绍与应用等技

---

① 叶文忠、欧婵娟、李林：《基于粗糙集理论的"两型社会"发展评价》，《统计与决策》2011 年第 11 期，第 34 ~ 37 页。

② 曹玮：《基于突变级数法的"两型社会"建设动态趋势评价——以长株潭城市群为例》，《统计信息论坛》2012 年第 2 期，第 67 ~ 71 页。

③ 曹立军、杨中明：《基于系统动力学的两型社会评价与预测集成模型》，《系统工程》2012 年第 2 期，第 61 ~ 67 页。

④ 王茜茜、周敬宣、李湘梅等：《基于投影寻踪法的武汉市"两型社会"评价模型与实证研究》，《生态学报》2011 年第 20 期，第 6224 ~ 6230 页。

术层面，对"两型社会"内涵挖掘比较欠缺，需要进一步发展完善。正是基于对"两型社会"内涵的不同理解，导致指标体系的差异及结果多样性。

二 "两型社会"综合测度的基础

（一）已有的探讨与不足

对"两型社会"内涵的准确把握是进行综合评价的前提，已有文献有各自不同理解。湖南大学课题组（2009）认为"两型社会"的核心是通过资源有效配置和高效利用，加强生态建设和环境保护，构建经济、社会、环境协调发展的社会体系，实现经济社会可持续发展。朱顺娟和郑伯红（2010）认为"两型社会"不仅仅是节能环保问题，而且是与经济社会发展、民生改善紧密相连的。薛珑（2010）从目的、经济发展模式、政策支持、生态产业链和循环经济5个方面论述了"两型社会"内涵。廖小平和孙欢（2011）[①] 认为"两型社会"的核心价值是"发展"与"和谐"。乔海曙、王修华（2009）[②] 从表象、要素升级、"四化"、制度设计和根本目的5个方面论述了"两型社会"的内涵：一是节约资源，保护环境，这是最表象的；二是通过要素升级（技术品牌等高附加值的要素）真正实现"两型社会"的要求，"两型社会"表面看是资源问题，背后却是非资源问题；三是"四化"，即新型工业化、新型城镇化、农业现代化、区域一体化；四是用科学制度的设计来实现"两型社会"的要求，制度设计的最关键是解决市场与政府的关系问题，"两型社会"建设的根本在于市场化，因为市场化的资源稀缺和配置本身就符合"两型"的要求，"两只手"要合理搭配；五是"两型社会"建设的根本目的是经济发展基础上的资源节约和环境友好，不能为了"两型"而"两型"。

现有文献在不同角度对"两型社会"内涵进行了阐释，各有侧重点。有的强调资源的配置效率，有的侧重于经济社会与民生的联系，有的突出

---

① 廖小平、孙欢：《两型社会指标评价体系的构建逻辑》，《湖南师范大学社会科学学报》2011年第4期，第90~94页。
② 乔海曙、王修华：《两型社会建设的理论探索与体制机制创新——首届"两型社会建设论坛"综述》，《经济研究》2009年第5期，第156~160页。

"发展"与"和谐"的重要性，还有的体现了多因素的综合性。基于对"两型社会"内涵的不同理解，是导致现有文献对"两型社会"综合评价指标体系及评价结果多样性的根源。廖小平和孙欢（2011）认为"两型社会"具有生态文明的根本属性和内在特征，评判了工业文明时代发展起来的社会评价指标体系，提出了"两型社会"的生态文明指标体系构建逻辑。本研究认为，"两型社会"的提出是源于可持续发展思想和科学发展观对我国经济实践的具体指导，其内涵探讨应置于可持续发展和科学发展观框架之下。以下，在追溯"两型社会"思想渊源的基础上，探讨"两型社会"内涵，为综合评价提供理论依据。

（二）"两型社会"思想渊源追溯

在人类中心主义的传统发展观支配下，人类社会的经济发展与资源消耗、环境保护之间不协调性日益凸显；在反思传统发展模式所造成全球问题的基础上，可持续发展成为当今各国社会经济发展的主流思想。在中国，以"效率优先——让一部分人先富起来"为指导思想的改革开放，导致经济飞速发展，也带来了一系列不可逆转的资源耗竭、环境污染问题，中国经济实践需要新发展理论来指导。可持续发展一经提出就得到我国政府及学界高度重视，1994年我国制定了《中国21世纪议程》，确定了我国可持续发展战略、计划和对策，极大地推动了对可持续发展问题的研究，也为科学发展观的形成提供了理论准备。

在可持续发展思想与中国经济实践相结合过程中，产生了科学发展观。坚持以人为本、全面、协调、可持续发展是科学发展观的主要内容，其中以人为本是核心，其本质是马克思主义发展观，是全面、协调、可持续发展。十六届三中全会提出的科学发展观是我国关于发展观认识上的升华，其源于可持续发展又高于可持续发展。之后，2005年3月在中央人口资源环境工作座谈会上，"资源节约型和环境友好型社会"概念被首次提出，并进一步被确定为国民经济与社会发展中长期规划的一项战略任务，上升为我国的基本国策。2007年12月，国家发展改革委下发相关通知，批准"武汉城市圈"和"长株潭城市群"为全国"资源节约型和环境友好型社会"（即"两型社会"）建设综合配套改革试验区。"两型社会"建设的提出及相关试验区的建立，是科学发展观的通俗化，是科学发展观指导我国经济实践的具体体现。

所以，"两型社会"与科学发展观及可持续发展之间的渊源关系遵循了以下演变进程：基于中国改革开放的经济实践，在可持续发展思想指导下，产生了科学发展观；在科学发展观指导下，提出了"两型社会"建设构想，并用其指导两个综合试验区的实践。

我们通过图 2-1 来展现"两型社会"与科学发展观及可持续发展之间的渊源关系。"两型社会"是科学发展观的核心内容，也是科学发展观的具体体现。

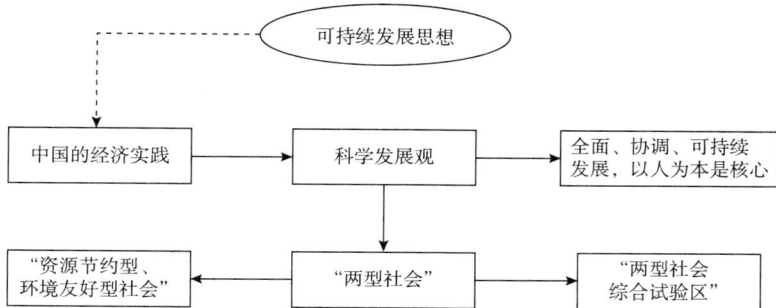

图 2-1 "两型社会"的思想渊源

（三）基于科学发展观的"两型社会"内涵

从上述关于"两型社会"思想渊源的追溯可以知道，"两型社会"是在科学发展观指导下提出来的，是科学发展观指导我国经济实践的具体化，"两型社会"综合改革试验区的建立是我国践行科学发展观的尝试。缘于这一认识，"两型社会"内涵探讨就应置于科学发展观框架之下，所以"两型社会"建设应秉承科学发展观核心本质——以人为本，又要体现可续发展观的主要内容：以人为本，全面、协调、可持续发展。

赵静、曹伊清和尹大强（2010）[①] 认为："两型社会"的核心内涵是把社会经济发展的资源环境代价降到最低限度，这和"以人为本""可持

---

① 赵静、曹伊清、尹大强：《"两型社会"建设环境指标体系研究》，《中国人口·资源与环境》2010 年第 3 期，第 245~248 页。

续发展""循环经济""低碳经济"等理念是高度统一的。叶文忠（2010）① 认为长株潭城市群"两型社会"建设是在以城市群为载体，基于长株潭城市群为载体的区域经济社会资源和环境特征的基础上，对区域经济社会所进行的"两型社会"的战略定位、科学谋划、发展方式选择、思想意识转变和实现路径探索的一系列过程。

进一步，邹宏如（2005）② 阐述了节约型社会的内涵：第一，节约型社会的"节约"，包括生产上的"集约"和消费上的"节省"两个方面的含义。之所以有节约的必要，就在于资源是稀缺的，而人们的欲望和需求却是无限的。资源的有限性与欲望的无限性之间的矛盾，是人类生存和发展的基本矛盾，因而，发展经济，必须是有效率和效益的经济，必须是建立在资源节约基础上的经济。第二，建设节约型社会意味着，生产、流通、消费等各领域各环节的节约，政府、企业、个人个个有责。第三，建设节约型社会有赖于配套互补、协调一致的技术、法律、经济和行政等综合性措施的有效实施。关键是国家要通过恰当的制度安排来实现节约型社会的建立。第四，建设节约型社会的目的在于，以尽可能少的资源消耗和环境代价满足人们日益增长的物质文化需求，解决社会主要矛盾。

徐统仁（2007）③ 则分析了"两型社会"内涵应具备的四个特征：第一，概念的综合性。环境友好型社会虽是因环境问题而形成的一种思维方式，但这种思维将有利于环境的经济发展模式、社会行为、政治制度、科技支撑和文化等都纳入科学发展观框架下，具有整体性、综合性特点。第二，模式的创新性。环境友好型社会是一种以环境友好为基础的新的人类社会发展模式，是可持续发展社会的具体表现形式，其最显著的特征就是遵从自然法则，实现人与自然的和谐发展。这就根本摈弃了"以人为中心"的发展模式。第三，生态观的科学性。环境友好型社会要求经济社会

---

① 叶文忠：《长株潭城市群"两型社会"的内涵和特征研究》，《湖南科技大学学报》（社会科学版）2010 年第 6 期，第 85 ~ 89 页。

② 邹宏如：《节约型社会的内涵、特征及实现途径》，《领导文萃》2005 年第 10 期，第 16 ~ 20 页。

③ 徐统仁：《环境友好型社会的科学内涵与对策建议》，《青岛科技大学学报》（社会科学版）2007 年第 1 期，第 82 ~ 86 页。

发展的各方面必须符合生态规律，向着有利于维护良好生态环境的方向发展，并应用生态环境保护的思想和方法促进经济社会的全面、协调和可持续发展。第四，发展的动态性。"环境友好社会"的概念、标准与达到的状态不是静止的、绝对的，而是动态的、相对的、有层次性的。在现阶段，环境友好首先应该是社会经济活动对环境的负荷和影响要达到现有技术经济条件下的最小化；最终这种负荷和影响要控制在生态系统的资源供给能力和环境自净容量之内，形成社会经济活动与生态系统之间的良性循环。在此基础上再追求人与自然、社会与自然的和谐、共存的理想境界。

王金南、张吉和杨金田（2006）[①] 认为环境友好型社会的内涵包括：以环境承载力为基础，以遵循自然规律为准则，以绿色科技为动力，倡导环境文化和生态文明，构建经济、社会、环境协调发展的社会体系，实现可持续发展。它的核心是从发展观念、消费观念和社会经济政策的环境友好性，从最根本的源头预防污染的产生和生态的破坏。它要求真正落实科学发展观，走新型工业化道路，最大限度地节约资源，对废弃物进行再利用和循环利用，或进行环境无害化处理。其实现途径包括：培育环境友好的生态伦理价值观，构建以循环经济为导向的发展模式，实施环境友好型法规和经济政策，建立和完善环境友好的制度保障，全面推广环境友好的科学技术体系，倡导环境友好的消费和生产方式，积极探索环境友好型社会的实践7个方面。

基于已有文献对"两型社会"内涵的探讨，从科学发展观角度，本研究认为"两型社会"内涵包含以下方面内容。

第一，以人为本是核心。节约资源、保护环境要人去厉行；资源节约、环境友好要以人的福利水平稳步提升为前提，最终也是为了提高人的福利水平。以人为本是"两型社会"的核心，这也是科学发展观的体现。

第二，资源节约、环境友好是表象。节约资源能促成友好环境的形成，友好的环境又能进一步节约资源，这是"两型社会"的直接目标；只有资源节约和环境友好这两个方面的全面、协调发展，才能最终形成可持

---

① 王金南、张吉、杨金田：《环境友好型社会的内涵与实现途径》，《环境保护》2006年第5期，第42~45页。

续发展局面。

第三，经济发展是基础。无论是资源节约还是环境友好都是建立在现行社会经济基础之上的，尽管"两型社会"将不再以追求 GDP 为核心，并要求改变传统经济发展方式，但经济发展的基础性作用不能忽视。

第四，循环经济是手段。循环经济强调的是资源被多次重复利用，并注重生产、流通、消费全过程资源节约，使经济发展体现在不同层次的物质循环形式上，它体现了建设"两型社会"的本质要求。① 同时，循环经济技术将为"两型社会"建设提供技术手段。

第五，制度安排是保障。建设资源节约型和环境友好型社会，关键在于体制和机制创新（欧阳峣、生延超，2009）②。"两型社会"建设实际上是各种经济主体行为方式的转变，将导致利益在不同利益集团之间重新分配，需要各种正式的和非正式的制度来规范、协调各经济主体行为，为"两型社会"顺利实施提供保障。

三　结论与展望

现有文献注重评价体系的构建模式及指标选择、评价方法的介绍与应用等技术层面，对"两型社会"内涵挖掘不足，需要后续研究进一步发展完善。基于对"两型社会"内涵理解差异，导致指标体系差异及结果多样性。

鉴于在测度可持续发展、和谐社会等方面已形成了成熟的测度方法，对"两型社会"进行综合测度，方法已不再是关键问题；而对其内涵理解及基于此所形成的评价框架和相关指标体系的构建成为测度的核心问题。本研究在追溯"两型社会"思想渊源基础上，探讨了"两型社会"内涵，为相关综合评价提供理论支持。

尽管如此，已有文献的综合评价指标体系，对我国"两型社会"建设仍然具有一定指导意义。"十一五"期间，在实施"两型社会"实践中，

---

① 薛珑：《山东省"两型社会"监测评价系统构建及实证分析》，《山东经济》2010 年第 6 期，第 142 ~ 150 页。

② 欧阳峣、生延超：《两型社会建设体制机制创新研究述评》，《中国流通经济》2009 年第 10 期，第 34 ~ 37 页。

我国单位国内生产总值能源消耗降低了近20%，基本达到初定目标。

另外，由表2-1数据可知，与其他"两型社会"研究主题一样，"两型社会"综合评价的实证研究对象也以"两型社会"试验区为主，涉及其他省区及全国范围的比较少，文献出处及研究者也主要集中在"两型社会"试验区相关机构。"两型社会"建设已成为我国的基本国策，无论是实证研究对象还是研究者及研究文献出处，都应在全国范围内展开，相关研究推广极为迫切，且任重道远。

第六节 本章小结

在"两型社会"的有关理论探讨方面，主要关注"两型社会"的概念、重要意义及发展动力。关于"两型社会"的定义已被学界所普遍接受；"两型社会"建设的重要性随着经济转型升级、生态文明的提出不断提高；消费作为社会生产的终极目标，是"两型社会"萌动的起点，消费和生产的矛盾是"两型社会"的始动力。

在"两型社会"建设的制度支持领域，已有文献从相关体制机制研究综述、体制机制创新反馈系统、城市群管理体制创新、制度变迁与供给、法律制度制定等方面进行了探讨。认为"两型社会"建设要求改变传统的经济发展方式，而改变经济发展方式的关键在于体制和机制创新，包括完善的法律制度。

"两型社会"建设需要顶层设计、科学规划。已有文献从城乡总体规划编制理念的转变和内容的创新、"两型社会"城乡规划指标体系整体框架、"两型社会"视角下村庄布局规划等方面进行了研究。

国际经验借鉴涉及世界城市群在工业化和城市化进程中的先进经验、英国政府节约资源与保护环境所采取的主要手段、日本经济转型的启示、澳大利亚政府对新能源发展的法律及政策支持经验。已有的、成功的国际经验是我国实施"两型社会"建设的借鉴，我们应有选择地吸收利用，少走弯路。

关于"两型社会"建设与利益相关者的研究，着重分析政府、企业和居民（消费者）在"两型社会"建设过程中的行为方式。认为：政府应在基础设施建设、宏观政策等方面有更多作为，建设服务型政府，服务"两型社会"建设；企业应提升其社会责任，在"两型社会"建设中起着主导作用；消费者应转变消费模式，通过绿色、健康的消费引导社会生产满足"两型社会"的要求。

特别的，在对"两型社会"与产业支持相关研究进行综述的基础上，认为："两型产业"并不是指某一具体的产业，而是指在产业运行过程中，融入"资源节约、环境友好"的理念，使其符合"两型社会"建设的要求。并以旅游业为例分析了具体产业对"两型社会"的促进作用。

关于"两型社会"的综合测度，已有文献注重评价体系的构建模式及指标选择、评价方法的介绍与应用等技术层面，对"两型社会"内涵挖掘不足。在追溯"两型社会"思想渊源的基础上，分析了"两型社会"的内涵，为第六章实证研究中关于构建"两型社会"综合测度的理论框架和指标体系奠定了理论基础。

总之，关于"两型社会"的研究，经历了从理论探索向实证和实践领域拓展的过程，实证研究的空间区域也经历了由"两型社会"综合改革试验区向其他区域空间的扩展过程。

我国正经历快速城镇化进程，在该过程中"资源节约""环境友好"是理论探讨与实践领域所关注的重点，是社会可持续发展的核心所在。特别是伴随城镇化的快速发展，大量农业人口进入城镇，一方面导致我国城镇人口总体规模扩张，同时单个城市的规模也将迅速扩张。如何在城市空间规模扩张过程中更好地节约土地资源，尤其是耕地资源；如何在城市经济规模增加的同时节约资源，特别是在实现城市经济增长的前提下，如何有效地控制污染物的排放、做到环境友好。这些问题是"两型社会"建设和城市化研究交叉领域的重要课题，也是本研究的核心内容。

以下，本研究在探讨我国城市化进程及影响因素、城市规模不同表征方法比较的前提下，对资源节约型、环境友好型城市规模及"两型社会"建设等问题进行实证研究。

第三章 我国城市化进程及影响因素分析

本章介绍了我国城市化进程阶段划分、特征、基于政治经济学的影响因素。主要结论是：基于城市化水平及其年变化量，我国城市化进程可以分为四个阶段。表现出以下特征：整体增长速度快，部分年份僵持徘徊；年增长量前期波动大，后期增长平稳、高速。历史数据的计量研究表明"生产力水平是城市化水平的 Granger 原因"的单向因果关系成立，佐证了生产力发展水平是影响我国城市化进程的根本因素。我国的城乡关系总体上经历了"融合""分离""统筹发展"的过程，"城乡分离"时期在时间上刚好与"非正常城市化"阶段对应，影响着我国的城市化进程。借鉴历史经验，从政治经济学角度，在新的历史发展阶段平稳推进我国新型城市化的建议有：做好顶层设计，坚持科学发展观，提高生产力发展水平；协调城乡关系，提升城镇化质量，推动城乡发展一体化。

第一节 我国城市化进程的阶段划分及其特征

国内文献关于中国城市化问题的研究始于改革开放。顾朝林和吴莉娅（2008）[①] 认为南京大学在全国率先开展了对中国城市化问题的研究，1979年吴友仁就"中国社会主义城市化道路"发表探讨性论文，由此揭开了中国城市化研究的序幕。之后，研究者就我国城市化的水平、进程、特点、趋势、影响因素、动力机制、制度变迁、国内外比较等内容进行了广泛而深入的探讨，其中国城市化进程研究是主要内容之一。关于中国城市化进程的研究，已有文献主要关注进程的阶段划分、特征及影响因素。

---

① 顾朝林、吴莉娅：《中国城市化问题研究综述（Ⅰ）》，《城市与区域规划研究》2008 年第 2 期，第 104 ~ 147 页。

一 我国城市化进程的阶段划分

从不同的研究视角，已有文献对我国城市化进程的阶段划分出现 2～6 个不同的阶段数，但 4 阶段划分是主流。本研究基于城市化水平及变化量，把我国城市化进程划分为 4 个阶段。图 3－1 是 1949～2011 年我国城市化水平趋势曲线和变化量曲线[①]，城市化水平趋势近似表现为一条被拉平的诺瑟姆 S 形曲线，城市化水平变化量曲线则成波动上升趋势。结合两条曲线，把我国城市化的发展经历归纳为 3 次大的转折和 4 个主要阶段。3 个大的转折点是：新中国成立初期城市化年增长率由递增转为递减的 1954 年为第一转折点、具有改革开放标识性的 1978 年为第二转折点、城市化水平接近 30.0% 的 1995 年为第三转折点。4 个阶段分别是：1949～1953 年城市化顺利起步阶段、1954～1977 年非正常城市化阶段、1978～1995 年城市化低速发展阶段、1996 年至今城市化高速稳定发展阶段。

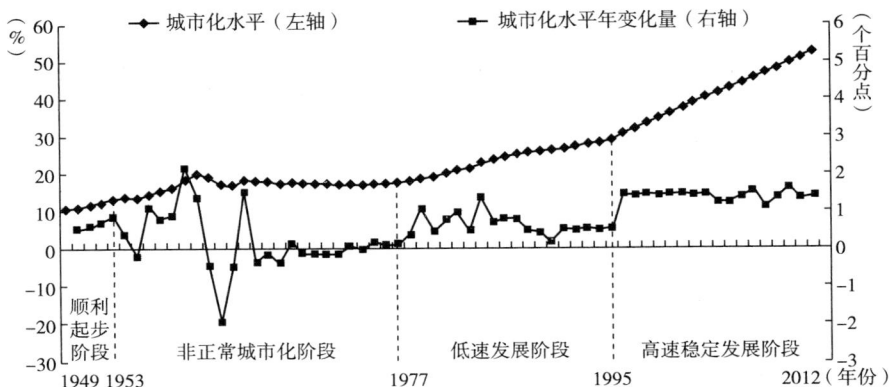

图 3－1　1949～2012 年我国城市化水平及其年变化量和分阶段

1949～1953 年城市化顺利起步阶段。城市化水平由 1949 年的 10.64% 增长到 1953 年的 13.31%，年平均增长 0.67 个百分点，而且增长率呈逐年增长趋势。随着国民经济的恢复，推动了城市化的发展。

[①] 2012 年城市化水平数据来源于《中华人民共和国 2012 年国民经济和社会发展统计公报》，其他年份的数据来源于《中国统计年鉴》（2011～2006 年）等。

1954～1977 年非正常城市化阶段。城市化水平由 1954 年的 13.69% 增长到 1977 年的 17.55%，24 年期间只增长了 3.86 个百分点，年平均增长 0.18 个百分点；前期波动剧烈，后期停滞不前。其间经历了"大跃进"、三年自然灾害、"文化大革命"等事件，导致城市化非正常发展。

1978～1995 年城市化低速发展阶段。城市化水平由 1978 年的 17.92% 增长到 1995 年的 29.04%，18 年期间增长了 11.12 个百分点，年平均增长 0.64 个百分点；前期有些波动，后期趋于平稳。先后推行的农村和城市经济体制改革，释放了大量农村劳动力；但城市对农村剩余劳动力的吸纳能力受到城市基础设施落后、户籍制度及社会保障制度等制约，致使城市化水平低速发展。

1996 年至今城市化高速稳定发展阶段。1996 年我国的城市化水平达到 30.48%，按照世界城市化的一般规律，城市化发展进入了快速发展时期。1996～2012 年期间，我国的城市化水平由 30.48% 提高到 52.60%，提高 22.12 个百分点，年平均增长 1.39 个百分点，且增长平稳。中国的改革走向了市场化改革的道路，为城市化发展提供了持续的动力，推动了城市化的高速稳定发展。

上述划分，一方面能反映城市化的普遍规律：城市化水平曲线近似表现为一条被拉平的诺瑟姆 S 形曲线；同时又能突出中国城市化"一波三折"的特点：宏观经济及政策影响着我国的城市化进程。

二 我国城市化进程的主要特征

基于城市化水平及年变化量，我国城市化进程表现出以下特征。

其一是整体增长速度快，部分年份僵持徘徊。尽管在 1965～1978 年期间，我国的城市化水平长期徘徊在 17.5% 左右，甚至部分年份还出现了负增长，但 60 多年来整体的城市化速度还是比较快的。1949～2011 年我国城市化水平年平均增长 0.66 个百分点；改革开放之后的增长速度更快，1978～2011 年年平均增长 0.99 个百分点，1996～2011 年年平均增长 1.39 个百分点。在从 20% 到 40% 城镇化率经历的时间：英国 120 年，法国 100 年，德国 80 年，美国 40 年（1860～1900 年），苏联 30 年（1920～1950 年），日本 30 年（1925～1955 年）。我国是 22 年（1981～2001 年）。[①]

---

① 陆大道、姚士谋：《中国城镇化进程的科学思辨》，《人文地理》2007 年第 4 期，第 1～6 页。

其二是年增长量前期波动大，后期增长平稳、高速。由图 3 - 1 城市化水平年变化量曲线可知，1949～2011 年，我国城市化水平年增长最大的为 2.16 个百分点，负增长最大达到 1.96 个百分点。有 12 个年份出现负增长，12 个年份的增长量低于 0.5 个百分点，22 个年份的增长量超过 1 个百分点；特别是在 1958～1977 年非正常城市化 20 年期间，集中出现了年增长的最大值、负增长最大值及 11 个年份的负增长。但 1995 年以后我国的城市化水平年增长量保持了高速平稳状态，年平均增长 1.39 个百分点，年增长波动幅度不超过 0.5 个百分点。

第二节 基于政治经济学的城市化内涵

一 马克思主义经典作家关于城市化的解读

尽管马克思主义经典作家没有论及城市化的专门著作，但相关论述和观点散见于不同的文章中。对城市发展，马克思在《意识形态的现实基础》中指出："居民第一次被划分为两大阶级，这种划分直接以分工和生产工具为基础。城市本身表明了人口、生产工具、资本、享乐和需求的集中；在乡村里看到的却是完全相反的情况：孤立和分散。"[①] 这里马克思指出了城市是要素的聚集空间；也指明了城乡二元经济和社会结构普遍存在的现象：城市的繁荣和乡村的没落，以及这种二元结构产生的基础：社会分工和生产工具。恩格斯在《英国工人阶级状况》中描述了近代城市的形成和发展："大工业企业需要许多工人在一个建筑物里共同劳动；这些工人必须住在附近……他们会形成一个完整的村镇。……于是手工业者、裁缝、鞋匠、面包师、泥瓦匠、木匠都搬到这里来。……于是村镇就变成小城市，而小城市又变成大城市。城市愈大，搬到这里愈有利……这就决定了大工厂、城市惊人迅速地成长。"[②] "这种大规模的集中，250 万人这样聚集在一个地方：使这 250 万人的力量增加了 100 倍。"[③] 这里恩格斯描述

---

① 《马克思恩格斯全集》第 3 卷，人民出版社，1995，第 57 页。
② 《马克思恩格斯全集》第 2 卷，人民出版社，1995，第 300～301 页。
③ 《马克思恩格斯全集》第 2 卷，人民出版社，1995，第 303 页。

了工业化背景下，村镇演变为小城镇进而发展为大城市的历史过程，第一次说明了城镇化是工业化的产物，以及工业发展如何刺激第三产业发展的自然历史进程；也指出了工业化和城镇化是一个双向互动的过程，即工业化必然导致人口的集聚，以人口集聚为特征的城镇化又为工业化提供了便利。同时也说明了城市中劳动者之间的分工、合作关系，这种分工与合作极大提高了生产效率和社会生产力水平。关于城市体系，马克思在《意识形态的现实基础》中进一步指出："城市彼此发生了联系……生产和商业间的分工随即引起了各城市间在生产上的新的分工……最初的地域限制性开始逐渐消失。"① 马克思在这里第一次指出了生产力和商业的持续发展如何带来城市和地域之间的基于分工的横向经济联合。斯大林认为："城市和乡村之间对立的消失"，不应当引导到"大城市的毁灭"，不仅"大城市不会毁灭"，而且"还要出现新的大城市"②。这事实上是对今天世界上已经实现城市化的国家普遍存在的"城市带"现象的科学预言。对城乡关系的描述是马克思经典作家的重点内容，他们认为：人类发展史是一部城乡关系的历史，是一部城乡"分离—对立—统一"的运动史。恩格斯在《共产主义原理》中指出："城市和乡村之间的对立也将消失。……通过消除旧的分工，进行生产教育、变换工种、共同享受大家创造出来的福利，以及城乡融合，使社会成员的才能得到全面的发展。"③ 这些论述科学预计了今天的现实，是已经实现了城乡一体化国家的城乡关系的真实写照，即城市与农村不再是分隔的二元关系，生活在城市和农村的人口在社会经济权利和生活方式上已不存在差别，人的全面发展成为社会追求的目标；同时也说明了教育是社会成员全面发展的基本保障，城乡均等化的社会福利是城乡融合的前提。

二　基于政治经济学的城市化内涵理解

马克思主义经典作家的以上论述说明：城市化是一个资源聚集过程，是

① 《马克思恩格斯全集》第3卷，人民出版社，1995，第60页。
② 《斯大林选集》下卷，人民出版社，1980，第558页。
③ 《马克思恩格斯全集》第4卷，人民出版社，1958，第371页。

一个生产力发展过程，是一部城乡关系发展史，是一个人的全面发展过程。城市化是一个复杂的过程，现有文献从人口学、社会学、经济学、制度经济学、地理学（包括经济地理、人文地理、空间地理）等不同角度对其定义进行了探讨，但仍然没有形成统一的定义。从政治经济学的角度，本书认为城市化即为：通过资源聚集，促进生产力发展，促使城乡一体化，最终使社会成员的才能得到全面的发展。从该角度去理解城市化，强调了生产力发展对城市化的根本性作用，又突出了城乡关系在城市化进程中的重要性。其内涵表现在：资源聚集、生产力发展、城乡关系演进和人的全面发展。顺应产业发展和进步的自然历史进程，基于生产力的发展，促进人这一生产力中最重要的资源在城市的聚集，通过均等化的城乡教育和社会福利，加快城乡一体化进程，最终使社会成员得到全面的发展。

第三节　我国城市化进程的影响因素——历史的经验与借鉴

影响我国城市化进程的因素是多方面的，在对我国城市化进程进行阶段划分及归纳总结各阶段特点的基础上，研究文献还探讨了城市化进程的影响因素，包括：人口增长与迁移、城市规划与发展、社会与经济发展、政治与制度变革、生态与资源制约[①]等。从政治经济学的角度，生产力水平是影响我国城市化进程的根本因素，社会主义生产关系集中体现的城乡关系是影响我国城市化进程的主要因素。

一　生产力发展水平对我国城市化进程的影响

生产力作为社会变革最根本、最活跃的因素，其发展水平将决定一个国家或地区的城市化水平。

（一）生产力发展水平影响我国城市化进程的计量分析

城市化是社会生产力发展到一定阶段的产物，世界性大规模城市化发生在资本主义国家工业革命之后，一般认为城市化是工业化的直接产物。

---

① 顾朝林、吴莉娅：《中国城市化问题研究综述（Ⅰ）》，《城市与区域规划研究》2008年第2期，第104～147页。

　　然而，新中国成立之初，由于历史及战争影响，我国的经济基础薄弱，特别是工业体系几乎处于空白状态；农业生产率低下，农业剩余不足。在这样的条件下推动城市化进行社会主义建设、巩固社会主义政权，发展社会主义生产力就成了第一要务。为迅速提高社会主义国家生产力水平，我国在生产力布局、产业政策选择等方面进行过多次探索和调整。

　　按照马克思主义的观点，构成生产力的三个基本要素是：劳动资料、劳动对象和劳动者；劳动资料的核心体现是生产工具，劳动对象要进入生产过程，而劳动者要具有一定生产经验和劳动技能。根据生产力三要素，结合数据的可获得性及便于对比分析，我们选用表3-1所示的指标体系来近似反映生产力水平。[①] 其中人均铁路营业里程、人均能源消费量和人均资本形成额近似代表劳动资料；人均棉花产量、人均成品钢产量和人均货物周转量近似代表劳动对象；就业人口占总人口比重、每万人普通高等学校在校学生数和国家财政用于科学支出人均费用近似代表劳动者的数量和素质；并用经济发展速度来综合表示其他上述指标未能包括的生产力因素。

表3-1　生产力水平指标体系[②]

	一级指标	二级指标
	劳动资料	人均铁路营业里程（公里）
		人均能源消费量（吨标准煤）
		人均资本形成额（元）
生产力发展水平	劳动对象	人均棉花产量（公斤）
		人均成品钢产量（公斤）
		人均货物周转量（吨公里）
	劳动者	就业人口占总人口比重（％）
		每万人普通高等学校在校学生数（人）
		人均国家财政用于科研支出（元）
	经济发展速度	GDP年增长率（％）

---

①　"社会主义生产力标准问题研究"课题组（1988）从生产力要素、生产力运行、现实生产力形成、生产力环境4个一级指标、11个二级指标、57个三级指标来描述生产力发展水平。

②　计量分析的数据来源：城市化水平数据同上；其他数据，1949～2004年数据来源于《新中国五十五年统计资料汇编》，2005～2011年数据来源于《中国统计年鉴2012》。

为综合上述 10 个指标的信息，使用 SPSS 软件中的主成分分析法，对上述指标体系进行降维处理；按照特征根大于 1 的原则提取 2 个主成分，特征根分别为 7.442 和 1.133；2 个主成分累计贡献率达到 85.75%，包含了原始指标的绝大部分信息；以特征根的值为权重，对 2 个主成分得分进行加权求和——近似表示生产力水平。1949～2011 年我国城市化水平及生产力水平变化用图 3-2 表示，左轴数值表示城市化率，右轴数值表示生产力水平指数。

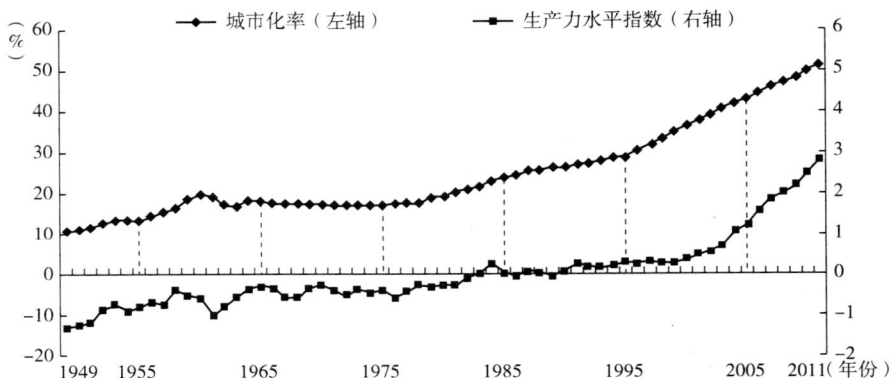

图 3-2   1949～2011 年我国城市化水平及生产力水平变化曲线

进一步，对 1949～2011 年我国城市化水平（UR）与生产力发展水平指标（PL）两组时间序列数据进行计量分析，以便揭示城市化水平和生产力发展水平之间的相关性及其因果关系。首先，我们发现两组序列之间的相关系数高达 0.95。基于 ADF 法的单位根检验结果表明，UR 与 PL 均为二阶单整序列，满足进行协整检验的基本条件。接下来，Johanson 协整检验结果表明，在 5% 显著性水平上 UR 与 PL 之间存在协整关系，即城市化率和生产力发展指标之间存在长期稳定关系，一个可能的协整方程为：$UR = 3.115 \times PL + 0.344$，采用一阶差分形式进行两变量的 Granger 因果关系检验，发现在 5% 显著性水平上存在"PL 是 UR 的 Granger 原因"的单向因果关系。可见，样本期间生产力水平指数每提高 1 个百分点，城市化率指标将提高 3.115 个百分点，这就佐证了生产力发展水平是促进我国城市化进程的根本因素。[1]

（二）生产力发展水平影响我国城市化进程的政策分析

新中国成立以后，如何快速提升社会主义国家生产力水平成为第一要务，无论是国家的宏观政策还是相关理论研究都历经了艰难的探索，历经了曲折；特别是改革开放之前，生产力水平极为低下且有一定波动性（如图 3 - 2 所示），制约着我国经济发展，导致我国城市化的非正常发展。以下，就我国生产力布局、产业政策选择等的探索和调整，对我国城市化进程的影响进行分阶段探讨。

1. 大规模社会主义改造，推动了城市化的顺利起步

新中国成立后，1949～1957 年，大规模的社会主义改造和第一个五年计划的顺利实施，推动了新中国经济的全面发展。尤其是 156 个重点项目的建设，奠定了我国重工业基础；吸引了大批农民进入城市就业，促进了城市经济发展，提高了城市化水平。该期间城市化水平年平均增长 0.59 个百分点，波动幅度为 1.35 个百分点，主要是由 1955 年、1956 年的异常变化引起的。这是新中国成立后第一个城市化发展时期。

2. 忽视生产力发展规律，致使城市化水平发展异常

20 世纪 50～60 年代，新成立的社会主义政权受到多方政治、军事威胁。为迅速壮大国家实力，1958～1960 年中国进行了以"超英赶美"为目标的"大跃进"。超常规的工业化和大规模的基本建设，吸收大量农村人口进入城市，造成城市化水平超常发展；年平均增加城市人口 1041 万人，城市化水平年平均增长 1.45 个百分点，严重违背了经济发展的规律，脱离了中国的实际，对城市造成巨大压力。之后，1961～1965 年，面对上一阶段超速城市化对国民经济的破坏，加上自然灾害的影响，经济大幅萎缩，国家开始实施"调整、巩固、充实、提高"八字方针；约有 3000 万城镇人口返回农村（许学强、周一星、宁越敏，1997）[2]，导致城市化水平连年下降的"逆城市化"，平均每年下降 0.59 个百分点，下降最多的是 1962 年的 1.96 个百分点。违背经济发展规律的"大跃进"特别是"全民炼钢"

---

[1]　进行协整检验与 Granger 因果关系检验时滞后期均取 1。

[2]　许学强、周一星、宁越敏：《城市地理学》，高等教育出版社，1997，第 90～91 页。

运动，与社会分工发展规律背道而驰，无视农业生产对城市化的基础性作用，对社会生产力和生态环境都造成了灾难性的破坏，注定这种超速城市化是不可持续的，导致城市化的大起大落。

为谋求国防安全，1964～1980年，实施了生产力均衡布局的"三线"建设，大批东部城市的工厂被迁往"三线"地区的山沟、山洞里，以体现"不建设集中的城市"思想。为支持国家重工业发展战略，减轻城市就业压力，推动了"知识青年上山下乡"运动，该运动从20世纪50年代便被倡导，至60年代展开，"文化大革命"时期达到高潮，到80年代终结。1966～1978年"文化大革命"期间，国民经济濒临崩溃，农业剩余难以支撑当时的城市人口，大量干部和知识分子下放到农村，加上知识青年上山下乡，约有4000万城市人口迁移到农村（许学强、周一星、宁越敏，1997）[①]。"三线"建设违背了城市化聚集资源的规律，"知识青年上山下乡"和"文化大革命"与城市化人口非农转变背道而驰，致使我国城市化水平长期僵持徘徊。

3. 农村、城市体制改革，促使城市化水平稳步提高

我国的经济体制改革始于农村的家庭联产承包制，该制度的实施激发了农民的积极性，提高了农业生产率；一方面释放了大量农业剩余劳动力，同时也增加了农业剩余；另外，随着国家拨乱反正政策的落实，大批下乡知青和干部陆续返城，为城市人口增长提供了条件。1979～1984年，城市化水平年平均提高0.85个百分点，且增长具有波动性：最快的达1.39个百分点，最慢的只有0.43个百分点。农村经济体制改革，提高了农业生产水平，为城市化提供了一定的推力。

继农村改革取得成功之后，1985年我国开始了城市经济体制改革的探索。增强企业活力、建立多种形式的经济责任制、发展多种经济形式等一系列改革措施，为城市生产力发展注入了活力，创造了新的就业岗位，提高了城市容纳能力。1985～1995年，城市化水平年平均提高0.55个百分点，相对比较平稳。城市经济体制改革，提高了城市生产水平，为城市化提供了一定的拉力。

4. 市场经济体制改革，推动城市化水平加速发展

1992年邓小平南方谈话之后，我国走向了建设社会主义市场经济体制

---

① 许学强、周一星、宁越敏：《城市地理学》，高等教育出版社，1997，第90～91页。

的轨道。通过调整和优化产业结构，高度重视农业，加快发展基础工业、基础设施和第三产业促进城市化。在农业领域通过不断提高农业的集约经营水平和综合生产能力，提高农业的规模化水平、发展现代农业；在农业产出稳步提高的同时，释放了大量农村劳动力成为产业工人。在城市通过积极调整工业结构、大力发展第三产业提供了大量的就业岗位，吸收大量进城务工的农民。1996~2012年，城市化水平年平均增长1.28个百分点，较上一时期上了一个新台阶，中国的城市化进程步入了加速发展阶段。

二 城乡关系对我国城市化进程的影响

(一) 城乡关系影响我国城市化进程的历史经验

城乡关系是社会主义社会诸种经济与社会关系中最重要的关系（夏永祥，2008）[①]，是由于社会分工的发展而形成的，是社会主义生产关系的集中体现。马克思、恩格斯在《德意志意识形态》中写道："某一民族内部的分工，首先引起工商业劳动和农业劳动的分离，从而也引起城乡的分离和城乡利益的对立。"[②] 按照马克思主义的观点，生产力发展水平是一切社会变革的根本力量，生产力决定生产关系，生产关系又反作用于生产力。然而，在新中国成立后社会主义建设实践中，生产关系的反作用被片面夸大，特别是在处理城乡关系上更是如此。新中国成立后的60多年来，我国的城乡关系总体上经历了"融合""分离""统筹发展"的过程。刘伟（2009）[③] 和夏永祥（2008）分别把我国改革开放前后的城乡关系细分为三个阶段：城乡交流（1949~1952年）、城乡阻隔（1953~1957年）、城乡分离（1958~1978年）；城乡差距趋向缩小（1979~1984年）、城乡差距急剧扩大（1985~2002年）、城乡统筹与协调发展（2003年至今）。

其中"城乡阻隔"和"城乡分离"期间，我国的城市化进程集中出现了年增长的最大值、负增长最大值及12个年份的负增长，且年平均增长只

---

① 夏永祥：《改革开放30年来我国城乡关系的演变与思考》，《苏州大学学报》（哲学社会科学版）2008年第6期，第18~20页。

② 《马克思恩格斯全集》第3卷，人民出版社，1995，第24页。

③ 刘伟：《建国后党的城乡政策调整与城乡二元结构的形成》，《中国延安干部学院学报》2009年第2期，第101~105页。

有 0.21 个百分点的"非正常城市化"现象。而其他阶段的城市化进程是比较正常的:"城乡交流"阶段对应新中国成立后的城市化顺利起步时期,城市化水平低速、稳步提高;"城乡差距趋向缩小"阶段的城市化水平呈低速波动发展;"城乡差距急剧扩大"阶段城市化水平经历了由低速向高速的发展;"城乡统筹与协调发展"阶段的城市化水平呈高速平稳态势。可见,城乡关系对城市化进程有着重要影响。

(二) 城乡关系影响我国城市化进程的制度分析

在我国城乡关系演变过程中,起关键作用的是户籍制度及以其为核心所形成的土地、社会保障、教育等城乡有别的制度安排,这些因素至今仍对中国的城市化进程产生不同程度的牵制和阻碍作用。这些因素可以说是现行城乡关系中所体现的生产关系,它与中国特有的"农民工"这一重要的生产力因素不协调,导致中国的城市化和工业化依然"分道而行","农民工"在城市化过程中没有确立它最重要、最活跃的生产力地位,也未能分享由他们所参与创造的经济成果。长此以往,将影响中国城市化的健康、持续发展。

2010 年 1 月,中国社会科学院发布的《当代中国社会结构》指出:中国已进入工业化中期阶段,但城市化率要达到与工业化中期水平相适应的阶段大致需要 15 年的时间。中国的城市化率长期滞后于工业化率,与世界城市化规律不一致。其内在机理是:农民工只是工作在城市,而不是生活在城市,且没有在城市生活的预期;或者即使有在城市生活的预期,也无在城市生活的可能性。这就使第二产业无法自然地刺激第三产业的发展,使原本能容纳更多就业人口的第三产业不能发展壮大。也就是说,现行城乡关系所蕴涵的生产关系已不能适应生产力的发展需要。

从总体上看,城乡关系对我国城市化进程的影响主要体现在以下几个方面。

1. 户籍制度改革举步维艰,城乡一体化制度基础仍未撼动

户籍制度是当代中国影响最为深远的社会政策,它与计划经济体制相适应,是我国劳动力流动的巨大障碍(孙文凯、白重恩、谢沛初,2011)[①],不仅限制了劳动力的合理配置,也堵塞了社会成员向上流动的通道,固化了

---

① 孙文凯、白重恩、谢沛初:《户籍制度改革对中国农村劳动力流动的影响》,《经济研究》2011 年第 1 期,第 28~41 页。

我国农民的职业和身份。改革开放以来，户籍制度改革虽然打破了僵硬的、铁板一块的政策状态，城乡间的户籍制度藩篱在不断融化之中（陈文兴，2013）[①]，农民可以自由流动，到城市寻找就业机会了；但是，户籍制度限制农民身份的功能未变，它仍是农村人口融入城市生活的限制性因素，产生了中国特有的 2.6 亿"农民工"群体。1975 年，我国宪法正式取消了有关迁徙自由的规定，此后一直未恢复，这是户籍制度改革的法律障碍。

2. 土地制度改革进程缓慢，城乡一体化产权羁绊还未解除

尽管联产承包责任制的推行极大地解放了农村的生产力，但是，土地对农民的城市转移并没有形成现实的支持。首先，农民土地集体所有权具有相对性和不稳定性，农民对土地不具备自主处置、议价的权利。其次，有效的、制度化的土地流转机制很难建立起来，城市化取向的土地退出机制也不完善，现行农村土地制度既不利于农业生产的规模化经营，也不利于农民工一次性迁入城市。最后，附着在土地上的社会保障功能，使实现了产业转移的农民工很难割断与土地的血肉联系。

3. 社保制度有待逐步完善，城乡一体化公平社保未能达到

中国的社会保障制度呈现明显的二元化特征：在城市初步建立起企事业单位职工以社会保险为核心的社会保障体系，包括养老、就业、医疗、工伤、职工福利、住房、最低生活保障等多项保障措施和制度；在农村还主要依靠劳动者家庭保障为主，国家、社会与集体只提供非常有限的救济。社会主义新农村建设部分改善了农村社会保障，但农民工阶层的社会保障制度缺失。特别是新一代农民工，已经不再是传统的农民，却面临着与城市职工一样的甚至更大的生活风险，其社会保障关乎社会稳定与城市化持续发展。

4. 农村职业教育体系缺失，城乡一体化公平教育还未实现

农村基础教育缺乏以职业教育为目标的现状，直接影响农民支持自己的孩子完成义务教育的积极性，也使义务教育的完成没有更为实际的意义；对职业教育缺少起码的认识和尊重，这在客观上缩小了农民进入城市的最佳通道。现行义务教育阶段的教育目标主要是为了考上专业学校，对

---

① 陈文兴：《快速城市化进程中的我国户籍制度改革》，《云南行政学院学报》2013 年第 1 期，第 60 ~ 63 页。

于农村人来说即是"跳龙门",而目前农村人口与城市人口在享受高等教育的机会方面存在比较严重的不公平问题,不仅总体上农村人口上大学的比率下降,而且越是优质的教育资源越远离农村人口,著名高校录取农村人口的比率正急速下降。[①]

第四节 如何推进新型城镇化——基于政治经济学视角的建议

已有历史经验表明:生产力发展水平是城市化发展的基础,城乡关系则制约着城市化的发展;相关计量研究显示"生产力水平是城市化水平的Granger 原因"的单向因果关系成立。经历了半个多世纪,特别是改革开放以来 30 多年的发展,我国的经济发展和城市化水平得到了显著的提升。2010 年我国人均 GDP 超过 4000 美元,达到 4382 美元,真正进入了国际公认的"中等收入"发展阶段;2011 年年末,城市化水平为 51.27%,超过一半以上的人口居住在城市。但我国快速、粗放的经济发展模式加速了资源耗竭,也导致了环境污染,传统的城镇化模式难以为继。为此,"以科学发展观为统领,以新型工业化为动力,以统筹兼顾为原则,全面提升城镇化的质量和水平,实现均衡化的城镇协调发展"的新型城镇化被学界提出,并被广为探讨。[②] 借鉴历史经验,结合已有文献,本书提出平稳推进我国新型城市化的建议如下。

一 做好顶层设计,坚持科学发展观,提高生产力发展水平

(一) 稳定宏观政策,确保持续增速

新中国成立后,"优先发展重工业""大跃进""三线"建设等宏观经济政策,以及其后的"知识青年上山下乡"和"文化大革命"等政治运动是我国城市化非正常发展的主要影响因素。经过 30 多年的经济建设,我国

[①] 李斌:《扩招后考上大学的机会均等了吗?》,《中国青年报》2005 年 1 月 25 日。

[②] 曾万涛:《新型城市化研究综述》,《湖南文理学院学报》(社会科学版)2008 年第 4 期,第 48～51 页。李钒、侯远志:《我国新型城市化问题研究综述》,《理论导刊》2011 年第 11 期,第 90～92 页。王素斋:《新型城镇化科学发展观的内涵、目标与路径》,《理论月刊》2013 年第 4 期,第 165～168 页。

政府已经积累了大量宏观经济管理的经验：指导我国经济发展的五年发展规划日益科学、规范，通过持续实施各五年发展规划，逐步实现了我国经济发展的中长期目标；成功抵御了 1997 年亚洲金融风暴，特别是 2008 年以后，国际金融危机使我国发展遭遇严重困难，我国政府科学判断，果断决策，采取一系列重大举措，在全球率先实现经济企稳回升，积累了有效应对外部经济风险冲击、保持经济平稳较快发展的重要经验。[①] 今后应以史为鉴，进一步提高政府驾驭宏观经济的能力，科学规划，做好顶层设计，稳定宏观政策，确保持续增速。

（二）释放改革"红利"，力促经济转型

中国改革的重点和优先推进领域是经济领域，随着经济体制改革的逐步深入，许多深层次问题正成为完善社会主义市场经济体制的桎梏。其实质是没有合理界定和理顺政府、市场与社会的治理边界，必须深化和进一步改革，需要通过政治、社会、文化等领域体制改革和制度完善以推进市场化改革的进一步深化，建立有效市场和有限政府。[②] 正如十八大报告提出的，通过全面深化体制改革、实施创新驱动发展战略、推进经济结构战略性调整、全面提高开放型经济水平等措施推动经济持续健康发展。

二　协调城乡关系，提升城镇化质量，推动城乡发展一体化

（一）深化户籍制度改革，均等化城乡公共服务

我国的城乡关系总体上经历了"融合""分离""统筹发展"的过程，"城乡分离"时期在时间上刚好与"非正常城市化"阶段对应。以户籍制度为核心，以及依附其上的土地、社会保障、教育等城乡有别的制度安排导致我国的城乡二元结构，影响我国的城市化进程。改革现行户籍制度，统筹推进城乡社会保障体系建设，完善基本公共服务体系。坚持全覆盖、保基本、多层次、可持续方针，以增强公平性、适应流动性、保证可持续性为重点，全面建成覆盖城乡居民的社会保障体系。[③] 将基本公共服务与

---

① 参见十八大报告。
② 田国强：《中国经济转型的内涵特征与现实瓶颈解读》，《人民论坛》2012 年第 12 期（中），第 6～9 页。
③ 参见十八大报告。

户籍彻底分离，促进户籍制度的功能回归。[①]

(二) 加大以工促农力度，提升新农村建设水平

城乡一体化离不开城市的主导地位，也离不开农村的基础性作用，需要城市和农村的共同发展。基于我国城乡差距持续扩大的现状，推动城市优质资源向农村延伸，构建多元化农村公共服务供给机制[②]，加大以工促农力度尤为重要。同时，要在生态文明观指导下，通过农业功能提升、农村价值再现和农民身份转变促进新农村建设。通过新农村建设来提高城镇化质量，推动城乡发展一体化。

第五节　本章小结

基于城市化水平及其年变化量，把中国城市化进程划分为 4 个阶段，并分析了其特征。从政治经济学角度探讨了城市化的内涵；构建了生产力水平指标体系，计量分析表明："生产力水平是城市化水平的 Granger 原因"的单向因果关系成立，生产力水平指数每提高 1 个百分点，城市化率指标将提高 3.115 个百分点；对生产力布局、产业政策选择等的探索和调整，导致中国城市化进程的波动性。在生产关系层面，户籍制度及依附其上的土地、社会保障、教育等城乡有别的制度安排促成城乡二元结构，影响我国的城市化进程。借鉴历史经验，从政治经济学角度，新的历史发展阶段平稳推进我国新型城市化的建议有：做好顶层设计，坚持科学发展观，提高生产力发展水平；协调城乡关系，提升城镇化质量，推动城乡发展一体化。

---

① 冯奎、钟笃粮：《完善基本公共服务体系促进户籍制度改革》，《中共中央党校学报》2013
　　年第 1 期，第 93~97 页。
② 夏锋：《规模效应、人口素质与新型城镇化的战略考量》，《改革》2013 年第 3 期，
　　第 25~36 页。

第四章　我国城市人口规模、经济规模及用地规模的比较研究

本章主要探讨了以下几方面的问题。

一方面，利用我国 2011 年城市统计年鉴中城市非农人口、地区生产总值、建成区面积分别表示城市人口规模、经济规模和用地规模，从全国范围及分区域角度，探讨了我国城市规模等级结构的空间分布；并以 1984 年、1996 年、2011 年的相关数据，从时间维度，探讨、比较不同表征方法我国城市规模等级结构空间分布的演变。

另一方面，利用齐夫公式和分形理论、城市首位指数及位序－规模分布图等方法，基于 1984 年、1996 年、2011 年《中国城市统计年鉴》相关数据，探讨不同表征方法的城市规模体系分布类型的现状及演变。

进一步，探讨了我国城市建成区面积演变的影响因素，并提出了我国城市化进程中土地资源有效利用的建议措施。

第一节　城市规模的界定与度量

一　城市的界定

城市是人类社会生产力水平发展到一定阶段的产物，是人类文明的标志。在学术界，关于城市的起源及定义有着不同的理解，没有达成一致的意见。

追溯已有文献，最初的城市有着严格的空间范围。《吴越春秋》有这样的记载："筑城以卫君，造郭以卫民。"城以墙为界，有内城、外城的区别；内城叫城，外城叫郭。在远古年代，城市的城墙有着防御野兽攻击和抵制外敌入侵的重要作用，是城市的标志和重要组成部分，也是城市和乡

村的分界线。随着生产力水平的发展、科学技术的进步，现代城市防御能力得以提高，通达范围逐步扩张，再用城墙把城市包围起来已没有必要，也不可能了，具有标志性意义的城墙慢慢退出历史舞台。但城市作为生产要素聚集地，越来越多地聚集着区域的人口、资源和技术，成为区域的政治、经济中心；曾经的城市和乡村边界标志的城墙已渐渐淡化，城市的空间范围模糊化，与周边的城郊乡村地区交融存在。也就是说，现代意义上城市的地理边界已经弱化，代之以无形的势力影响范围（或空间），该势力影响通过经济、政治、技术、文化等方面体现出来。

二　城市规模及其度量

城市规模是指城市地域空间内聚集的物质与要素在数量上的差异及层次性，它主要包括城市人口、经济活动及其能力、建成区土地面积这三个互相关联的有机组成部分（刘玲玲、周天勇，2006）[①]。即城市规模涵盖着城市的经济规模、人口规模和用地规模（空间规模）三方面的含义，可以用这三种不同的方法进行度量。经济规模指城市中生产要素的产出能力，可用城市的 GDP 表示；人口规模指城市人口的数量，可用市区非农人口数量表示；用地规模指城市建城区面积。而且这三者之间是相互关联的，一般情况下城市的人口规模与经济规模、用地规模是正相关的，即城市人口越多，占地就越多，所能够产生的经济总量就越大；反之则小。鉴于城市人口数据的易获得性及通俗性，人们通常用城市的人口数量来表示城市规模。

从人口角度，城市化是一个人口向城市聚集的过程，特别是在我国快速城市化发展期间，人口的快速、过度集聚将导致城市基础设施不足、社会保障条件滞后等问题，产生"城市病"。面临我国庞大的农村人口，如何合理引导农业人口向城市聚集，形成合理的人口空间分布，是我国城市化的首要问题。而现阶段如何将 2 亿多"农民工"规范、有序地市民化则是当务之急。

从经济角度，城市化又是一个要素聚集的过程，随着城市规模的扩

---

① 刘玲玲、周天勇：《对城市规模理论的再认识》，《经济经纬》2006 年第 1 期，第 112 ~ 115 页。

大，要素的集聚将经历一个规模报酬递增到规模报酬递减的转变；同时，由于不同城市的地理位置、区位条件、功能各异，即使是相同规模的城市，其经济活动的效益截然不同。这些因素将导致不同城市居民、城市居民与农村居民的收入差距及生活水平的差异。在我国社会转型时期，如何协调不同城市与农村及不同城市居民之间的收入差距，确保全民共享改革开放的成果，是我国城市化的重要问题。

从土地资源的角度，城市化进程必然会涉及因城市空间扩张而占用土地资源，特别是对基本农田的占用，进而危及国家粮食生产安全；同时，随着城市空间的无序扩张，增加了城市的通勤成本，也不利于各种污染物的消散，产生热岛及雾霾现象，使得城市生态环境恶化。基于我国人多地少的现状，如何在城市化进程中有效利用土地资源，保护耕地红线，保护城市生态环境，尤为重要。

三　城市体系

所谓城市体系，是指在一个国家或区域范围内，由相互联系、相互制约、具有不同规模和不同职能的各种城市（包括城镇）所构成的有机整体（许学强、周一星、宁越敏，1997）[1]。受城市化的影响，一个国家或一个区域的城市体系是动态变化的。特别是我国，正处于城市化快速发展时期，城市体系也在不断演变之中，突出地表现在已形成城市群发展格局的珠三角、长三角和京津唐三大城市群[2]的产生和演进中。

---

① 许学强、周一星、宁越敏：《城市地理学》，高等教育出版社，1997。

② 我国三个城市群指：珠三角、长三角和京津唐城市群。珠三角城市群包括广州、深圳、珠海、佛山、江门、东莞、中山、惠州、肇庆及县级市高要、四会、从化、鹤山、恩平、增城、台山、开平共17个城市。长三角城市群包括上海、苏州、无锡、常州、南京、镇江、扬州、泰州、南通、杭州、嘉兴、湖州、宁波、绍兴、舟山及县级市宜兴、常熟、江阴、张家港、如皋、昆山、泰兴、江都、溧阳、兴化、吴江、靖江、金坛、高邮、丹阳、仪征、太仓、句容、姜堰、海门、启东、余姚、上虞、慈溪、平湖、桐乡、诸暨、嵊州、建德、富阳、临安、奉化、扬中共48个城市。京津唐城市群包括北京、天津、唐山、秦皇岛、保定、沧州、廊坊及县级市遵化、迁安、定州、涿州、安国、高碑店、任丘、泊头、黄骅、河间、霸州、三河共19个城市。除此之外，已露端倪的城市群还有：山东半岛城市群、辽中南城市群、中原城市群、长江中游城市群、海峡西岸城市群、川渝城市群和关中城市群等。

第二节 基于不同表征方法的城市规模等级
结构空间分布现状比较

一 数据来源及处理

以下, 利用 2011 年《中国城市统计年鉴》中的 654 个城市[①]（不包括西藏的 2 个城市）的非农人口、地区生产总值、建成区规模进行实证分析。由于《中国城市统计年鉴》中相关人口指标的变更、县级市和地级及以上城市经济数据统计口径的差异, 对相关数据进行如下处理:

关于城市非农人口数据。《中国城市统计年鉴》从 2010 年（2009 年的数据）开始不再统计城市非农人口。为保证非农人口数据的延续性, 我们用 1999 ~ 2008 年的城市非农人口年均增加值推算 2011 年的地级及以上城市的非农人口; 用 1999 ~ 2004 年的城市非农人口年均增加值推算 2011 年县级城市的非农人口。另外, 用非农人口占城市年末总人口百分比的年均增加值, 预测 2011 年非农人口占城市年末总人口百分比, 进而推算 2011 年的非农人口。最后取二者的平均值近似代替 2011 年的非农人口数据[②]。个别估算值异常的, 再进行适当调整[③]。

关于城市地区生产总值。2012 年的《中国城市统计年鉴》没有统计县级市的市辖区 GDP 数据, 为保证数据来源的一致性, 本研究用县级市的全市非农产业增加值（包括第二、第三产业增加值）的 80% 近似代替市辖区 GDP 数据; 地级及以上城市的地区生产总值仍是市辖区数据。为便于和下

[①] 2012 年《中国城市统计年鉴》统计地级及以上城市和县级市共 658 个, 实际上只有 656 个, 贵州的县级市多统计了 2 个。2011 年比 2010 年少了 1 个城市: 江苏的县级市江都市。

[②] 之所以不用相关计量方法来预测 2011 年非农人口, 是因为每一个城市的非农人口变化规律不同, 都需要一个独立的预测方程, 计算相对烦琐; 用平均值来估算 2011 年的非农人口, 简单易行。

[③] 有 10 个县级城市: 共青市、东兴市、五指山市、蒙自市、文山市、芒市、石河子市、阿拉尔市、图木舒克市、五家渠市前后数据缺失年份多, 不便估算, 我们把它们统计为小城市, 但其非农人口为缺失。

一章不同年份 GDP 数据对比，用居民消费价格指数把 2011 年 GDP 当年价格折算成 1978 年价格①。

关于城市建成区面积。2011 年开平、陆丰、格尔木和乌苏 4 个县级市的建成区面积数据缺失，用相近年份的平均值代替。

二　不同表征方法的城市规模分类标准设定与比较

在分析城市体系时，涉及城市规模进行分组。学界一般沿用 1985 年《中国城市统计年鉴》规定的分组依据：按市区（不包括市辖县）的非农业人口总数，20 万人口以下为小城市，20 万～50 万人口为中等城市，50 万～100 万人口为大城市，100 万人口以上为特大城市；之后，随着我国城市规模的不断扩张，在 1993～1994 年的《中国城市统计年鉴》中增加了 200 万人口以上为超大城市分组的规定。由于城市经济规模和城市用地规模在城市规模的相关研究中比较少用，故分组划分没有形成公认的准则。

谈明洪、吕昌河（2003）② 在探讨以建成区面积表征的中国城市规模分布时，把用地规模超过 200 平方公里的城市定为大城市，用地规模介于 50～200 平方公里之间的城市定为中等城市，用地规模小于 50 平方公里的城市定为小城市。李涛、孙武和胡莉等（2009）③ 在分析珠江三角洲城镇建成区位序－规模、开展及其形态特征时，根据城镇建成区位序－规模分布的拟合曲线形状，将该时期珠三角城镇按建成区规模大体分为 3 类：建成区面积超过 10 平方公里的为第 Ⅰ 城镇、建成区面积位于 3～10 平方公里之间的为第 Ⅱ 城镇、建成区面积小于 3 平方公里的为第 Ⅲ 城镇。张利、雷军和李雪梅等（2011）④ 把城市用地规模分类如下：建成区面积小于 50 平

---

① 由《中国统计年鉴 2012》中的定基居民消费价格指数可知：以 1978 年为 100，1980 年为 109.5，1990 年为 216.4，1996 年为 429.9，2011 年为 565.0。

② 谈明洪、吕昌河：《以建成区面积表征的中国城市规模分布》，《地理学报》2003 年第 2 期，第 285～293 页。

③ 李涛、孙武、胡莉等：《1930s 和 1960s 珠江三角洲城镇建成区位序－规模、开展及其形态特征》，《华南师范大学学报》（自然科学版）2009 年第 3 期，第 114～120 页。

④ 张利、雷军、李雪梅等：《1997～2007 年中国城市用地扩张特征及其影响因素分析》，《地理科学进展》2011 年第 5 期，第 607～614 页。

方公里的为小城市，50~100 平方公里为中等城市，100~200 平方公里为大城市，大于 200 平方公里的为特大城市。

已有文献对城市经济规模的研究不多。李震、杨永春（2010）[1] 基于城市 GDP 规模，探讨了我国城市规模分布的等级变化；周彬学、戴特奇等（2012）[2] 探讨了长江三角洲地区城市体系经济规模等级演变规律；毕于榜（2013）[3] 分析了城市经济规模效益及其优化途径。但这些文献都没有涉及对城市经济规模的划分。

为便于对用"城市建成区面积、非农人口、地区生产总值"三种不同方法表示的城市规模体系及其分布进行比较，借鉴城市人口规模的分组方式，结合我国城市的现状，本研究把三种不同表征的城市规模分成 5 个组别，如表 4 – 1 所示。

表 4 – 1　不同表征方法的城市规模分组比较[4]

表征方法	小城市	中等城市	大城市	特大城市	超大城市
人口规模（万人）	（0，20）	（20，50）	（50，100）	（100，200）	200 以上
经济规模（亿元）	（0，50）	（50，100）	（100，200）	（200，400）	400 以上
用地规模（平方公里）	（0，50）	（50，100）	（100，200）	（200，400）	400 以上

三　城市规模等级结构的区域差异

由于我国地域辽阔，不同的地域空间城市体系存在较大差异，下面以 2011 年的相关数据为例，分别从东、中、西和东北地区四区域角度进行比较说明。

（一）东、中、西经济区划的演变

改革开放以来，我国逐步形成了东、中、西三大经济区，被学界和相

---

[1]　李震、杨永春：《基于 GDP 规模分布的中国城市等级变化研究——等级结构扁平化抑或是等级性加强》，《城市规划》2010 年第 4 期，第 27~31 页。

[2]　周彬学、戴特奇、梁进社、张锦宗：《基于分形的城市体系经济规模等级演变研究》，《地理科学》2012 年第 2 期，第 156~161 页。

[3]　毕于榜：《城市经济规模效益及优化途径的分析》，《消费导刊》2012 年第 4 期，第 74~76 页。

[4]　其中人口是非农人口，GDP 是 1978 年不变价。

关政府部门所广为接受。东部包括辽、冀、京、津、鲁、苏、沪、浙、闽、粤、桂、琼，共 12 个省市区；中部包括黑、吉、蒙、晋、豫、皖、鄂、赣、湘，共 9 个省区；西部包括陕、甘、宁、云、贵、川、渝、青、藏、疆，共 10 个省市区。

2000 年 10 月，中共十五届五中全会通过的《中共中央关于制定国民经济和社会发展第十个五年计划的建议》，把实施西部大开发、促进地区协调发展作为一项战略任务，强调："实施西部大开发战略、加快中西部地区发展，关系经济发展、民族团结、社会稳定，关系地区协调发展和最终实现共同富裕，是实现第三步战略目标的重大举措。"为配合"西部大开发"战略的实施，将原属于东部地区的广西和原属于中部地区的内蒙古划入西部。

2003 年 10 月，中共中央、国务院发布《关于实施东北地区等老工业基地振兴战略的若干意见》，是继实施沿海发展战略、西部大开发战略后的又一重大区域发展战略。为配合"振兴东北老工业基地"战略，经济区划又进行了适当调整，把原来属于东部地区的辽宁、属于中部地区的黑龙江和吉林，即东北三省组成东北地区。

经过数次变更，现在的东部地区包括冀、京、津、鲁、苏、沪、浙、闽、粤、琼，共 10 个省市区，中部地区包括晋、豫、皖、鄂、赣、湘，共 6 个省区，西部地区包括蒙、陕、甘、宁、云、贵、川、渝、青、藏、疆、桂，共 12 个省市区，东北地区包括辽、黑、吉，共 3 个省区。

（二）全国范围不同表征方法的各级城市数量及结构的差异

2011 年所有城市，按城市规模由大到小，城市人口规模的各级城市数分别为：31、38、117、231、236，城市数之比为 1∶1.2∶3.8∶7.5∶7.6；城市经济规模的各级城市数分别为：30、27、58、141、398，城市数之比为 1∶0.9∶1.9∶4.7∶13.3；城市用地规模的各级城市数分别为：12、28、57、135、422，城市数之比为 1∶2.3∶4.8∶11.3∶35.2。相关数据见表 4 - 2。

表 4 - 2　2011 年我国分区域不同规模城市结构比较

单位：个，%

统计表征	城市类别	统计项目	东部	中部	西部	东北	全国合计
城市人口规模	超大城市	城市个数	18	4	5	4	31
		所占比重	7.8	2.4	3.0	4.5	4.7
	特大城市	城市个数	20	8	5	5	38
		所占比重	8.7	4.7	3.0	5.6	5.8
	大 城 市	城市个数	59	28	15	15	117
		所占比重	25.7	16.6	9.1	16.9	17.9
	中等城市	城市个数	86	59	53	33	231
		所占比重	37.4	34.9	32.1	37.1	35.4
	小 城 市	城市个数	47	70	87	32	236
		所占比重	20.4	41.4	52.7	36.0	36.1
城市经济规模	超大城市	城市个数	17	4	4	5	30
		所占比重	7.4	2.4	2.4	5.6	4.6
	特大城市	城市个数	17	3	5	2	27
		所占比重	7.4	1.8	3.0	2.2	4.1
	大 城 市	城市个数	33	11	8	6	58
		所占比重	14.3	6.5	4.8	6.7	8.9
	中等城市	城市个数	67	38	23	13	141
		所占比重	29.1	22.5	13.9	14.6	21.6
	小 城 市	城市个数	96	113	126	63	398
		所占比重	41.7	66.9	75.9	70.8	60.9
城市用地规模	超大城市	城市个数	7	1	2	2	12
		所占比重	3.0	0.6	1.2	2.2	1.8
	特大城市	城市个数	15	5	4	4	28
		所占比重	6.5	3.0	2.4	4.5	4.3
	大 城 市	城市个数	28	12	9	8	57
		所占比重	12.2	7.1	5.4	9.0	8.7
	中等城市	城市个数	41	52	29	13	135
		所占比重	17.8	30.8	17.5	14.6	20.6
	小 城 市	城市个数	139	99	122	62	422
		所占比重	60.4	58.6	73.5	69.7	64.5

资料来源：根据《中国城市统计年鉴》（2012 年）计算、整理得到。

反映各级城市数比值的城市金字塔结构如图 4-1 所示。相比较而言，以人口表征城市规模时，超大城市数和特大城市数、中等城市数和小城市数比较接近，表现出超大城市和中等城市优先发展趋势，特别是中等城市的优势更为突出；一方面体现了城市人口规模越大就对非农人口越有吸引力，同时也说明了我国大城市高生活成本导致人口流向中等城市的现状。以经济表征城市规模时，特大城市数量甚至少于超大城市数，超大城市得到优先发展，体现了城市经济规模越大，其经济效益越好的规模经济效应。以建成区面积表征城市规模，各级规模的城市数量能体现城市金字塔的"头轻脚重"的变化特征，各级城市数量发育相对完善。也就是说，城市用地规模结构比较符合城市金字塔规律，而城市经济规模及城市人口规模的超大城市超前发展了，城市人口规模的中等城市也得到了优先发展。

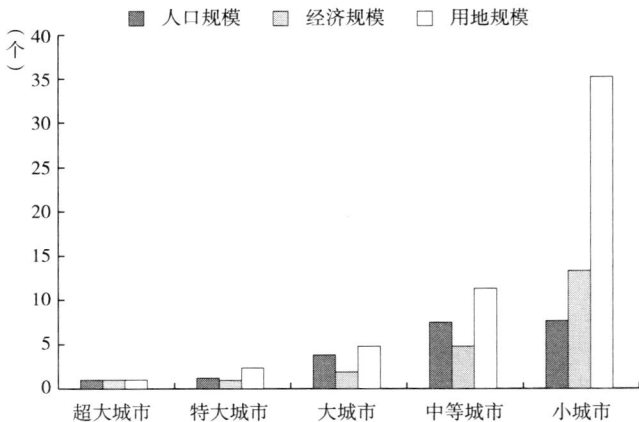

图 4-1　城市人口规模、经济规模、用地规模各级城市结构比较

（三）不同表征方法的城市规模等级体系区域分布比较

1. 四区域城市数量总体比较

由于各区域所包含行政区划的差异，导致城市总数量由东、中、西及东北地区呈递减态势。东部和中、西部城市数量差距较大，但中、西部比较接近，东部比中部多 61 个、中部比西部只多 4 个；由于东北地区只有 3 个省份，城市数量与其他 3 区域相差较大，西部比东北地区多 76 个。

2. 四区域各级规模城市数量比较

进一步比较四区域的各级城市数量，除了人口规模和经济规模中的小城市、用地规模的中等城市之外，其他各级规模城市数量东部地区都处于绝对优势。特别是大城市及其以上级别的城市，东部地区的数量超过或等于中部、西部和东北地区之和；但人口规模和经济规模中的小城市是西部地区最多，分别为 87 个和 126 个；用地规模的中等城市则是中部地区最多，为 52 个。

3. 不同表征方法的城市规模结构比较

城市规模结构反映了区域城市体系的发育程度。以下分别从城市人口规模、经济规模、用地规模进行区域比较。

城市人口规模体系结构的区域差异。东部地区只有小城市比重低于全国平均水平和其他三区域，其余级别城市比重都高于全国平均水平及其他三区域；西部的小城市比重最高。东部的小城市比重最低，中部的超大城市比重最低，西部的中等城市、大城市和特大城市比重最低。东北地区的小城市比重偏低，超大城市比重偏高。从分区域的角度，各区域城市人口规模体系发育都不完善，各自有一定的缺陷，但中部地区的城市人口规模体系的发育程度相对较好。

城市经济规模体系结构的区域差异。与城市人口规模一样，东部地区只有小城市比重低于全国平均水平和其他三区域，其余级别城市比重都高于全国平均水平及其他三区域；西部地区的小城市比重最高。东部的小城市比重最低；中部和西部的超大城市比重相等，也是最低的，另外，中部的特大城市比重最低，西部的中等城市、大城市比重最低。东北地区的超大城市比重偏高。同样，从分区域的角度，各区域城市经济规模体系发育都不完善，各自有一定的缺陷，但西部地区的城市经济规模体系的发育程度相对较好。

城市用地规模体系结构的区域差异。东部地区大城市及以上规模城市比重都高于全国平均水平及其他三区域，中等城市比重最高的是中部地区，西部地区的小城市比重最高。中部的超大城市比重和小城市比重最低，西部地区的大城市和特大城市比重最低，东北地区的中等城市比重最低。从分区域的角度，各区域城市用地规模体系发育都不完善，各自有一定的缺陷，但东北地区的城市用地规模体系的发育程度相对较好。

基于不同表征方法的城市规模体系，各区域的发育程度存在差异，东部地区的城市用地规模体系、中部地区的经济规模体系、西部地区的人口规模体系发育相对较好。

（四）城市规模不同表征量及其结构的区域比较

1. 非农人口数量及结构的区域差异

从城市非农人口绝对数值看：东部地区的非农人口总数为 18319 万人，中部为 6939 万人，西部为 6175 万人，东北地区为 4366 万人，东、中、西及东北区域城市非农人口数之比为 4.2 : 1.6 : 1.4 : 1.0，由东、中、西向东北地区呈递减态势。其中，东部超大城市非农人口数最为突出，达 8054 万人，是其他三区域超大城市非农人口数之和的 1.7 倍；东部特大城市和大城市非农人口数也超过了其他三区域对应城市非农人口数之和；东部中等城市的非农人口数居四区域之首。小城市的非农人口数最多的是西部地区，分别是东部地区的 1.6 倍、中部的 1.1 倍、东北地区的 2.2 倍。

从平均城市非农人口规模看：东部城市的平均非农人口规模为 80 万人，超过全国平均水平的 56 万人；中部地区为 41 万人，西部地区为 39 万人，东北地区为 49 万人，都低于全国平均水平。东、西部差距较大，东部地区城市平均非农人口规模是西部地区的 2 倍，但中、西部比较接近；东北地区城市平均非农人口规模高于中、西部地区。如表 4－3 所示。

表 4－3　2011 年我国分区域不同规模城市非农人口数比较

单位：万人，%

城市类别	统计项目	东部	中部	西部	东北	全国
超大城市	非农人口	8054	1308	2004	1333	12699
	所占比重	44.0	18.8	32.5	30.5	35.5
特大城市	非农人口	2789	1059	691	612	5151
	所占比重	15.2	15.3	11.2	14.0	14.4
大　城　市	非农人口	4143	1816	973	1004	7936
	所占比重	22.6	26.2	15.8	23.0	22.2

城市类别	统计项目	东部	中部	西部	东北	全国
中等城市	非农人口	2736	1922	1573	993	7224
	所占比重	14.9	27.7	25.5	22.7	20.2
小 城 市	非农人口	596	834	933	425	2788
	所占比重	3.3	12.0	15.1	9.7	7.8
平均非农人口规模		80	41	39	49	56

资料来源:根据《中国城市统计年鉴》(2012 年)计算、整理得到。

从各区域城市非农人口数结构看:东部地区表现为超大城市优先发展,其非农人口数比重为 44.0%,占绝对优势;特大城市、大城市和中等城市等三类级别城市非农人口数比重介于 14.0% 和 23.0% 之间,差距不大;小城市非农人口数比重只有 3.3%。中部地区各级规模城市的非农人口数比重介于 12.0% 和 28.0% 之间,发展相对均衡;但其中等规模城市和大城市的非农人口数比重相对较高,也比较接近,表现出优先发展趋势,分别为 27.7% 和 26.2%。西部和东北地区也表现为超大城市优先发展,其非农人口数比重分别为 32.5% 和 30.5%,其他四类级别城市非农人口数比重差别不大。

从同一级别城市不同区域的非农人口数结构看:超大城市的东、中、西及东北地区城市非农人口数之比为 6.0:1.0:1.5:1.0,特大城市为 4.6:1.7:1.1:1.0,大城市为 4.1:1.8:1.0:1.0,中等城市为 2.8:1.9:1.6:1.0,小城市为 1.4:2.0:2.2:1.0;超大城市的非农人口区域差距最大,小城市的非农人口区域分布相对均衡。其柱状图如图 4-2 所示。

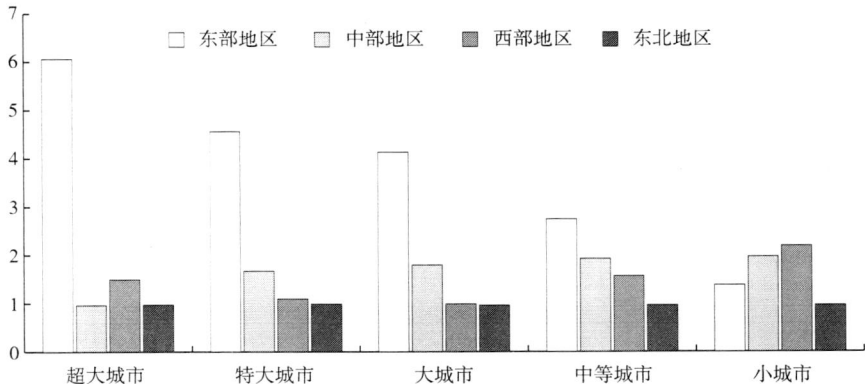

图 4-2 2011 年四区域不同规模城市非农人口数之比

2. 地区生产总值及结构的区域差异

从城市地区生产总值绝对数值看：东部地区的地区生产总值为 37891 亿元，中部为 10275 亿元，西部为 9820 亿元，东北地区为 6815 亿元，东、中、西及东北区域城市地区生产总值之比为 5.6∶1.5∶1.4∶1.0，由东、中、西向东北地区呈递减态势。其中，东部超大城市地区生产总值最为突出，达 20752 亿元，是其他三区域超大城市地区生产总值之和的 2.4 倍；东部特大城市、大城市和中等城市的地区生产总值都超过了其他三区域，分别是三区域对应规模城市地区生产总值之和的 1.9、1.3 和 0.9 倍。小城市的地区生产总值最多的是中部地区，分别是东部地区的 1.1 倍、西部的 1.2 倍、东北地区的 1.9 倍。

从平均城市地区生产总值看：东部城市的平均地区生产总值规模为 165 亿元，超过全国平均水平 99 亿元；中部地区为 61 亿元，西部地区为 59 亿元，东北地区为 77 亿元，都低于全国平均水平。东、西部差距较大，东部地区城市平均地区生产总值规模是西部地区的 2.8 倍，但中、西部比较接近；东北地区城市平均地区生产总值规模高于中、西部地区。如表 4-4 所示。

表 4-4 2011 年我国分区域不同规模城市地区生产总值比较

单位：亿元，%

城市类别	统计项目	东部	中部	西部	东北	全国
超大城市	GDP	20752	2433	3238	3157	29580
	所占比重	54.8	23.7	33.0	46.3	45.6
特大城市	GDP	5125	858	1384	447	7814
	所占比重	13.5	8.4	14.1	6.6	12.1
大城市	GDP	4547	1539	1089	826	8001
	所占比重	12.0	15.0	11.1	12.1	12.3
中等城市	GDP	4827	2619	1657	934	10037
	所占比重	12.7	25.5	16.9	13.7	15.5
小城市	GDP	2639	2826	2452	1451	9368
	所占比重	7.0	27.5	25.0	21.3	14.5
平均经济规模		165	61	59	77	99

资料来源：根据《中国城市统计年鉴》（2012 年）计算、整理得到。

从各区域城市地区生产总值结构看：东部地区表现为超大城市优先发展，其地区生产总值比重为54.8%，占绝对优势；特大城市、大城市和中等城市三类级别城市非农人口数比重介于12.0%和14.0%之间，差距不大；小城市地区生产总值比重只有7.0%。中部地区超大城市、中等城市和小城市的地区生产总值比重介于23.0%和28.0%之间，发展相对均衡，但小城市的地区生产总值比重最高；特大城市的地区生产总值比重最低，只有8.4%。西部和东北地区也表现为超大城市优先发展，其地区生产总值比重分别为33.0%和46.6%；西部地区小城市的地区生产总值比重为25.0%，居第二位，其他三类级别城市地区生产总值比重介于11.0%和17.0%之间，发展相对均衡；东北地区特大城市的地区生产总值比重最低，只有6.6%，其他三类级别城市非农人口数比重介于12.0%和22.0%之间，差别不大。

从同一级别城市不同区域的地区生产总值结构看：超大城市的东、中、西及东北地区城市非农人口数之比为6.6∶0.8∶1.0∶1.0，特大城市为11.5∶1.9∶3.1∶1.0，大城市为5.5∶1.9∶1.3∶1.0，中等城市为5.2∶2.8∶1.8∶1.0，小城市为1.8∶1.9∶1.7∶1.0；特大城市的地区生产总值区域差距最大，小城市的地区生产总值区域发展比较均衡。其柱状图如图4-3所示。

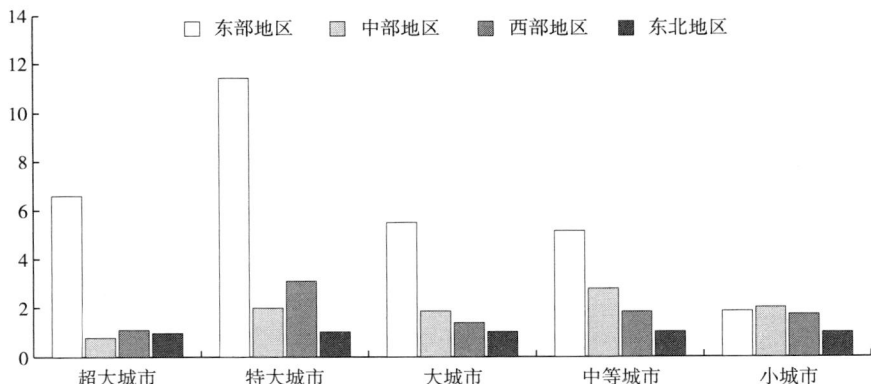

图4-3　2011年四区域不同规模城市地区生产总值之比

3. 建成区面积及结构的区域差异

从城市建成区面积绝对数值看：东部地区的总建成区面积为20020平方公里，中部为9647平方公里，西部为9217平方公里，东北地区为5526平方公里，东、中、西及东北区域城市建设用地面积之比为3.6∶1.8∶1.7∶

1.0，由东、中、西向东北地区呈递减态势。其中，东部超大城市建成区面积最为突出，达 5729 平方公里，是其他三区域超大城市建成区面积之和的 2 倍；东部大城市和特大城市建成区面积相当于其他三区域对应城市建成区面积之和，小城市的建成区面积也居四区域之首；中部地区的中等城市建成区面积超过了东部地区，是西部地区的 1.8 倍、东北地区的 4 倍。

从城市平均建成区规模看：东部城市的平均建成区面积为 87.8 平方公里，超过全国平均水平 68.3 平方公里；中部地区为 57.1 平方公里，西部地区为 56.2 平方公里，东北地区为 62.1 平方公里，都低于全国平均水平。东、西部差距较大，东部地区城市平均建成区面积是西部地区的 1.6 倍，但中、西部比较接近；东北地区城市平均建成区面积高于中、西部地区。

从各区域城市建成区面积结构看：东部地区表现为趄大城市优先发展，其建成区面积比重为 28.6%，相对较高；其他四类级别城市建成区面积比重介于 14.0% 和 20.0% 之间，差距不大。中部地区表现为中等城市优先发展，其建成区面积比重为 37.0%，其次是小城市建成区面积的比重 26.4%，大城市和特大城市建成区面积比重分别为 15.5% 和 15.9%，超大城市的建成区面积比重只有 5.3%。西部和东北地区表现为小城市优先发展，其建成区面积比重为 33.6% 和 27.5%，其他四类级别城市建成区面积比重差别不大。各地区各级城市建成区面积的比较优势各有差异，优先发展的城市规模级别表现出由东向西递减趋势。如表 4-5 所示。

表 4-5 2011 年我国分区域不同规模城市建成区面积比较

单位：平方公里，%

城市类别	统计项目	东部	中部	西部	东北	全国
超大城市	面积	5729	506	1518	848	8601
	所占比重	28.6	5.3	16.5	15.4	19.4
特大城市	面积	3932	1529	1318	1199	7978
	所占比重	19.6	15.9	14.3	21.7	18.0
大 城 市	面积	3704	1497	1327	1084	7612
	所占比重	18.5	15.5	14.4	19.6	17.1
中等城市	面积	2980	3569	1957	875	9381
	所占比重	14.9	37.0	21.2	15.8	21.1

城市类别	统计项目	东部	中部	西部	东北	全国
小城市	面积	3675	2546	3097	1520	10838
	所占比重	18.4	26.4	33.6	27.5	24.4
平均建成区规模		87.8	57.1	56.2	62.1	68.3

资料来源：《中国城市统计年鉴》（2012 年）计算、整理得到。

从同一级别城市不同区域的城市建成区面积结构看：超大城市的东、中、西及东北地区城市建成区面积之比为 6.8 : 0.6 : 1.8 : 1.0，特大城市为 3.3 : 1.3 : 1.1 : 1.0，大城市为 3.4 : 1.4 : 1.2 : 1.0，中等城市为 3.4 : 4.1 : 2.2 : 1.0，小城市为 2.4 : 1.7 : 2.0 : 1.0；超大城市建成区面积的区域差异较大，其他级别城市的建成区面积扩张相对均衡，建成区面积扩张区域差异最小的是城市。其柱状图如图 4 - 4 所示。

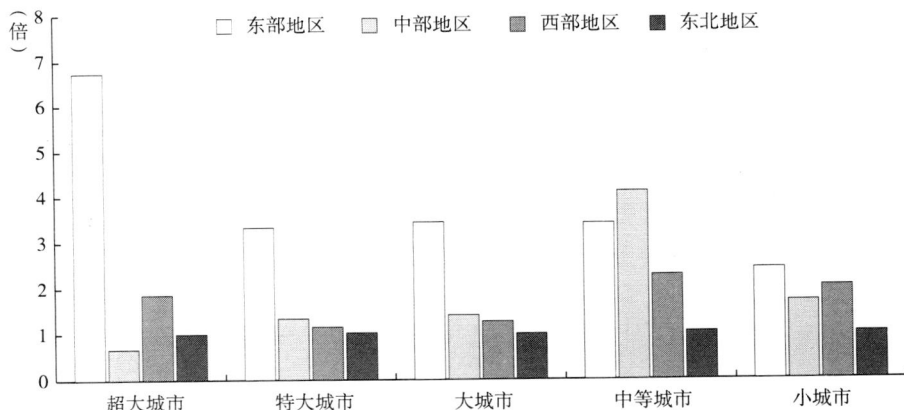

图 4 - 4　2011 年四区域不同规模城市建成区面积之比

第三节　基于不同表征方法的城市规模等级体系的演变特点
——1984 ~ 2010 年的实证分析

以上利用 2012 年《中国城市统计年鉴》的相关数据，分析了 2011 年我国城市规模体系分布的现状。进一步利用《中国城市统计年鉴》（1985年、1997 年）相关数据，结合上述结果，探讨 1984 ~ 2011 年我国不同表征方法的城市规模分布演变的特点。

一　数据来源及处理

1984 年全国共有城市 295 个（不含西藏的城市，下同），1996 年有666 个，2011 年有 654 个。由于统计指标的变更，1984 年没有设计城市地区生产总值指标，我们用 1984 年的市区工业总产值和农业总产值代替城市地区生产总值，并折算成 1978 年不变价（统计年鉴中是 1980 年不变价）。同样 1996 年的地区生产总值也折算成 1978 年不变价（统计年鉴中是 1990年不变价）。2011 年数据依据上一节内容。

二　不同表征方法的城市数量及结构的演变

不同表征方法的各级规模城市数如表 4 - 6 ～ 表 4 - 8 所示。总体上看，1984 ～ 1996 年是我国城市数量增长最快的时期，由 295 个增加到 666 个，各级城市的数量都有所增加。之后，由于行政立市得到了控制，城市数的总量趋于稳定，由 1996 年的 666 个通过合并、调整，变更到 2011 年的 654个，略有减少；但不同级别城市规模的数量处于动态变化之中，除了小城市数量在减少之外，其余各级规模城市数量都有所增加。随着资源的聚集度增强，各级城市的非农人口、经济总量、建成区面积都有显著增加。

按照上一节的城市分组方法①，得到表 4 - 6 ～ 表 4 - 8 所示数据，分别分析如下。

（一）非农人口表征的城市数量、非农人口总数及结构的演变

1. 各级规模的城市数量及结构的演变

从各级规模城市数看：1984 ～ 1996 年，超大城市由 8 个增加到 11 个，特大城市由 11 个增加到 23 个，大城市由 31 个增加到 44 个，中等城市由81 个增加到 194 个，小城市由 164 个增加到 392 个；各级城市数量都有所增加，其中超大城市和大城市增加了 0.4 倍，特大城市增加了 1.1 倍，中

---

① 1984 年的 295 个城市中，有 10 个城市没有建成区面积数据，它们是：黑河、马鞍山、东营、资兴、三亚、玉溪、渭南、青铜峡、克拉玛依和塔城。1996 年的 666 个城市中，有 9 个城市没有建成区面积数据，它们是丰南、晋中、贵溪、章丘、荆州、凯里、合作、灵武和米泉。对于部分缺失的数据，我们尽量用相关年份的均值表示。

等城市和小城市则增加了 1.4 倍。城市人口规模表现出中、小城市数量优先增长的趋势。

1996～2011 年，超大城市由 11 个增加到 31 个，特大城市由 23 个增加到 38 个，大城市由 44 个增加到 117 个，中等城市由 194 个增加到 231 个，小城市由 392 个减少到 237 个，除小城市数量在减少以外，其他各级城市数量都在增加；其中特大城市和中等城市分别增加 0.7 倍和 0.2 倍，超大城市数量增加了 1.8 倍，大城市数量增加了 1.7 倍。城市人口规模表现出超大城市和特大城市数量优先增长的趋势（见表 4-6）。

表 4-6　1984～2011 年我国非农人口表征的城市数量及结构的变化

统计项目	年份	超大城市	特大城市	大城市	中等城市	小城市
各级城市数量（个）	1984	8	11	31	81	164
	1996	11	23	44	194	392
	2011	31	38	117	231	237
各级城市数量所占比重（%）	1984	2.7	3.7	10.5	27.5	55.6
	1996	1.7	3.5	6.6	29.2	59.0
	2011	4.7	5.8	17.9	35.4	36.1
各级城市非农人口数量（万人）	1984	2863.9	1475.1	2311.1	2545.2	1807.3
	1996	4224.9	3094.2	3000.9	5924.2	4511.0
	2011	12699	5151	7936	7224	2788
各级城市非农人口数量所占比重（%）	1984	26.0	13.4	21.0	23.1	16.4
	1996	20.4	14.9	14.5	28.5	21.7
	2011	35.5	14.4	22.2	20.2	7.8

资料来源：根据《中国城市统计年鉴》（1985 年、1997 年、2012 年）整理得到。

从各级规模城市数量结构看：1984～1996 年，总体上小城市数量比重占绝对优势，各级城市的数量都有不同程度的增加，但各级城市数量所占的比重变化不大，而且有升有降：超大城市、特大城市和大城市分别减少了 1.0 个、0.2 个和 3.9 个百分点；中等城市和小城市分别增加了 1.7 个和 3.4 个百分点。

1996～2011 年，各级城市数量比重有较大变化。其中小城市数量比重下降了 22.9 个百分点，其他各级城市数量比重有不同程度升高。超大城市、特大城市、大城市、中等城市比重分别上升了 3.0 个、2.3 个、11.3 个和 6.2 个百分点。从城市结构看，小城市数量比重仍占优势，但优势有所削弱，中等城市数量比重上升较快。如图 4－5（a、b、c）所示。

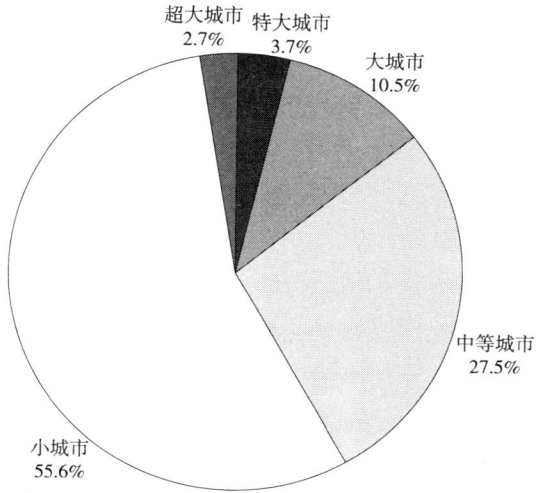

超大城市
2.7%
特大城市
3.7%
大城市
10.5%
中等城市
27.5%
小城市
55.6%

a 1984 年各级规模城市数量结构

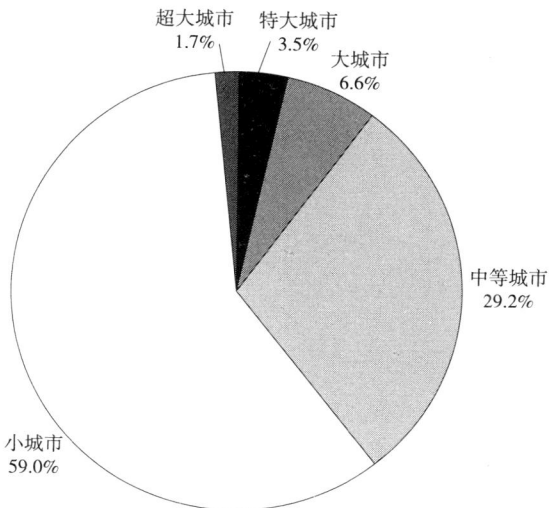

超大城市
1.7%
特大城市
3.5%
大城市
6.6%
中等城市
29.2%
小城市
59.0%

b 1996 年各级规模城市数量结构

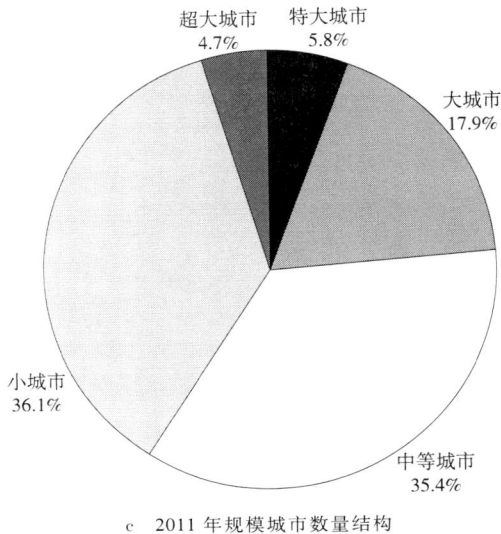

c 2011 年规模城市数量结构

图 4 – 5   1984 ~ 2011 年非农人口规模城市数量结构的演变

2. 各级规模的城市非农人口总数及结构的演变

从各级规模的城市非农人口总数看：1984 ~ 1996 年，非农人口增加最多的是中等城市，由 1984 年的 2545.2 万人增加到 1996 年的 5924.2 万人，增加了 3379 万人，相当于超大城市、特大城市和大城市三个级别城市增量的总和；小城市的非农人口增量居第二位，增加了 2703.7 万人；增加最小的是大城市，由 2311.1 万人增加到 3000.9 万人，只增加了 689.8 万人。城市人口规模表现为中等城市和小城市非农人口数量优先发展的趋势，大城市非农人口数量受到限制。

1996 ~ 2011 年，超大城市的非农人口增加特别显著，由 1996 年的 4224.9 万人增加到 2011 年的 12699 万人，增加了 8474.1 万人；大城市的非农人口增量居第二位，增加了 4935.1 万人；小城市的非农人口呈减少态势，减少了 1723 万人。城市人口规模表现为特大城市、大城市非农人口数量优先发展的趋势，小城市非农人口数量增长受到限制。

　　从各级规模城市的非农人口结构看：1984 年各级规模城市非农人口的比重差距不大，占比最高的是超大城市的 26%，接近占比最低的特大城市 13.4% 的 2 倍；非农人口比重居第二位的是中等城市的 23.1%。1996 年中等城市和小城市非农人口比重分别上升到 28.5% 和 21.7%，分别上升了 5.4 个和 5.3 个百分点；超大城市和大城市非农人口的比重都有下降，分别下降了 5.6 个和 6.5 个百分点；特大城市的非农人口比重只升高了 1.5 个百分点。所以，从非农人口结构看，我国中等城市和小城市的非农人口比重在 1984～1996 年得到了提高；超大城市和大城市的非农人口比重受到限制。

　　1996～2011 年，中等城市和小城市非农人口的比重下降幅度比较大，分别为 8.3 个和 13.9 个百分点；而超大城市和大城市非农人口比重有大幅度提升，分别提升了 15.1 个和 7.7 个百分点；特大城市的非农人口比重基本上没有什么变化，只略微下降了 0.5 个百分点。故 1996～2011 年，超大城市和大城市非农人口比重得到了提高；中等城市和小城市的非农人口比重受到限制。如图 4－6（a、b、c）所示。

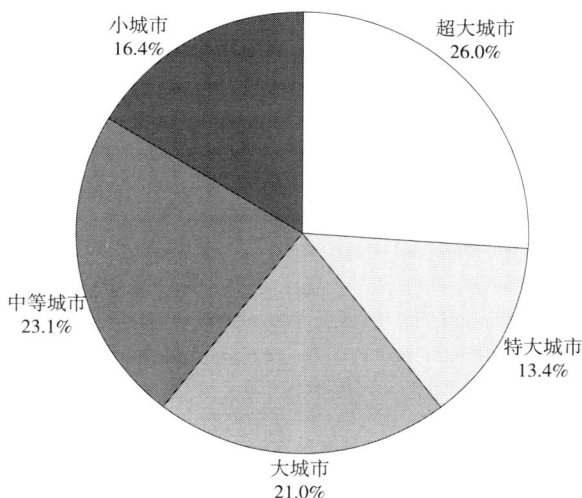

a　1984 年各级规模城市非农人口数结构

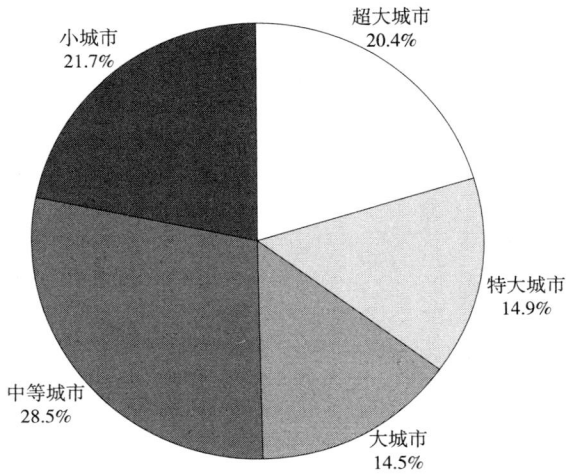

b 1996 年各级规模城市非农人口数结构

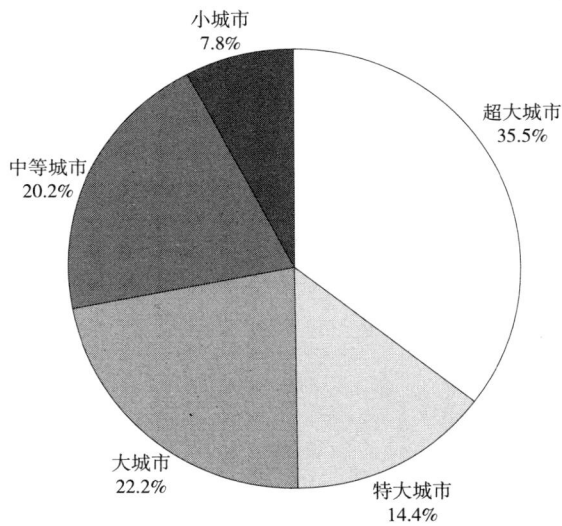

c 2011 年各级规模城市非农人口数结构

图 4 - 6 1984 ~ 2011 年各级规模城市非农人口数结构的演变

3. 城市平均非农人口规模的演变

综合考虑全国城市数和非农人口数，从平均人口规模角度，1984 年平均非农人口规模为 37.3 万人，1996 年为 31.3 万人，2011 年为 56 万人。1984～1996 年，平均非农人口规模减少了 6.0 万人；1996～2011 年，平均非农人口规模由原来的 31.3 万人增加到 56 万人，增加了 24.7 万人，15 年期间年平均增长 1.6 万人。

（二）地区生产总值表征的城市数量、GDP 总量及结构的演变

1. 各级规模的城市数量及结构的演变

从各级规模城市数看：1984～1996 年，超大城市由 1 个增加到 4 个，特大城市由 2 个增加到 9 个，大城市由 4 个增加到 21 个，中等城市由 26 个增加到 56 个，小城市由 262 个增加到 574 个；各级城市数量都有所增加，其中超大城市增加了 3 倍，特大城市增加了 3.5 倍，大城市增加了 4.3 倍，中等城市和小城市都只增加了 1.2 倍。城市经济规模表现出大城市及以上级别城市数量优先增长的趋势。

1996～2011 年，超大城市由 4 个增加到 30 个，特大城市由 9 个增加到 27 个，大城市由 21 个增加到 58 个，中等城市由 56 个增加到 141 个，小城市由 574 个减少到 398 个，除小城市数量在减少外，其他各级城市数量都在增加；其中超大城市数量增加了 6.5 倍，远超出其他城市数量的增长速度。城市经济规模表现出超大城市数量优先增长、小城市数量绝对减少的趋势。

从各级规模城市数结构看：1984～1996 年，总体上小城市数量比重占绝对优势，各级城市数量所占的比重变化不大，而且有升有降：超大城市、特大城市和大城市所占比重分别增加了 0.3 个、0.7 个和 1.8 个百分点；中等城市和小城市分别减少了 0.4 个和 2.4 个百分点。从各级城市数结构看，这期间我国城市经济规模的结构以小城市占绝对优势，各级城市数量结构基本稳定，略有升降（见表 4–7）。

表 4–7 1984～2011 年我国地区生产总值表征的城市数量及结构变化

统计项目	年份	超大城市	特大城市	大城市	中等城市	小城市
各级城市数（个）	1984	1	2	4	26	262
	1996	4	9	21	56	574
	2011	30	27	58	141	398

续表

统计项目	年份	超大城市	特大城市	大城市	中等城市	小城市
各级城市数 所占比重（%）	1984	0.3	0.7	1.4	8.8	88.8
	1996	0.6	1.4	3.2	8.4	86.4
	2011	4.6	4.1	8.9	21.6	60.9
各级城市 GDP（亿元）	1984	555.1	523.3	503.6	1715.0	2759.3
	1996	2402.1	2343.6	2746.0	3850.1	10448.9
	2011	29580	7814	8001	10037	9368
各级城市 GDP 所占比重（%）	1984	9.2	8.6	8.3	28.3	45.6
	1996	11.0	10.8	12.6	17.7	48.0
	2011	45.6	12.1	12.3	15.5	14.5

资料来源：根据《中国城市统计年鉴》（1985 年、1997 年、2012 年）整理得到。

1996～2011 年，各级城市数比重有较大变化。其中小城市数比重下降了 25.5 个百分点，其他各级城市数比重有不同程度升高。超大城市、特大城市、大城市、中等城市比重分别上升了 4.0 个、2.7 个、5.7 个和 13.2 个百分点。从城市数量结构看，这期间城市经济规模结构，小城市数量比重仍占优势，但优势有所削弱，中等城市数量比重上升较快。如图 4-7（a、b、c）所示。

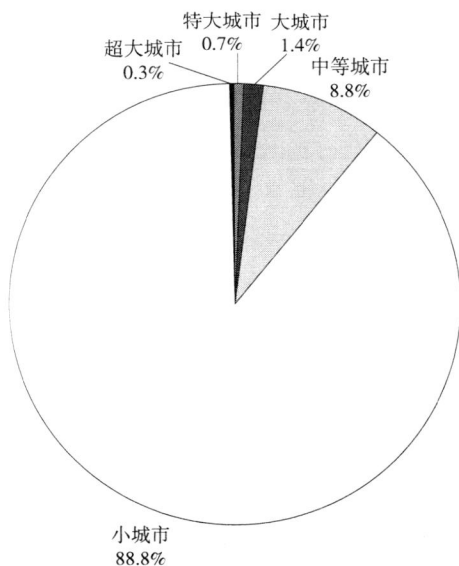

a　1984 年各级规模城市数结构

特大城市
1.4%
超大城市
0.6%
大城市
3.2%
中等城市
8.4%

小城市
86.4%

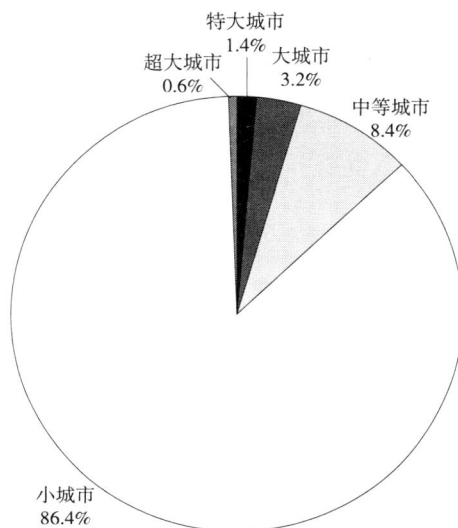

b　1996 年各级规模城市数结构

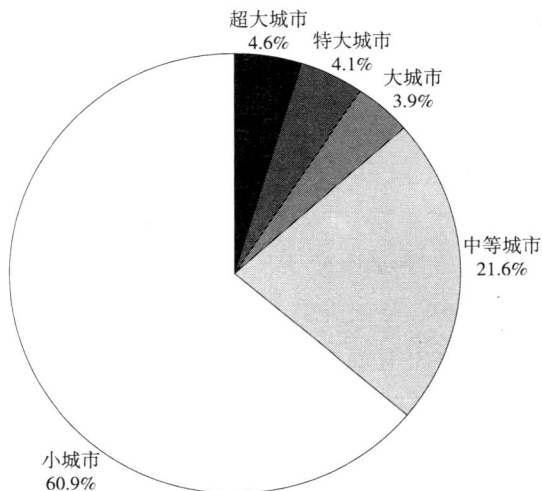

超大城市
4.6%
特大城市
4.1%
大城市
3.9%
中等城市
21.6%

小城市
60.9%

c　2011 年各级规模城市数结构

图 4 - 7　1984 ~ 2011 年城市经济规模数量结构的演变

2. 各级规模的城市 GDP 总量及结构的演变

从各级规模的城市 GDP 总量看：1984～1996 年，GDP 总量增加最多的是小城市，由 1984 年的 2759.3 亿元增加到 1996 年的 10448.9 亿元，增加了 7689.6 亿元，相当于其他四个级别城市增量的总和。其他级别城市的 GDP 总量增加量相差不大，在 2000 亿元左右；增加量最少的是特大城市，只增加了 1820.3 亿元。城市经济规模表现为小城市 GDP 总量优先发展的趋势。

1996～2011 年，超大城市 GDP 总量增加特别显著，由 1996 年的 2402.1 亿元增加到 2011 年的 29580 亿元，增加了 27177.9 亿元；小城市的 GDP 总量则呈减少态势，减少了 1080.9 亿元；其他三个级别城市的 GDP 总量的增加量相差不大，增加量在 5500 亿元左右。城市经济规模表现为特大城市优先发展、小城市受限的态势。

从各级规模的 GDP 总量的结构看：1984 年超大城市、特大城市和大城市 GDP 总量的比重差距不大，介于 8.3% 和 9.2% 之间。占比最高的是小城市 GDP 总量，为 45.6%；GDP 总量比重居第二位的是中等城市，为 28.3%。1996 年中等城市 GDP 总量的比重下降了 10.6 个百分点，其他级别城市 GDP 总量的比重都有所提升，在 1.8 个到 4.3 个百分点之间，小城市 GDP 总量的比重上升到 48.0%。所以，1984～1996 年，城市 GDP 结构表现为小城市的 GDP 比重上升的趋势。

1996～2011 年，大城市、中等城市和小城市 GDP 比重都有下降，大城市和中等城市下降的幅度不大，分别为 0.3 个和 2.2 个百分点，但小城市下降的幅度比较大，为 33.5 个百分点；超大城市和特大城市 GDP 比重都有所上升，特大城市只上升了 1.3 个百分点，但超大城市提升了 34.6 个百分点。这样，2011 年超大城市 GDP 总量的占比最高，达 45.6%；其他四个级别城市 GDP 总量的占比差距不大，介于 12.1% 和 15.5% 之间。故 1996～2011 年，超大城市的 GDP 比重得到了提升；小城市的 GDP 比重受到了限制。如图 4-8（a、b、c）所示。

超大城市
9.2%

特大城市
8.6%

大城市
8.3%

小城市
45.6%

中等城市
28.3%

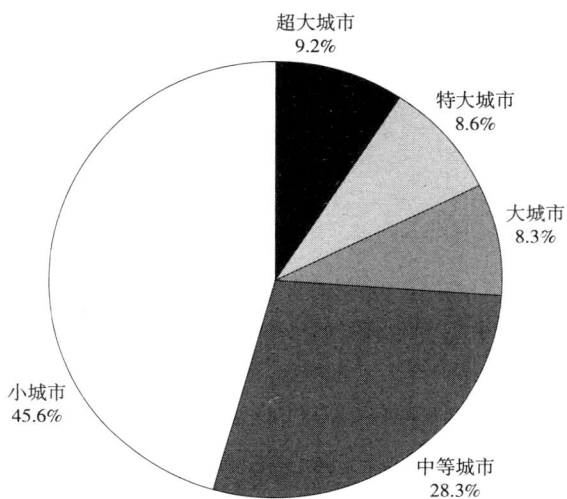

a　1984 年各级规模城市 GDP 总量结构

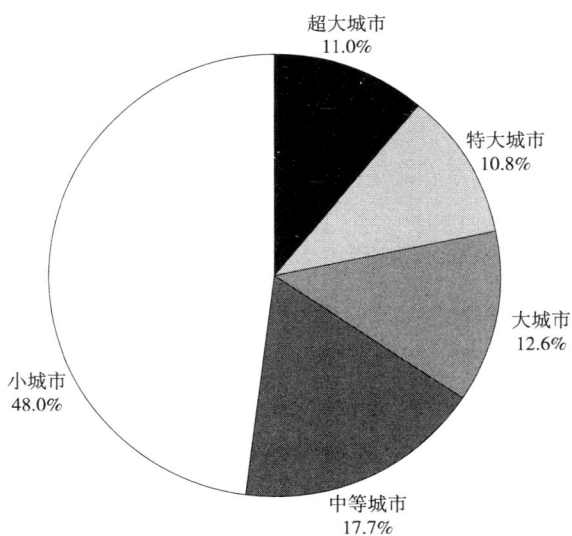

超大城市
11.0%

特大城市
10.8%

大城市
12.6%

小城市
48.0%

中等城市
17.7%

b　1996 年各级规模城市 GDP 总量结构

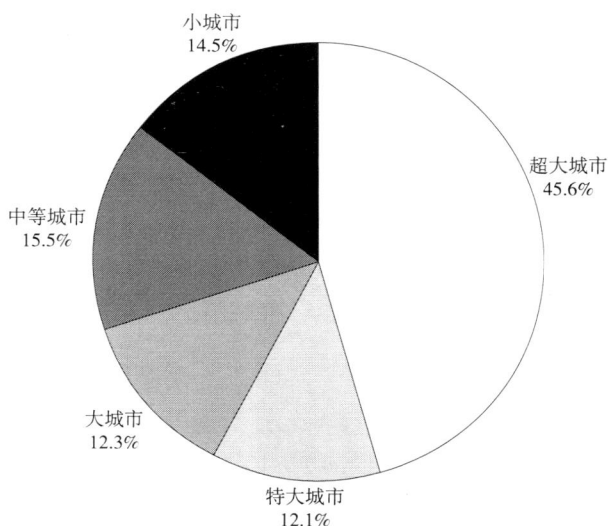

c 2011 年各级规模城市 GDP 总量结构

图 4 - 8 1984~2011 年各级规模城市 GDP 总量结构的演变

3. 城市平均经济规模的演变

综合考虑全国的城市数和地区生产总值，从平均城市规模的角度，1984 年平均经济规模为 21 亿元，1996 年为 32.8 亿元，2011 年为 99 亿元。1984~1996 年，城市平均经济规模增加了 11.8 亿元，平均每年增加 1.0 亿元，增长比较缓慢；1996~2011 年，平均经济规模由原来的 32.8 亿元增加到 99 亿元，增加了 66.2 亿元，15 年期间年平均增加 4.4 亿元。

（三）建成区面积表征的城市数量、建成区面积总量及结构的演变

1. 各级规模城市数量及结构的演变

从各级规模的城市数量看：1984~1996 年，超大城市由 0 增加到 2 个，特大城市由 3 个增加到 6 个，大城市由 12 个增加到 29 个，中等城市由 30 个增加到 67 个，小城市由 240 个增加到 553 个。各级城市数量都增加了 1 倍以上，增长倍数介于 1.0 到 1.4 之间；其中大城市数量增加倍数最多，为 1.4 倍，小城市数量增加倍数居第二位，为 1.3 倍。城市用地规模表现出大城市和小城市数量优先增长的趋势（见表 4 - 8）。

表 4 – 8 1984 ~ 2011 年我国建成区面积表征的城市数量及结构的变化

统计项目	年份	超大城市	特大城市	大城市	中等城市	小城市
各级城市数（个）	1984	0	3	12	30	240
	1996	2	6	29	67	553
	2011	12	28	57	135	422
各级城市数 所占比重（%）	1984	0	1.1	4.2	10.5	84.2
	1996	0.3	0.9	4.4	10.2	84.2
	2011	1.8	4.3	8.7	20.6	64.5
各级城市 建成区面积（平方公里）	1984	0	814	1718	2111	4195
	1996	900	1485	3689	4378	10207
	2011	8601	7978	7612	9381	10838
各级城市 建成区面积 所占比重（%）	1984	0	9.2	19.4	23.9	47.5
	1996	4.4	7.2	17.9	21.2	49.4
	2011	19.4	18.0	17.1	21.1	24.4

资料来源：根据《中国城市统计年鉴》（1985 年、1997 年、2012 年）整理得到。

1996 ~ 2011 年，超大城市由 2 增加到 12 个，特大城市由 6 个增加到 28 个，大城市由 29 个增加到 57 个，中等城市由 67 个增加到 135 个，小城市由 553 个减少到 422 个，除小城市数量在减少外，其他各级城市数量都在增加；其中超大城市数量增加了 5 倍，特大城市数量增加了 3.7 倍。城市用地规模表现出超大城市和特大城市数量优先增长、小城市数量受限制的趋势。

从各级规模城市数结构看：1984 ~ 1996 年，小城市数量比重占绝对优势，而且比重没有变化，保持在 84.2%；其他各级城市数所占的比重变化不大，而且有升有降：超大城市和大城市分别增加了 0.3 个和 0.2 个百分点，特大城市和中等城市分别减少了 0.2 个和 0.3 个百分点。从各级城市数结构看，城市用地规模各级城市数结构以小城市占绝对优势，各级城市数量结构基本稳定。

1996 ~ 2011 年，各级城市数比重有较大变化。其中小城市数比重下降了 19.7 个百分点，其他各级城市数比重有不同程度升高：超大城市、特大城市、大城市和中等城市分别升高了 1.5 个、3.4 个、4.3 个和 10.5 个百分点。从城市数结构看，这期间小城市数量比重仍占优势，但优势有所削弱，中等城市数量比重上升较快。如图 4 – 9（a、b、c）所示。

特大城市
1.1%

大城市
4.2%

中等城市
10.5%

小城市
84.2%

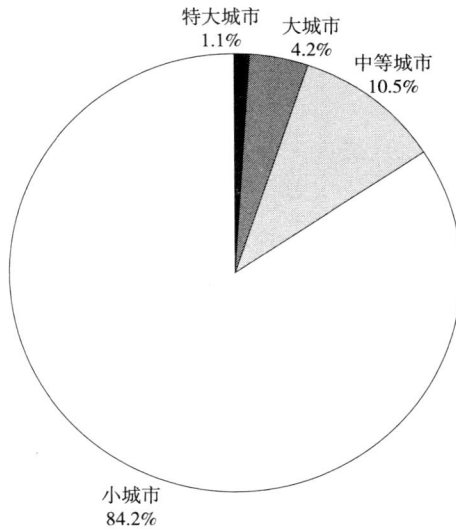

a 1984 年用地规模城市数结构

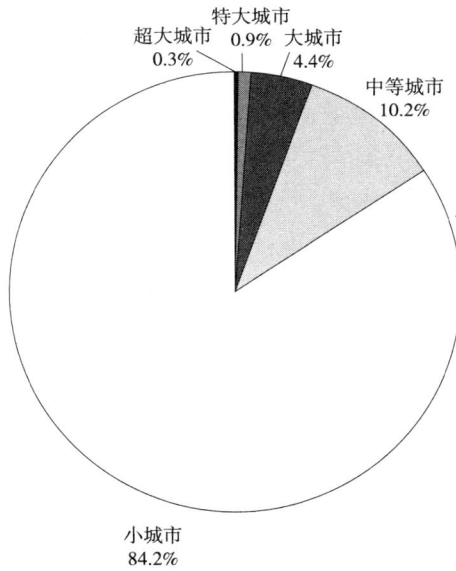

超大城市
0.3%

特大城市
0.9%

大城市
4.4%

中等城市
10.2%

小城市
84.2%

b 1996 年用地规模城市数结构

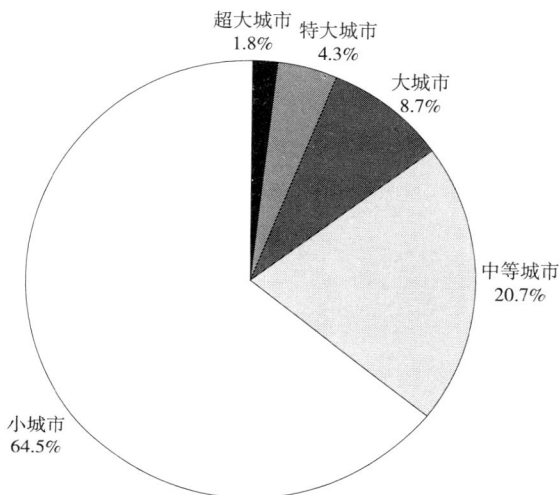

c　2011 年用地规模城市数结构

图 4 – 9　1984 ～ 2011 年用地规模城市数结构的演变

2. 各级规模城市建成区面积总量及结构的演变

从各级规模的城市建成区面积总量看，1984 ～ 1996 年，建成区面积总量增加最多的是小城市，由 1984 年的 4195 平方公里增加到 1996 年的 10207 平方公里，增加了 6012 平方公里，多于其他四个级别城市增量的总和；增加最小的是特大城市，由 814 平方公里增加到 1485 平方公里，只增加了 671 平方公里。超大城市、大城市和中等城市分别增加了 900 平方公里、1971 平方公里和 2267 平方公里。城市用地规模表现为小城市优先发展的趋势。

1996 ～ 2010 年，超大城市、特大城市的建成区面积增加特别显著，分别增加了 7701 平方公里和 6493 平方公里。超大城市由 1996 年的 900 平方公里增加到 2011 年的 8601 平方公里，增加了 8.6 倍；特大城市由 1996 年的 1485 平方公里增加到 2011 年的 7978 平方公里，增加了 4.4 倍。大城市和中等城市分别增加了 3923 平方公里和 5003 平方公里，都增加了 1.1 倍；小城市的建成区面积增加最小，只有 631 平方公里。城市用地规模表现为特大城市、超大城市优先发展的趋势。

从各级规模的建成区面积总量结构看，1984 年以小城市建成区面积比重最高，为 47.5%；其次是中等城市 23.9%；居第三位的是大城市 19.4%；特大城市 9.2%，居第四位；以建成区面积表征的超大城市还没有。1996 年超大城市建成区面积比重上升到 4.4%，小城市建成区面积比重进一步上升到 49.4%；特大城市、大城市和中等城市建成区面积的比重都略有下降，但下降的幅度不大，在 1.5 ~ 2.7 个百分点之间。超大城市建成区面积的比重增加最多，为 4.4 个百分点。从建成区面积结构看，我国小城市的用地规模比重在 1984 ~ 1996 年得到提升。

1996 ~ 2011 年，小城市建成区面积的比重下降幅度比较大，下降了 25 个百分点；而超大城市和特大城市建成区面积比重有大幅度的提升，分别提升了 15 个和 10.8 个百分点；大城市和中等城市基本上没有什么变化，分别下降了 0.8 个和 0.1 个百分点。从建成区面积结构看，1996 ~ 2010 年，超大城市和特大城市用地规模比重得到了提升。如图 4 - 10 （a、b、c）所示。

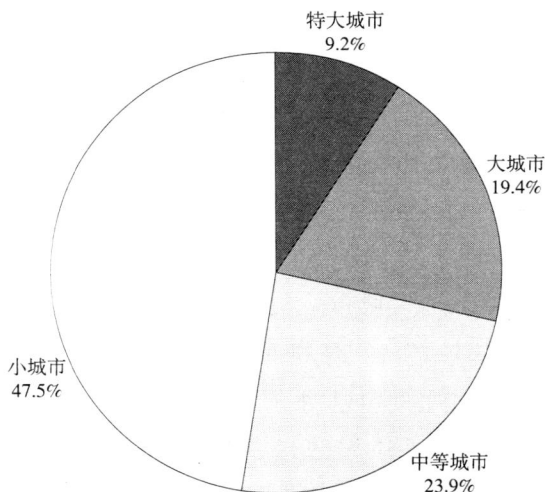

a 1984 年各级规模城市建成区面积结构

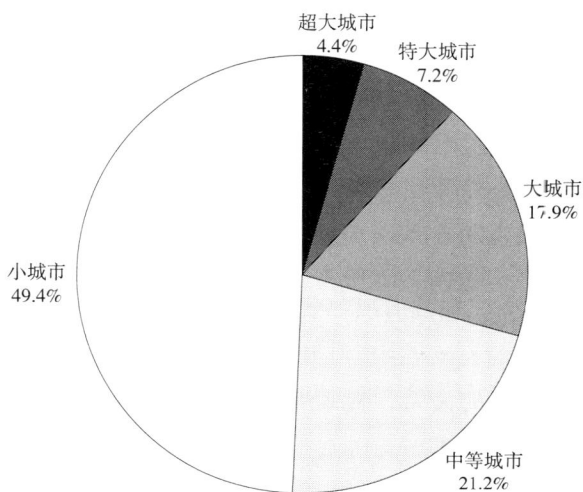

b　1996 年各级规模城市建成区面积结构

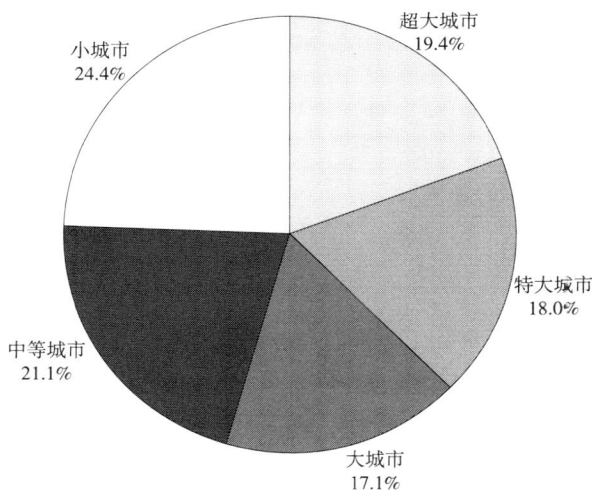

c　2011 年各级规模城市建成区面积结构

图 4 - 10　1984～2011 年各级规模城市建成区面积结构的演变

3. 城市平均用地规模的演变

综合考虑全国的城市数和城市建成区面积，从平均城市用地规模的角度，1984 年平均城市建成区面积规模为 31.0 平方公里，1996 年为 31.4 平方公里，2011 年为 68.3 平方公里。1984～1996 年，平均城市建成区面积几乎保持不变，只增加了 0.4 平方公里；1996～2010 年，平均城市建成区面积由原来的 31.4 平方公里增加到 68.3 平方公里，增加了 117.5%，15 年期间年平均增加 2.5 平方公里。

第四节 不同表征方法的城市规模等级体系分布类型的现状与演变

以上通过统计数据对我国城市规模等级体系差异进行了初步分析，得到我国城市建成区面积规模的统计规律。以下，进一步利用齐夫公式和分形理论，以及城市首位指数，探讨城市从大到小的序列与其人口规模、经济规模和建成区规模的关系，揭示我国不同表征方法城市规模的分布特点、城市体系分布的类型。

一 城市规模等级体系分类的理论模型

本节所讨论的城市体系类型基于城市非农人口规模、经济规模和建成区规模，但不涉及城市功能体系。

齐夫公式即城市人口等级规模分布公式，其数学表达式为（许波、纪慰华，2001）[①]：

$$P(r) = P_1 r^{-q} \tag{4-1}$$

式中，r 为城市位序，$P(r)$ 为第 r 位城市人口，P_1 为研究区域最大城市的人口，q 是参数。该公式是根据实际统计数据得到的经验公式，之后的分形理论发现该公式是一分形模型。所谓分形，就是其部分与整体存在某种自相似的几何图形；在区域城市分布中，指的是随着首位城市人口规模的改变，对应区域的城市个数也将发生变化。

按照分形理论，q 的倒数就是分维数 D，即 $D = 1/q$，按照 D 的大小可以将城市体系进行分类。

（1）当 $D = q = 1$ 时，最大城市与最小城市人口数量之比恰为整个城市体系的城市数目。这是自然状态下的最优分布。

（2）当 $D > 1$，即 $q < 1$ 时，城市规模分布较为集中，中间位序的城镇

---

① 许波、纪慰华：《长江三角洲地区城市规模分布的分形研究》，《城市问题》2001 年第 2 期，第 7~9 页。

较多，人口分布显得比较均衡。

（3）当 $D < 1$，即 $q > 1$ 时，城市人口分布差异较大，首位城市的垄断性较强。

（4）当 $D \rightarrow \infty$，即 $q \rightarrow 0$ 时，区内所有城市一样大。

（5）当 $D \rightarrow 0$，即 $q \rightarrow \infty$ 时，区域内只有一个城市。

其中第四种和第五种情况只存在于理论分析中，现实并不存在。第一种情况是自然状态下的最优分布，我们把它定义为大、中、小城市协调发展的城市体系；第二种情况中间位序城市较多，我们定义为中等城市和大城市优先发展的城市体系；第三种情况是首位城市垄断性较强，我们定义为超大城市优先发展的城市体系。

许多文献利用城市人口规模对上述情况进行了验证，并对我国城市人口规模体系的分布特征、演变规律等进行了相应的研究，本研究将探讨我国城市人口规模、经济规模和建成区规模的上述特征，并进行对比分析。

二　城市首位指数

根据马克·杰斐逊（M. Jefferson）的城市首位律[①]，一国最大城市与第二位城市人口的比值一般在 2 左右；之后，研究文献又提出了 4 城市指数和 11 城市指数。这些指数的计算公式如下。

两城市指数：

$$S_2 = \frac{P_1}{P_2} \qquad\qquad (4-2)$$

4 城市指数：

$$S_4 = \frac{P_1}{(P_2 + P_3 + P_4)} \qquad\qquad (4-3)$$

11 城市指数：

$$S_{11} = \frac{P_1}{(P_2 + P_3 + \cdots + P_{11})} \qquad\qquad (4-4)$$

---

① 许学强、周一星、宁越敏：《城市地理学》，高等教育出版社，1997。

式中，P_1，P_2，…，P_{11} 是按照从大到小排序后，某位序城市的人口规模。所谓正常的 4 城市指数和 11 城市指数应该是 1，而两城市指数则是 2。

下面我们根据分形理论，结合城市首位指数、位序 – 规模分布图，首先对我国 2011 年不同表征方法的城市规模体系分布分区域进行比较；然后以 1984 年、1996 年和 2011 年的相关数据，对其演变进行比较。

三 城市规模体系分布类型的现状比较

以 2011 年的城市为样本，从东、中、西及东北地区四区域的空间角度，分别计算各个分区的 D 值，根据 D 值将其城市体系进行分类。在计算时一般利用式（4 – 1）的对数形式：

$$\ln P(r) = \ln P_1 - q\ln r \qquad (4 - 5)$$

式（4 – 5）中 $P(r)$ 分别表示第 r 位城市非农人口、GDP 或建成区面积，P_1 为研究区域最大城市的非农人口、GDP 值或建成区面积，q 是参数。将不同区域的各城市非农人口、GDP 值、建成区面积及对应的位序取自然对数，利用 Eviews 软件进行一元回归，得到对应区域的齐夫方程，进一步可算得 D 值。

2011 年全国及分区域的城市样本数、首位城市规模（人口规模、经济规模、用地规模）、齐夫方程回归参数、分维数 D 等如表 4 – 9 所示。

表 4 – 9　2011 年我国分区域不同表征方法的城市规模体系分维数比较[①]

	地区	全国	东部地区	中部地区	西部地区	东北地区
城市人口规模	城市个数（个）	654	230	169	166	89
	首位城市规模（万人）	1296	1296	525	756	429
	ln（P_1）	7.17	7.17	6.27	6.63	6.06
	q 值	0.69	0.77	0.73	0.88	0.77
	标准差	0.00	0.01	0.01	0.01	0.01
	t 值	242.86	145.76	120.92	150.94	93.09
	R^2 值	0.83	0.87	0.86	0.90	0.90
	D（1/q）值	1.45	1.30	1.37	1.14	1.30

---

① 建成区面积缺失的城市没有统计。

续表

	地区	全国	东部地区	中部地区	西部地区	东北地区
城市经济规模	城市个数（个）	654	230	169	166	89
	首位城市规模（亿元）	3357.80	3357.80	978.83	1371.49	837.71
	$\ln(P_1)$	8.12	8.12	6.89	7.22	6.73
	q 值	0.82	0.89	0.81	0.98	0.95
	标准差	0.00	0.01	0.01	0.01	0.01
	t 值	227.31	135.95	144.16	127.90	64.26
	R^2 值	0.82	0.86	0.89	0.87	0.83
	$D(1/q)$ 值	1.22	1.12	1.23	1.02	1.05
城市用地规模	城市个数（个）	654	230	169	166	89
	首位城市规模（平方公里）	1231	1231	506	1035	430
	$\ln(P_1)$	7.12	7.12	6.23	6.94	6.06
	q 值	0.63	0.74	0.62	0.83	0.72
	标准差	0.00	0.00	0.01	0.00	0.01
	t 值	257.62	153.36	108.19	207.26	71.78
	R^2 值	0.85	0.88	0.84	0.93	0.87
	$D(1/q)$ 值	1.59	1.35	1.61	1.20	1.39

资料来源：根据《中国城市统计年鉴》（2012 年）计算、整理得到。

进一步，按照式（4-2）、式（4-3）、式（4-4），分区域计算不同表征方法对应的城市首位指数，如表4-10所示。

表4-10 2011年我国分区域不同表征方法的城市首位指数比较

	地区	全国	东部地区	中部地区	西部地区	东北地区
城市人口规模	两城市指数	1.29	1.29	1.67	1.57	1.23
	4 城市指数	0.50	0.54	0.67	0.72	0.47
	11 城市指数	0.20	0.24	0.29	0.35	0.24
城市经济规模	两城市指数	1.18	1.18	1.56	1.62	1.19
	4 城市指数	0.48	0.49	0.67	0.73	0.46
	11 城市指数	0.21	0.23	0.31	0.36	0.24
城市用地规模	两城市指数	1.19	1.24	1.41	2.14	1.03
	4 城市指数	0.42	0.45	0.50	0.86	0.37
	11 城市指数	0.17	0.20	0.21	0.37	0.17

表 4-9 数据显示：对应回归方程的 R^2 值及调整后的 R^2 值都在 0.82 以上，最高达 0.93，方程的拟和度较好，且都在 1% 水平下显著。说明在 2011 年，不论从全国整体看还是从分区域的角度，我国以不同方法表征的城市体系仍基本符合齐夫规律，城市规模分布偏向于位序-规模类型。

表 4-10 数据显示：2011 年的城市首位指数，只有西部地区用地规模两城市指数大于正常值 2，其余的两城市指数都小于正常值 2，4 城市指数和 11 城市指数都小于正常值 1。不论从全国整体看还是从分区域的角度，我国的城市规模偏离了首位分布类型。

结合城市规模分维数和城市首位指数，2011 年我国分区域不同表征方法的城市规模分布总体上属于：由首位分布向位序-规模分布转变的过渡类型。

下面，对城市分布类型从两方面进行比较：其一是同一区域范围不同表征方法的比较；其二是同一表征方法不同区域的比较。

（一）分区域不同表征方法的城市规模分布类型比较

1. 全国范围不同表征方法城市规模分布类型比较

从城市分维数角度，2011 年全国范围城市人口规模、经济规模、用地规模的分维数 D 值分别为 1.45、1.22、1.59；三种表征方法的城市规模分布类型都属于位序-规模类型，其城市规模分布较为集中，中间位序的城镇较多。相比较而言，中间位序的城镇数量由经济规模向人口规模到用地规模依次增加；或者说经济规模的首位城市垄断性相对较高。

从城市首位指数角度，就全国范围而言，人口规模的各城市首位指数大于对应经济规模的城市首位指数，即城市经济规模首位城市的垄断性大于人口规模；经济规模的两城市指数略低于用地规模，经济规模的 4 城市指数和 11 城市指数都大于用地规模，城市用地规模的首位城市垄断性高于经济规模。各城市首位指数都小于相应的正常值，而且都有较大差距，说明不同表征方法的城市规模中，第 2~11 位城市的各表征量都超前发展。

进一步将（人口位序，非农人口）、（经济位序，GDP 值）、（用地位序，建成区面积）用双对数坐标图表示，与方程（4-5）的回归值进行对比，如图 4-11、图 4-12、图 4-13 所示。比较三图中的曲线关系发现：城市规模各表征量实际值的对数值，在各表征量较小时，三曲线都表现出

向下方拐折，即人口规模、经济规模和用地规模对应的城市规模分布都属
于过渡类型。①

　　对比图 4-11 中两曲线的位置关系，结合人口位序-规模实际值和回
归值（理论值）的大小，发现：当城市人口规模小于等于 21 万时，实际
人口规模对数值小于理论值，包含 267 个小城市；当人口规模大于 21 万
时，实际人口规模的对数值大于理论值，包含 387 个各级别城市。即当人
口规模小于等于 21 万时，城市人口规模发育不足；当人口规模大于 21 万
时，城市人口规模超前增长。

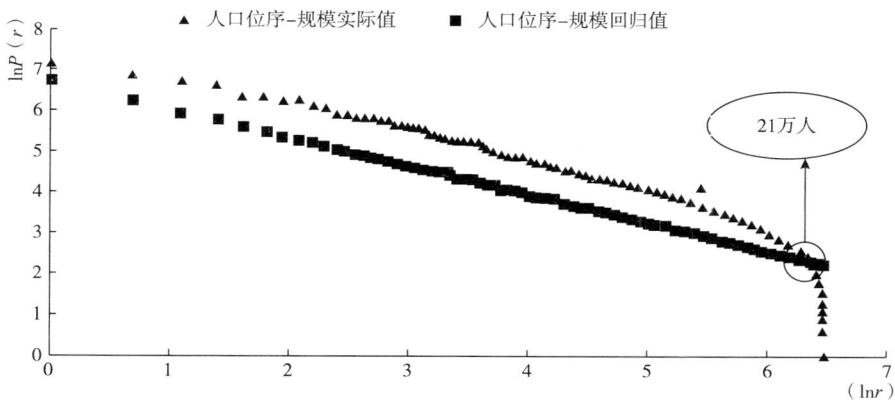

图 4-11　2011 年全国范围城市人口位序-规模分布

　　对比图 4-12 中两曲线的位置关系，结合经济位序-规模实际值和回
归值（理论值）的大小，发现：当城市经济规模小于等于 22 亿元时，实
际经济规模对数值小于理论值，包含 190 个小城市；当人口规模大于 22 亿
元时，实际经济规模的对数值大于理论值，包含 464 个各级别城市。即当
人口规模小于等于 22 亿元时，城市经济规模发育不足；当人口规模大于
22 亿元时，城市经济规模超前增长。

　　对比图 4-13 中两曲线的位置关系，结合用地位序-规模实际值和回
归值（理论值）的大小，发现：当城市用地规模小于等于 28 平方公里时，

_____

①　学术界一般把城市规模分布分为首位分布、位序-规模分布两种基本类型，介于这两者
之间的属于过渡类型。理论上，位序-规模双对数曲线是负斜率直线，首位分布则是向
上拐折的曲线，过渡分布是向下拐折的曲线。

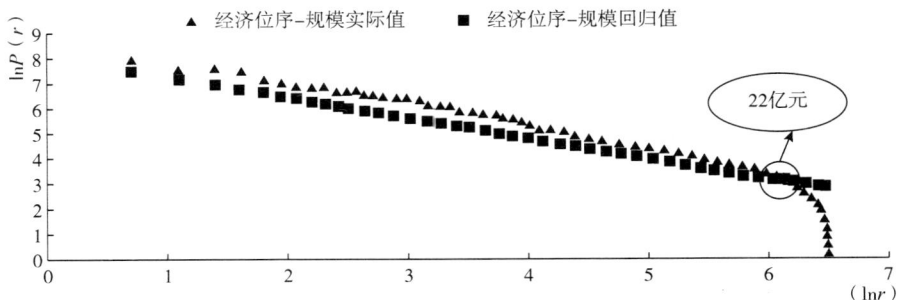

图 4 – 12 2011 年全国范围城市经济位序 – 规模分布

实际用地规模的对数值小于理论值，包含 260 个小城市；当用地规模大于 28 平方公里时，实际用地规模的对数值大于理论值，包含 395 个各级别城市。即当用地规模小于等于 28 平方公里时，城市用地规模发育不足；当用地规模大于 28 平方公里时，城市用地规模超前增长。

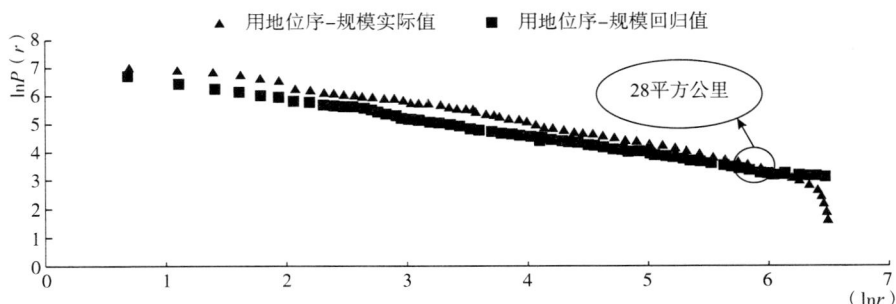

图 4 – 13 2011 年全国范围城市用地位序 – 规模分布

2. 四区域不同表征方法城市规模分布类型比较

从表 4 – 9 和表 4 – 10 中的数据可知，无论是城市分布分维数还是城市首位指数，东、中、西及东北地区的变化相似且和全国范围一致：城市经济规模分维数 < 城市人口规模分维数 < 城市用地规模分维数。各城市首位指数都远小于对应的正常值，两城市指数 > 4 城市指数 > 11 城市指数；除个别情况外，对应区域的城市人口首位指数 > 城市经济首位指数 > 城市用地首位指数。故四区域不同表征方法城市规模分布都属于过渡类型，与全国范围一样。

分区域的位序 – 规模图不再分析①。比较用地位序 – 规模实际值和回归值（理论值）的大小，城市人口规模实际值的对数值大于理论值时，东部对应的城市规模是 28 万人，中部是 18 万人，西部是 10 万人，东北地区是 18 万人；城市经济规模实际值的对数值大于理论值时，东部对应的城市规模是 35 亿元，中部是 19 亿元，西部是 11 亿元，东北是 13 亿元；城市用地规模实际值的对数值大于理论值时，东部对应的城市规模是 33 平方公里，中部是 28 平方公里，西部是 17 平方公里，东北是 23 平方公里。分区域不同表征方法的城市规模超前发展与发育不足的分界点出现分化，但差异不大。

（二）城市规模分布类型同一表征方法不同区域的比较

1. 城市人口规模分布类型的区域比较

2011 年全国范围城市人口规模的分维数 D 值为 1.45，东、中、西及东北地区的分维数分别为：1.30、1.37、1.14、1.30，都大于 1，说明城市人口规模分布较为集中，中间位序的城镇较多，人口分布显得比较均衡。全国及四区域范围的城市首位指数都小于对应的正常值（两城市指数为 2，4 城市指数和 11 城市指数为 1），而且差距较大，第 2～11 位城市的人口规模超前发展，首位城市的垄断性较低。

同时四区域有差异，中部地区的 D 值最大，西部的最小，东部和东北地区的分维数 D 值相等；全国范围城市人口规模的分维数 D 值大于四区域，其首位城市人口规模垄断性相对较低。与西部城市规模的分维数最小相对应，西部城市首位指数相对较大，西部城市人口规模首位城市的垄断性相对较强。

2. 城市经济规模分布类型的区域比较

2011 年全国范围城市经济规模的分维数 D 值为 1.22，东、中、西及东北地区的分维数分别为：1.12、1.23、1.02、1.05，都超过了 1，但超过不多，说明各区域范围的城市经济规模分布正由自然分布的最佳状态向集中分布转变。全国及四区域范围的城市首位指数都小于对应的正常值，

---

① 四区域中，西部区域三表征方法的城市位序 – 规模图，实际值和回归值差距最小，在拐折处之上，两曲线几乎重合。

而且差距较大，第 2~11 位城市的经济规模超前发展，首位城市的垄断性较低。

同时四区域的分维数 D 值也有差异，西部地区和东北地区的 D 值相差不大，且都接近于 1，其城市经济规模体系接近于自然状态的最优分布；中部地区的分维数 D 值最大，中间位序的城镇相对较多，甚至略高于全国范围。与人口规模城市首位指数一样，西部地区城市经济规模各首位指数都大于其他区域，西部城市经济规模首位城市的垄断性也相对较强。

3. 城市用地规模分布类型的区域比较

从城市用地规模角度，2011 年全国范围城市用地规模的分维数 D 值为 1.59，东、中、西及东北地区的分维数 D 值分别为：1.35、1.61、1.20、1.39，都大于 1，且有一定差距；一方面说明各区域范围的城市用地规模分布具备中间位序城镇较多的特性，同时也说明城市用地规模分布差异大。除西部地区城市用地规模首位指数大于正常值之外，全国及四区域范围的其他城市首位指数都小于对应的正常值，而且差距较大，第 2~11 位城市的用地规模超前发展，首位城市的垄断性较低。

中部地区的分维数 D 值最大，其中间位序城镇数量相对较多，甚至略高于全国范围；西部地区的分维数 D 值最小，首位城市垄断程度相对较高。同样，西部地区的城市首位指数最大，西部城市用地规模首位城市垄断性相对较强。

四　分区域城市体系类型的演变

（一）数据来源及处理

与上一节一样，利用《中国城市统计年鉴》（1985 年、1997 年）相关数据，结合上述结果，分别比较 1984 年、1996 年和 2011 年分区域城市体系的齐夫方程及分维数、城市首位指数，考察我国城市体系类型的演变规律。1984 年、1996 年我国分区域不同表征方法的城市规模体系分维数比较及城市首位指数比较分别如表 4-11、表 4-12、表 4-13、表 4-14 所示。

相对于 1996 年和 2011 年的回归结果，由于回归对象减少，1984 年回归方程的 R^2 值及调整后的 R^2 值都有所降低，特别是东北地区的 R^2 值在

0.70 左右，最低的是东北地区经济规模回归方程的 R^2 值只有 0.61。但大部分回归方程的 R^2 值及调整后的 R^2 值都介于 0.83 ~ 0.96 之间，方程的拟和度较好，且都在 1% 水平下显著。说明在 1984 年和 1996 年，不论从全国整体看还是从分区域的角度，我国不同表征方法的城市体系都基本符合齐夫定律。

表 4 - 11　1984 年我国分区域不同表征方法的城市体系类型比较

	统计项目	全国	东部地区	中部地区	西部地区	东北地区
城市人口规模	城市个数（个）	295	81	87	92	35
	首位城市规模（万人）	672.57	672.57	289.9	203.08	317.32
	$\ln(P_1)$	6.51	6.51	5.67	5.31	5.76
	q 值	0.76	0.96	0.82	0.76	0.81
	标准差	0.01	0.01	0.01	0.01	0.03
	t 值	151.12	151.83	91.99	64.10	23.47
	R^2 值	0.84	0.96	0.89	0.83	0.70
	$D(1/q)$ 值	1.32	1.04	1.22	1.32	1.23
城市经济规模	城市个数（个）	295	81	87	92	35
	首位城市规模（亿元）	555.11	555.11	132.80	106.56	137.26
	$\ln(P_1)$	6.32	6.32	4.89	4.67	4.92
	q 值	0.92	1.03	0.86	0.96	0.93
	标准差	0.01	0.02	0.02	0.19	0.06
	t 值	105.18	65.04	55.86	50.80	16.71
	R^2 值	0.73	0.84	0.79	0.75	0.61
	$D(1/q)$ 值	1.09	0.97	1.16	1.04	1.08
城市用地规模	城市个数（个）	295	81	87	92	35
	首位城市规模（平方公里）	336	366	178	179	164
	$\ln(P_1)$	5.90	5.90	5.18	5.18	5.10
	q 值	0.64	0.86	0.69	0.70	0.61
	标准差	0.00	0.01	0.01	0.01	0.03
	t 值	137.12	95.23	90.06	69.72	20.44
	R^2 值	0.83	0.92	0.89	0.86	0.70
	$D(1/q)$ 值	1.56	1.16	1.45	1.43	1.64

资料来源：根据《中国城市统计年鉴》（1985 年）计算、整理得到。

表 4 – 12　1996 年我国分区域不同表征方法的城市体系类型比较

	地区	全国	东部地区	中部地区	西部地区	东北地区
城市人口规模	城市个数（个）	664	249	166	159	90
	首位城市规模（万人）	841.75	841.75	382.08	281.11	384
	ln（P_1）	6.74	6.74	5.95	5.64	5.95
	q 值	0.70	0.84	0.74	0.73	0.78
	标准差	0.00	0.00	0.00	0.01	0.01
	t 值	316.00	281.45	158.78	99.37	110.90
	R^2 值	0.87	0.94	0.90	0.83	0.92
	D（1/q）值	1.43	1.19	1.35	1.37	1.28
城市经济规模	城市个数（个）	664	249	166	159	90
	首位城市规模（亿元）	1078.34	1078.34	315.09	230.98	305.55
	ln（P_1）	6.98	6.98	5.75	5.44	5.72
	q 值	0.75	0.79	0.72	0.78	0.85
	标准差	0.00	0.00	0.00	0.01	0.01
	t 值	240.04	225.66	115.64	80.97	114.11
	R^2 值	0.81	0.91	0.83	0.79	0.93
	D（1/q）值	1.33	1.27	1.39	1.28	1.18
城市用地规模	城市个数（个）	664	249	166	159	90
	首位城市规模（平方公里）	488	488	202	184	227
	ln（P_1）	6.19	6.19	5.31	5.21	5.42
	q 值	0.58	0.70	0.57	0.57	0.64
	标准差	0.00	0.00	0.00	0.01	0.01
	t 值	256.68	176.64	134.20	83.78	62.27
	R^2 值	0.85	0.89	0.89	0.81	0.84
	D（1/q）值	1.72	1.43	1.75	1.75	1.56

资料来源：根据《中国城市统计年鉴》（1997 年）计算、整理得到。

比较表 4 – 9、表 4 – 11、表 4 – 12 中的 D 值，从城市分维数的角度，除 1984 年东部地区城市经济规模的城市分维数为 0.97 之外，其余的分维数 D 都大于 1。总体上，1984～2011 年，分区域不同表征方法的城市规模分布较为集中，中间位序的城镇较多，人口分布显得比较均衡。

表 4 - 13　1984 年我国分区域不同表征方法的城市首位指数比较

地　　区		全国	东部地区	中部地区	西部地区	东北地区
城市人口规模	两城市指数	1.35	1.35	2.14	1.20	1.43
	4 城市指数	0.55	0.58	0.89	0.39	0.64
	11 城市指数	0.24	0.34	0.37	0.17	0.27
城市经济规模	两城市指数	2.04	2.04	2.46	1.23	1.67
	4 城市指数	0.84	0.85	0.92	0.53	0.62
	11 城市指数	0.38	0.44	0.34	0.27	0.23
城市用地规模	两城市指数	1.51	1.51	1.31	1.35	1.05
	4 城市指数	0.58	0.58	0.66	0.52	0.42
	11 城市指数	0.20	0.27	0.28	0.20	0.16

比较表 4 - 10、表 4 - 13、表 4 - 14 中的各城市首位指数，除 9 个[①]两城市指数大于正常值 2 之外，其余的城市首位指数都小于对应的正常值。总体上，1984～2011 年，分区域不同表征方法的城市规模首位城市垄断性不强，第 2～11 位序城市各表征量超前发展。

表 4 - 14　1996 年我国分区域不同表征方法的城市首位指数比较

地　　区		全国	东部地区	中部地区	西部地区	东北地区
城市人口规模	两城市指数	1.34	1.34	2.22	1.27	1.50
	4 城市指数	0.57	0.59	0.87	0.50	0.60
	11 城市指数	0.24	0.32	0.35	0.21	0.27
城市经济规模	两城市指数	2.27	2.27	2.73	1.05	1.29
	4 城市指数	0.81	0.81	0.93	0.46	0.51
	11 城市指数	0.31	0.36	0.38	0.21	0.25
城市用地规模	两城市指数	1.18	1.18	1.20	1.13	1.03
	4 城市指数	0.47	0.47	0.50	0.40	0.39
	11 城市指数	0.19	0.24	0.20	0.15	0.16

---

①　分别是：2011 年西部城市用地规模两城市指数，1984 年和 1996 年的中部人口规模两城市指数，东部、中部及全国的经济规模两城市指数。

（二）城市人口规模分布类型的演变

1. 基于城市分维数和城市首位指数的分析

就全国城市整体而言，城市分维数 D 值由 1984 年的 1.32 增加到 1996 年的 1.43，再到 2011 年的 1.45，尽管变化不是很显著，但分维数是持续增加的；说明全国范围的人口规模分布的中间位序城市数量在持续增加。从城市首位指数角度，两城市指数由 1984 年的 1.35 减少到 1996 年的 1.34，再到 2011 年的 1.29，各城市指数有趋于减少的趋势；说明城市人口规模的首位城市的垄断性在进一步降低。结合城市分维数和首位指数，1984～2011 年，我国人口规模首位城市的垄断性在持续降低，中间位序的城市数量也在持续增加。

从东、中、西及东北地区角度，除西部区域之外，其他三区域的城市分维数变化和城市首位指数的变化与全国整体一样，即东、中及东北地区三区域的人口规模首位城市的垄断性在持续降低，中间位序的城市数量在持续增加。而西部地区的城市分维数在减少，城市首位指数则在上升，其人口规模首位城市的垄断性在持续提高。

2. 基于位序－规模分布图的分析

将 1984 年、1996 年和 2011 年的（人口位序，非农人口）用双对数坐标图表示，与方程（4－5）回归值进行对比，如图 4－14 所示。

图 4－14 显示，总体上，1984～2011 年，我国城市人口规模取对数后的实际值与理论值（回归值）差距经历了先缩小后扩大的演变，但差距不大，整体上比较合理。人口位序－规模实际值曲线在小城市规模阶段发生了向下拐折，城市人口规模分布属于过渡型；结合前面的分析，这期间的城市人口规模处于由首位分布向位序－规模分布过渡的后期。

比较人口－位序实际值和回归值的大小，当实际值大于回归值时，对应的实际城市规模大于理论城市规模，说明实际城市规模超前发展了；反之，就是实际城市规模发育不足。1984 年和 1996 年城市人口规模超前发展与发育不足的分界点是 12 万人，2011 年是 21 万人，有所提高；但相对于我国庞大的城市人口而言，变化相对较小。

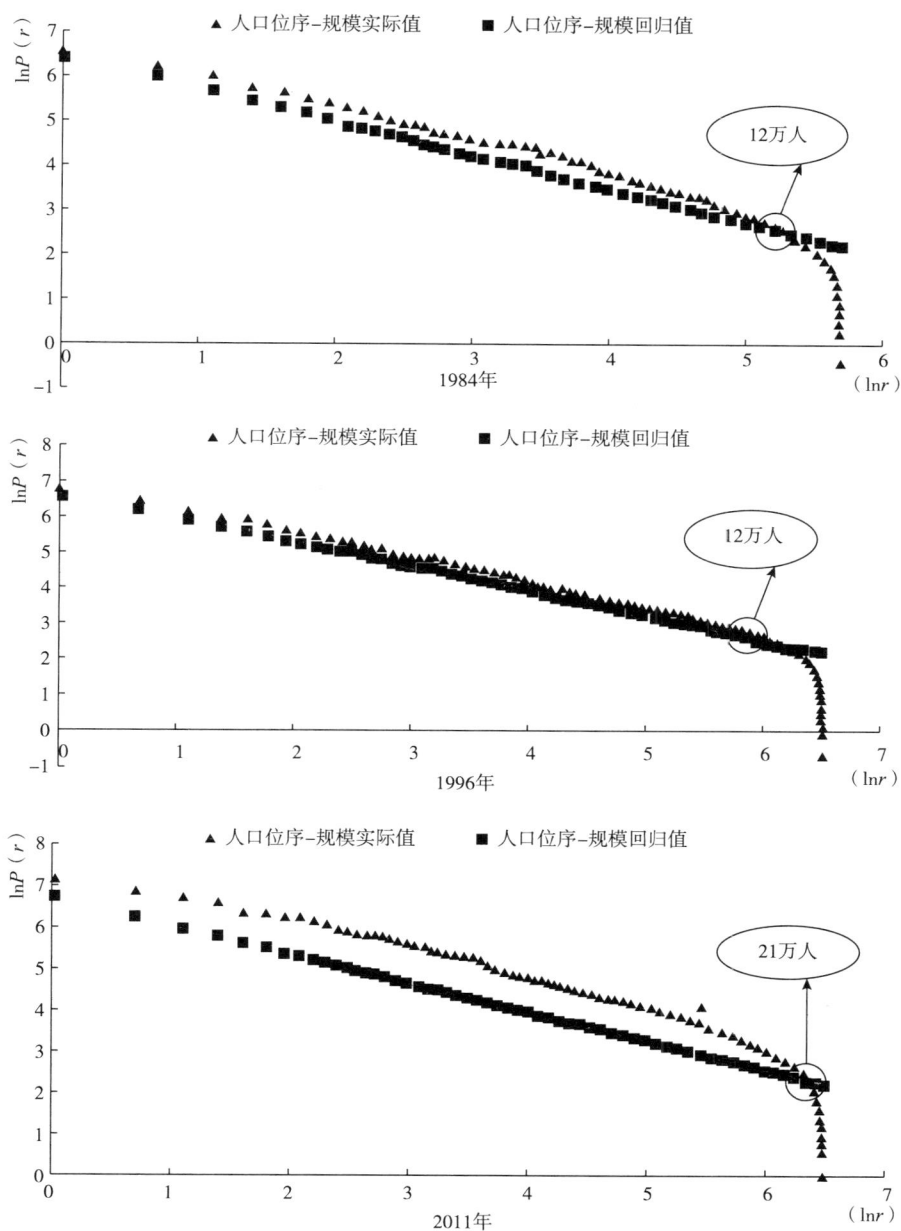

图 4 – 14　1984～2011 年全国范围城市人口位序 – 规模分布的演变

（三）城市经济规模分布类型的演变

1. 基于城市分维数和城市首位指数的分析

就全国城市整体而言，城市分维数 D 值由 1984 年的 1.09 增加到 1996 年的 1.33，又减少到 2011 年的 1.22，尽管分维数整体上是增加的，但出现了波动性；说明全国范围的经济规模分布的中间位序城市数量在波动增加。从城市首位指数角度，两城市指数由 1984 年的 2.04 增加到 1996 年的 2.27，最后减少到 2011 年的 1.18，4 城市指数和 11 城市指数都在持续减少，即各城市指数有趋于减少的趋势；说明城市经济规模的首位城市的垄断性在进一步降低。结合城市分维数和首位指数，1984~2011 年，我国经济规模首位城市的垄断性在持续降低，同时中间位序的城市数量波动增加。

从东、中、西及东北地区角度，四区域的城市分维数变化和城市首位指数的变化与全国整体几乎一样，城市分维数波动增加，大部分城市首位指数减少。所以，1984~2011 年，四区域经济规模首位城市的垄断性在持续降低，同时中间位序的城市数量也在波动增加。

2. 基于位序 – 规模分布图的分析

将 1984 年、1996 和 2011 年的（经济位序，GDP 值）用双对数坐标图表示，与方程（4 – 5）回归值进行对比，如图 4 – 15 所示。

图 4 – 15 显示，与城市人口规模一样，1984~2011 年，我国城市经济规模取对数后的实际值与理论值（回归值）差距也经历了先缩小后扩大的演变，1996 年实际值曲线几乎和理论值曲线重合（曲线拐折处的上部）。经济 – 规模实际值曲线在小城市规模阶段发生了向下拐折，城市经济规模分布属于过渡型；结合前面的分析，这期间的城市经济规模也处于由首位分布向位序 – 规模分布过渡的后期。

比较经济 – 位序实际值和回归值的大小，1984 年城市经济规模超前发展与发育不足的分界点是 5 亿元，1996 年是 10 亿元，2011 年是 22 亿元，分界点的城市经济规模在持续提高；同样，相对于我国城市经济总量而言，变化相对较小。

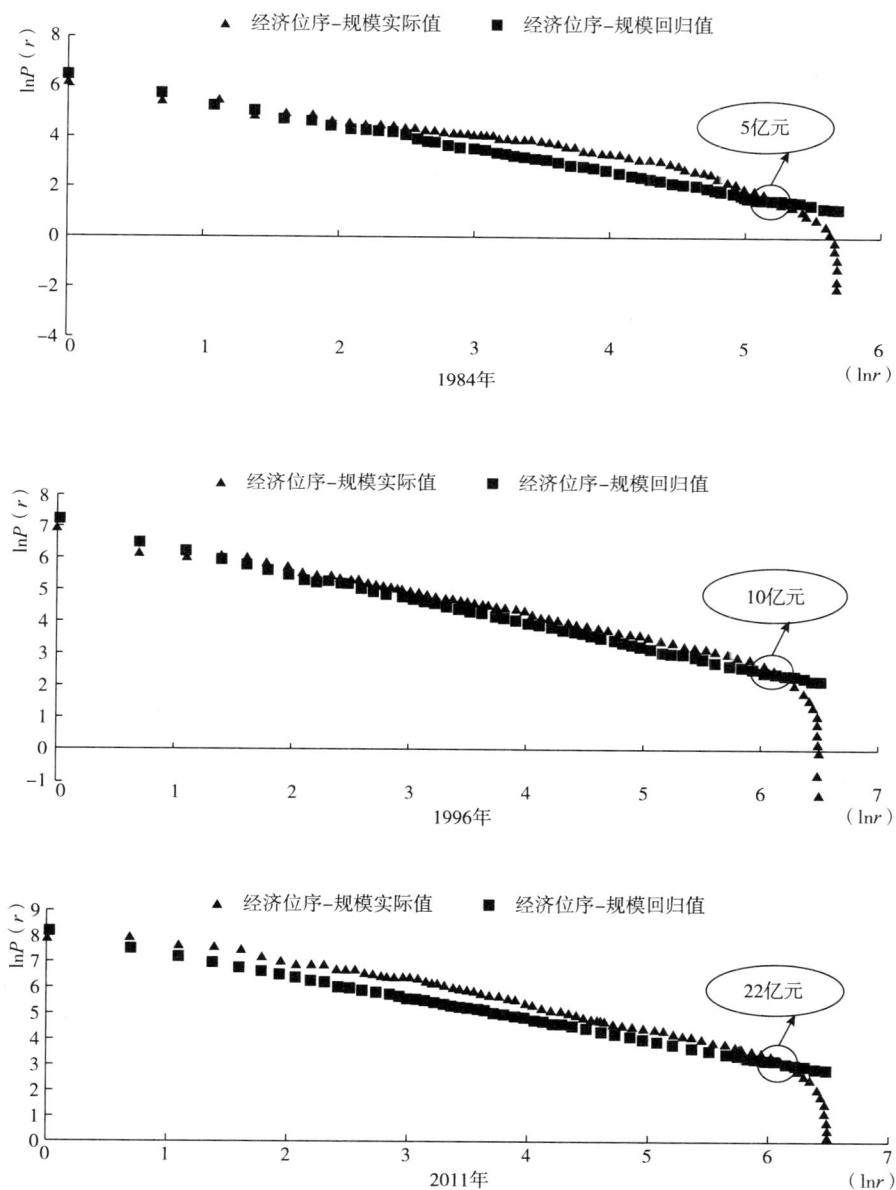

图 4 - 15　1984~2011 年全国范围城市经济位序－规模分布的演变

（四） 城市用地规模分布类型的演变

1. 基于城市分维数和城市首位指数的分析

全国城市整体而言，城市分维数 D 值由 1984 年的 1.56 增加到 1996 年的 1.72，又减少到 2011 年的 1.59，尽管分维数整体上是增加的，但出现了波动性；说明全国范围的用地规模分布的中间位序城市数量在波动增加。从城市首位指数角度，各城市指数有趋于减少的趋势；说明城市经济规模的首位城市的垄断性在进一步降低。结合城市分维数和首位指数，1984～2011 年，我国用地规模首位城市的垄断性在持续降低，同时中间位序的城市数量波动增加。

从东、中、西及东北地区角度，四区域的城市分维数变化都经历了先增加后减少的波动变化，但东、中部区域的城市分维数最终是增加的，而西部和东北地区的城市分维数最终是减少的。说明东、中部区域城市用地规模分布的中间位序城市数量在波动增加，而西部和东北地区的在波动减少。四区域城市首位指数的变化没有规律，有增有减；东、中部区域城市首位指数趋于递减，西部和东北地区的趋于递增。所以，1984～2011 年，东、中部区域城市用地规模的首位城市垄断性趋于降低，中间位序城市数量在波动增加；西部和东北地区城市用地规模的首位城市垄断性趋于上升，中间位序城市数量在波动减少。

2. 基于位序 - 规模分布图的分析

将 1984 年、1996 年和 2011 年的（用地位序，建成区面积）用双对数坐标图表示，与方程（4 - 5）回归值进行对比，如图 4 - 16 所示。

图 4 - 16 显示，1984～2011 年，我国城市用地规模取对数后的实际值与理论值（回归值）差距有持续缩小的趋势，但变化很小。用地位序 - 规模实际值曲线在小城市规模阶段同样发生了向下拐折，城市用地规模分布属于过渡型；结合前面的分析，这期间的城市用地规模也处于由首位分布向位序 - 规模分布过渡的后期。

同样，比较用地 - 位序实际值和回归值的大小，1984 年城市用地规模超前发展与发育不足的分界点是 13 平方公里，1996 年是 15 平方公里，2011 年是 28 平方公里，分界点城市用地规模在持续提高；相对于我国城市建成区面积总量而言，变化相对较小。

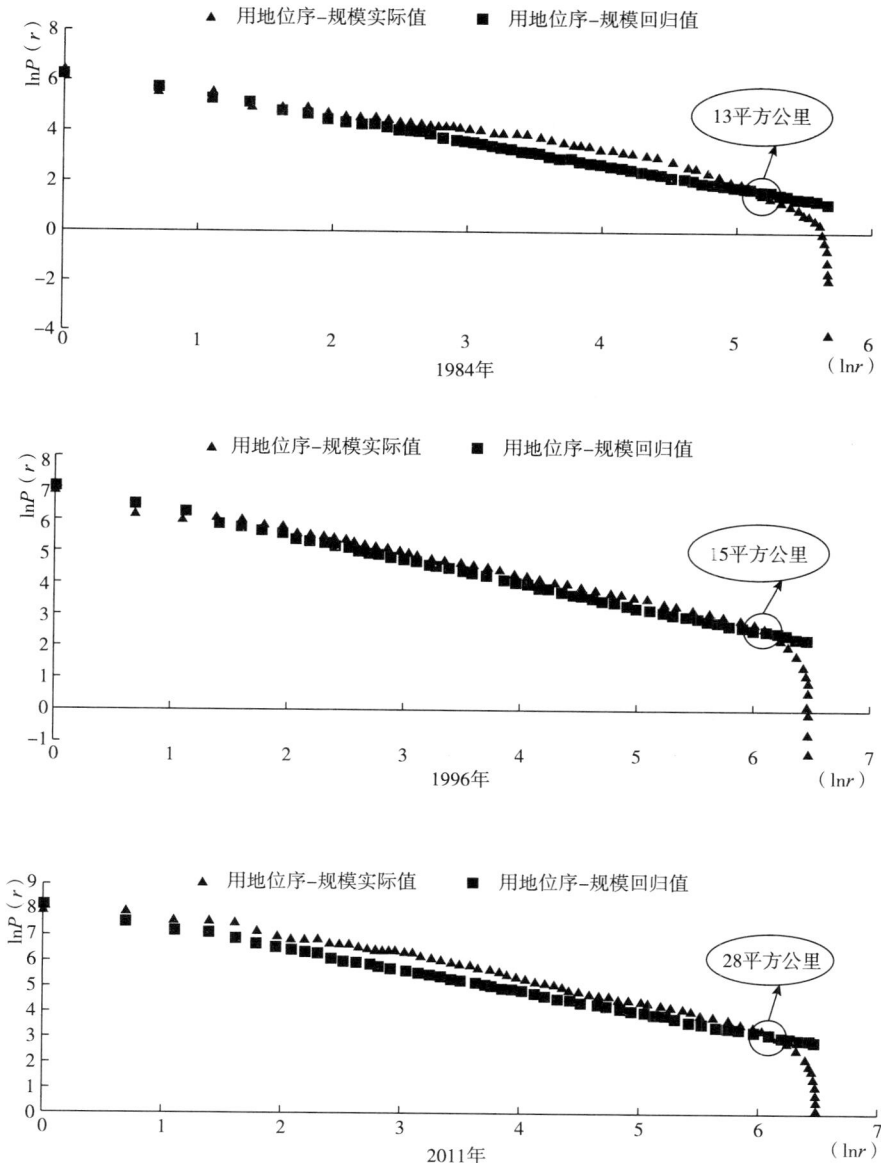

图 4-16　1984~2011 年全国范围城市用地位序-规模分布

经检验比较，分区域的人口（经济、用地）位序-规模演变和全国范围大同小异，不做进一步分析。

第五节　本章小结

一　结论的相关性和可比性

实证的研究表明，以城市市辖区地区生产总值①（GDP）来表征城市规模时，按照"50亿元以下为小城市，50亿～100亿元为中等城市，100亿～200亿元为大城市，200亿～400亿元为特大城市，400亿元以上为超大城市"标准来划分我国的城市经济规模等级；以城市建成区面积来表征城市规模时，按照"50平方公里以下为小城市，50～100平方公里为中等城市，100～200平方公里为大城市，200～400平方公里为特大城市，400平方公里以上为超大城市"标准来划分我国的城市用地规模等级，所得到的关于城市经济规模和用地规模体系的分布、城市规模体系分类的结论，与城市人口规模的结论相似。这也从另一个角度说明了城市人口规模与经济规模、用地规模的相关性，同时也说明了上述关于城市经济规模、建成区面积规模分类的可比性。

二　我国城市规模等级结构空间分布现状比较

利用2011年相关数据，通过对人口、经济、用地等三种不同表征的我国城市规模等级结构空间分布现状的比较，得到以下结论。

（一）关于城市规模等级结构的区域比较

从全国范围看，城市用地规模结构比较符合城市"金字塔"规律，而城市经济规模及城市人口规模的超大城市超前发展了，城市人口规模的中等城市也得到了优先发展。

基于不同表征方法的城市规模体系，各区域的发育程度存在差异；东部地区的城市用地规模体系、中部地区的经济规模体系、西部地区的人口规模体系发育相对较好。

---

① 用居民消费价格指数把各年GDP当年价格值折算成1978年价格值。

（二）关于城市规模不同表征量及其结构的区域比较

从非农人口的角度，不同地区各级城市非农人口数的比较优势也各有差异，优先发展的城市规模级别以超大城市为主，也就是说超大城市对非农人口的吸引力具有比较优势。基于区域的比较，东部地区除小城市外，其他各级城市的非农人口数量都远多于其他区域，东部城市集中了我国非农人口的大部分。东、中、西及东北地区平均非农人口规模分别为：80 万人、41 万人、39 万人和 49 万人。

基于地区生产总值，不同地区各级城市地区生产总值的比较优势也各有差异，优先发展的城市规模级别以超大城市为主，也就是说超大城市的经济效益最高，是我国经济发展的龙头。基于区域比较，东部地区除小城市外，其他各级城市的地区生产总值都远高于其他区域，东部城市的经济效益高，是我国经济重心所在。东、中、西及东北地区平均经济规模分别为：165 亿元、61 亿元、59 亿元和 77 亿元。

从建成区面积的角度，不同地区各级城市建成区面积的比较优势的差异更为明显，东部地区超大城市优先发展，中部地区中等城市优先发展，西部和东北地区小城市优先发展。基于区域的比较，东部地区除中等城市外，其他各级城市的建成区面积都远高于其他区域，东部城市的用地规模相对较大。东、中、西及东北地区平均用地规模分别为：87.8 平方公里、57.1 平方公里、56.2 平方公里和 62.1 平方公里。

三　不同表征方法的我国城市规模分布演变

利用 1984 年、1996 年及 2011 年相关数据，探讨了 1984～2011 年我国不同表征方法城市规模分布的演变。

（一）关于非农人口规模的结论

第一，非农人口表征的城市数量与结构。1984～1996 年，表现出中、小城市数量优先增长的趋势；以小城市占绝对优势，各级城市数量结构基本稳定，略有升降。1996～2011 年，表现出超大城市和特大城市数量优先增长的趋势；小城市数量比重仍占优势，但优势有所削弱，中等城市数量比重上升较快。

第二，各级规模的城市非农人口总数及结构。1984～1996 年，表现为中等城市和小城市非农人口数量优先发展的趋势，大城市非农人口数量受到限制；中等城市和小城市的非农人口比重得到了提高，超大城市和大城市的非农人口比重增长受到抑制。1996～2011年，表现为特大城市、大城市非农人口数量优先发展的趋势，小城市非农人口数量增长受到限制；超大城市和大城市非农人口比重得到了提高，中等城市和小城市的非农人口比重提高受到限制。

第三，平均非农人口规模。1984～1996年，平均非农人口规模减少了6.0万人；1996～2011年，平均非农人口规模增加了24.7万人。

（二）关于经济规模的结论

第一，GDP表征的城市数量与结构。1984～1996年，城市数量表现出大城市及以上级别城市数量优先增长的趋势；城市经济规模的结构以小城市占绝对优势，各级城市数量结构基本稳定，略有升降。1996～2011年，表现出超大城市数量优先增长、小城市数量绝对减少的趋势；城市经济规模结构，小城市数量比重仍占优势，但优势有所削弱，中等城市数量比重上升较快。

第二，各级规模的城市GDP总值及结构。1984～1996年，城市经济规模表现为小城市GDP总量优先发展的趋势；城市GDP结构表现出小城市GDP比重上升的趋势。1996～2011年，城市经济规模表现为特大城市优先发展、小城市受限态势；超大城市的GDP比重得到了提升，小城市的GDP比重受到了限制。

第三，城市平均经济规模。1984～1996年，城市平均经济规模增加了11.8亿元；1996～2011年，平均经济规模由原来的32.8亿元增加到99亿元，增加了66.2亿元。

（三）关于用地规模的结论

第一，建成区面积表征的城市数量与结构。1984～1996年，城市用地规模表现出大城市和小城市数量优先增长的趋势；各级城市数量结构以小城市比重占绝对优势，各级城市数量结构基本稳定。1996～2011年，城市用地规模表现出超大城市和特大城市数量优先增长、小城市数量受限制的趋势；这期间小城市数量比重仍占优势，但优势有所削弱，中等城市数量比重上升较快。

第二，各级规模的建成区面积总值及结构。1984～1996 年，城市用地规模表现为小城市优先发展的趋势；小城市的用地规模比重在 1984～1996 年得到提升。1996～2010 年，城市用地规模表现为特大城市、超大城市优先发展的趋势；超大城市和特大城市用地规模比重得到提升。

第三，城市平均用地规模。1984～1996 年，平均城市建成区面积几乎保持不变，只增长了 0.4 平方公里；1996～2010 年，平均城市建成区面积由原来的 31.4 平方公里增加到 68.3 平方公里，增加了 36.9 平方公里。

四　不同表征方法的我国城市规模体系分布类型的现状及演变

利用齐夫公式和分形理论、城市首位指数及位序－规模分布图，探讨不同表征方法的城市规模体系分布类型的现状及演变。

（一）关于城市规模体系分布类型的现状（2011 年数据）比较

第一，结合城市规模分维数、城市首位指数及各城市位序－规模图，人口规模、经济规模和用地规模对应的城市规模分布都属于过渡类型；不同表征方法的位序－规模双对数曲线拐折点对应的城市规模分别是：人口规模 21 万人、经济规模 22 亿元、用地规模 28 平方公里。四区域不同表征方法城市规模分布都属于过渡类型，与全国范围基本一致。

第二，全国及四区域范围的城市人口规模分布较为集中，中间位序的城镇较多，人口分布显得比较均衡，首位城市的垄断性较低；中部地区首位城市人口规模垄断性相对较低，西部相对较高。

第三，全国及四区域范围的城市经济规模分布由自然分布最佳状态向集中分布转变，首位城市的垄断性较低；中部地区城市经济规模的中间位序城镇相对较多，西部城市经济规模首位城市的垄断性相对较强。

第四，全国及四区域范围城市用地规模分布具备中间位序城镇较多、首位城市的垄断性较低的特性；中部地区城市用地规模中间位序城镇数量相对较多，西部城市用地规模首位城市垄断性相对较强。

（二）关于分区域城市体系类型的演变

第一，总体上，1984～2011 年，分区域不同表征方法的城市规模分布较为集中，中间位序的城镇较多，人口分布显得比较均衡；城市规模首位城市垄断性不强，第 2～11 位序城市各表征量超前发展。

第二，城市人口规模分布类型的演变。1984～2011 年，我国人口规模首位城市的垄断性在持续降低，中间位序的城市数量也在持续增加；东、中及东北地区三区域与全国范围的变化基本一致，而西部地区的城市分维数在减少，城市首位指数则在上升，其人口规模首位城市的垄断性在持续提高。

第三，城市经济规模分布类型的演变。1984～2011 年，全国及四区域范围经济规模首位城市的垄断性在持续降低，同时中间位序的城市数量波动增加。

第四，城市用地规模分布类型的演变。1984～2011 年，全国范围用地规模首位城市的垄断性在持续降低，同时中间位序的城市数量波动增加；东、中区域的变化基本与全国范围一致，西部和东北地区城市用地规模的首位城市垄断性趋于上升，中间位序城市数量在波动减少。

第五，基于位序 - 规模分布图，全国范围不同表征方法的城市规模都处于由首位分布向位序 - 规模分布过渡的后期。不同时期，不同表征方法的位序 - 规模双对数曲线拐折点对应的城市规模有所变化：人口规模由 1984 年的 12 万人（1996 年与 1984 年相等）增加到 2011 年的 21 万人；经济规模由 1984 年的 5 亿元增加到 1996 年的 10 亿元，再增加到 2011 年的 22 亿元；建成区面积由 1984 年的 13 平方公里增加到 1996 年的 15 平方公里，再增加到 2011 年的 28 平方公里。

第六节　进一步探讨的问题

城市化既是一个要素集聚的过程，又是一个资源消耗和污染物排放增加的过程。如何在城市化进程中做到资源节约和环境友好，即如何在城市化进程中融入"两型社会"理念，是一重大的理论和实践课题。特别是进入 21 世纪以来，我国城市化进程进一步加速，城市化进程面临更为严峻的资源、环境压力，尤其是面对人多地少的现状，土地资源的压力更为严峻。

以下，进一步探讨影响城市建成区面积演变的因素，并提出有关城市化进程中土地资源有效利用的建议措施。

一　我国城市建成区面积演变的影响因素

1984～2011 年，我国的城市数量由 295 个增加到 654 个；同时，平均城市用地规模由 1984 年的 31.0 平方公里，增加到 2011 年的 68.3 平方公里。城市数量和单个城市用地规模的变化，直接导致我国城市建成区面积的总体变动；而以下一些原因又直接导致城市数量和单个城市用地规模的变化。

第一，国家城镇化政策。改革开放以来，随着城镇化被纳入国家战略，政府主导型城镇化特征凸显，表现在城镇体系的行政设置上尤为突出；国家大规模增设市，是导致 1984～1996 年城市数量大量增加的主要原因。这期间城市数量的大量增加，也在一定程度上导致城市建成区面积平均规模增长缓慢。

党的十八大报告把"城镇化质量明显提高"作为"经济持续健康发展"的标志之一；同时，把"推动城乡发展一体化"作为"加快完善社会主义市场经济体制和加快转变经济发展方式"的举措之一。之后，2012 年的中央经济工作会议提出：积极稳妥推进城镇化，着力提高城镇化质量。2013 年的中央 1 号文件提出：以城乡一体化解决"三农"问题。强调把解决好农业问题作为重中之重，把城乡发展一体化作为解决"三农"问题的根本途径；统筹协调，促进工业化、信息化、城镇化、农业现代化同步发展，强化现代农业基础支撑，推进新农村建设。2013 年的政府工作报告也进一步指出：强化农业农村发展基础，推动城乡发展一体化。"城镇化健康发展、城乡发展一体化"被上升到"扩大内需、加快转型升级、解决'三农'问题"的高度。借鉴历史经验，在推动城镇化快速发展上升为国家主要宏观政策的前提下，千万要避免城市化的"大跃进"，要切实做好顶层设计，坚持科学发展观，稳定宏观政策，确保城市化的持续性。中央宏观政策对新型城镇化的方向描述准确、清晰，但各地方政府的理解不一致，随意性很强；特别是"一把手"负责的体制导致"书记、市长的城市"，领导更替就"人走政息"，城市发展规划没有形成制度约束。

第二，地理位置。地理位置对城市空间的扩张起着极大的限制作用。

我国的地势西高东低，且东部沿海和东北地区多平原、中部多丘陵、西部多山地和沙漠，这种地形地貌导致我国城市建成区面积平均规模由东部地区、东北地区向中、西部地区呈递减趋势。2011年东部、东北、中部和西部地区平均城市规模分别为：87.8平方公里、62.1平方公里、57.1平方公里、56.2平方公里。

另外，不同的区位条件在一定程度上导致不同区域空间范围内城市体系分布具有不同的特点。从各区域城市建成区面积结构看：2011年，东部地区表现为超大城市优先发展，中部地区表现为中等城市优先发展，西部和东北地区表现为小城市优先发展；各地区各级城市建成区面积的比较优势各有差异，优先发展的城市规模级别表现出由东向西递减的趋势。所以，应根据不同区域的地理环境，规划、设计出能融入区域地形、地貌，富有地方特色的各种不同级别的城市。

第三，经济发展水平。城市是现代社会的经济中心、各种生产要素的聚集地；经济发展水平越高，就能聚集更多的要素，需要的地域空间相对更大。城市规模的度量方式包括城市经济规模，它与城市的建成区规模是正相关的。胡玉敏和杜纲（2012）① 的研究发现，GDP、FDI与固定资产投资是造成城市增长（城市建成区面积增长）的重要因素，可以解释城市建成区增长的近70%；他们还发现，中国城市建成区扩展具有空间外溢性，这说明各地在建成区扩展上具有强烈的攀比效应。

第四，经济开发区。自20世纪80年代初期设置经济特区，到各类开发区争先设立，我国展开了开发区的大规模建设实践并在20世纪90年代初期和末期两次掀起了"开发区热"（朱孟珏、周春山，2013）②。开发区的土地优惠政策，导致东部地区城市平均建成区规模优先增长；也是1996～2011年，全国范围内特大城市、超大城市的优先发展及平均建成区面积快速增长的主要原因之一；这在一定程度上也导致我国城市化发展偏向于城市建设的扩张或城市规模的扩大，而对人口的城市化关注不够，致使人口

---

① 胡玉敏、杜纲：《中国城市增长的空间计量经济学研究》，《科学·经济·社会》2012年第1期，第50~52页。

② 朱孟珏、周春山：《国内外城市新区研究的回顾与展望》，《热带地理》2013年第2期。

城镇化滞后于土地城市化。

二　我国城市化进程中土地资源有效利用的建议措施

统计分析显示，以建成区面积表征的我国城市规模迅速扩张是一个不争的事实。未来的 20～30 年仍是我国城镇化快速发展的时期，将有数以亿计的农业人口转变为非农人口、居住在城市成为城市居民，对城市建设用地产生巨大的需求；这将对我国土地资源的供给、生态环境保护形成巨大的压力，特别是对基本农田的保护压力更大。要解决城市建设用地需求与土地供给之间的矛盾，可采取以下措施。

第一，科学规划，提高城市容纳能力。城市化是社会生产力发展、工业化的必然结果。2012 年我国的城市化率达到 52.6%，以发达国家 80%以上的城市化率为目标，我国的城市化还有很大的发展空间；以 13 亿总人口计，未来将有 4 亿左右（相当于现有城市人口的 60%）的农村人口被城市化、进入城市生活，将对城市建设用地产生巨大的需求。在我国人多地少的前提下，城市化更应注重提前规划，通过科学合理的规划提高城市容纳能力，平衡城市建设用地的扩张与保护耕地、保护生态环境的矛盾。

国家发改委城市和小城镇改革发展中心在对辽宁、内蒙古、河北、江苏、河南、安徽、湖北、湖南、江西、广东、贵州、陕西 12 个省区调研显示[1]：近几年，一些地方打着推进城镇化的旗号，纷纷打造新城建设模式，并且有愈演愈烈之势。12 个省会城市，平均一个城市要建 4.6 个新城新区；144 个地级城市，平均每个规划建设约 1.5 个新城新区。同时发现城市规划发展的三大突出问题是：定位过高、速度过快、用力过猛[2]。相关

---

[1] 《144 个地级市规划建 200 余新城新区贪大求快暗藏风险》，http://finance. chinanews. com/house/2013/08 – 26/5203484. shtml。

[2] 定位过高：直辖市提出规划建设国际大都市、国家中心城市；省会城市提出建设国际化城市、大区域中心城市；一些中型城市也提出建设区域金融中心、教育中心、文化中心。速度过快：西南一个县级市，在建的房地产开发面积达到 1000 万平方米，可以提供超过 10 万套住房，而目前市区总人口才 30 万出头。消化现有住房的周期就超过 15 年。用力过猛：江苏一个镇，政府财力不足，征地速度却不降，直接给农民打"白条"，言称征地补偿"过两年再给"。

专家认为：城镇化的方向绝不是片面造大城、建大都市，必须刹住部分地方的贪大求快风，提高中小城市对人口的吸引能力，合理调节各类城市人口规模。

第二，提高土地利用效率，发展紧凑型城市。土地是不可再生、不可替代的稀缺资源。鉴于我国人口基数大、城市建设用地需求大的现状，应大力发展紧凑型城市建设，集约节约使用土地资源。城镇化的基本特征之一是高密度所产生的集约效益，在我国人多地少的国情下，应吸取"过度市郊化""过度分散布局"的教训，应转变粗放的土地利用方式，提高城镇化土地的资源利用效率，以保障城镇化的可持续发展。①

城市中国计划（UCI）2013 年 9 月 2 日推出经济合作与发展组织（OECD）最新绿色增长年度报告《紧凑城市：OECD 国家实践经验的比较与评估》中文版。国家发改委发展规划司在发布会上称，"紧凑"的概念与十八大提出的新型城镇化"集约"的目标有异曲同工之处。该报告作者指出：紧凑城市不是简单的高密度城市，而应该以都市区层面的密集而邻近的开发模式，公交系统的高效连接，以及本地服务、设施和就业的良好可获得性三方面标准来衡量。中国城市科学研究会秘书长、中国城市规划设计研究院副院长李迅指出：欧洲基本是一种紧凑城市的模式，在有限的城市空间内，布局密度相对高一些的产业和人口；美国则更多的是蔓延式的城市发展，大量使用小汽车，土地、能源消耗相对更高；而亚洲由于土地资源紧缺，人口相对密集，以多层、高层建筑为主。② 因此，发展"紧凑型"城市符合我国国情。

第三，建立农村宅基地流转机制。我国城镇化进程中，产生了 2.6 亿左右的农民工。在城乡二元户籍制度和土地制度的制约下，工作、生活在城市的农民工一方面不能与城市居民享受同样的福利待遇；另一方面，这些农民工在农村还事实上占有宅基地，导致农村居民点用地并没有随城镇

---

① 李强、陈宇琳、刘精明：《中国城市化"推进模式"研究》，《中国社会科学》2012 年第 7 期，第 82~100 页。
② 《报告建议中国城市不应过度扩张》，http：//www.cenet.org.cn/article.asp? articleid = 71445。

化提高而下降。傅超和刘彦随（2013）[1] 认为农村人口在向城镇流动过程中产生了"两栖占地"现象，浪费了宝贵的土地资源；并进一步指出：节约土地资源、减少"两栖"用地浪费、提高城乡土地利用的效率是我国在城镇化过程中土地利用政策的核心。

---

[1] 傅超、刘彦随：《我国城镇化和土地利用非农化关系分析及协调发展战略》，《经济地理》2013 年第 3 期，第 47～51 页。

第五章 资源节约型、环境友好型
城市规模探讨

本章进一步完善了资源消耗－城市规模、环境质量－城市规模理论模型，从城市人口规模、经济规模和用地规模三层面，探讨了综合城市规模指数。以此为基础，利用 2007 ~2011 年全国范围 286 个地级及以上城市的面板数据，从全国及东、中、西、东北四区域的空间维度角度，用综合城市规模指数和城市非农人口，分别与综合人均资源消耗指数、综合环境质量指数进行面板回归，得到资源消耗－综合城市规模（城市人口规模）、环境质量－综合城市规模（城市人口规模）经验模型。基于经验模型，进行了资源节约型最优城市规模和适度城市规模、环境友好型最优城市规模和适度城市规模的探讨，并就全国范围及四区域的经验模型进行了比较。

第一节 最优城市规模的研究进展

所谓"两型社会"，是指资源节约型、环境友好型社会。基于城市在现代社会中的主导地位，城市是"两型社会"建设的主阵地。在我国快速城市化进程中，城市规模的剧变是主要特征之一。城市规模包含城市人口规模、经济规模和用地规模三方面的内容。城市规模的扩张一方面导致各种生产和生活资源的消耗增加，特别是对土地资源的消耗；另一方面各种生产和消费活动产生的废弃物总量也会增加，污染城市环境。所以城市规模的扩张将在一定程度上影响着资源节约型和环境友好型社会建设。本章将从城市资源节约型和城市环境友好型的角度探讨城市的最优或适度城市规模。在进行实证分析之前，先对最优城市规模的研究进展进行回顾。

关于城市规模，现有文献主要关注最优（或适度）城市规模，从不同的角度进行了探讨。理论上，相关文献以西方经济学中最大化原理为出发点，从经济效益（Zheng Xiaoping，1998）[1] 和经济增长（张应武，2009）[2]、社会效益（成本收益）或投入－产出（俞勇军、陆玉麒，2005）[3]、土地财政（武彦民、杨峥，2012）[4]、综合因素（Capello，Roberta & Camagni，Roberta，2000）[5]、资源集约（张臻汉，2012）[6] 和资源消耗（许抄军、罗能生、吕渭济，2008）[7]、城市环境质量（许抄军，2009）[8] 及基于宜居（孙浦阳、武力超，2010）[9] 等角度探讨最优城市规模，形成了较为完善的理论基础。基于不同的实证方法及对象，得到的最优城市规模各不相同：小的 36 万人左右，多的达 1800 万人。李培（2007）[10] 和陈卓咏（2009）[11] 分别进行过相关述评。王小鲁（2010）[12] 的计量模型表明：不同国家大城市的发展与其经济发展水平、城市化水平、人口密度、交通条件、地理位置等因素有关。对于中国的最优城市规模，刘永亮（2011）[13] 则持怀疑态度：对于多数指标和年份，中国不存在统一的最优城市规模；对于部分存在最优城市规模的年份和指标，最优规模是

[1] Zheng, Xiaoping, "Measure Optimal Population Distribution by Agglomeration Economies and Diseconomies: A Case Study of Tokyo", *Urban Studies*, 1998, 35, pp. 95 – 112.

[2] 张应武：《基于经济增长视角的中国最优城市规模实证研究》，《上海经济研究》2009 年第 5 期。

[3] 俞勇军、陆玉麒：《城市适度空间规模的成本－收益分析模型探讨》，《地理研究》2005 年第 5 期，第 795 ~ 802 页。

[4] 武彦民、杨峥：《土地财政与最优城市规模》，《经济与管理研究》2012 年第 3 期。

[5] Capello, Roberta and Camagni, Roberta, "Beyond Optimal City Size: An Evaluation of Alternative Urban Growth Patterns", *Urban Studies*, 2000, 9, pp. 1479 – 1496.

[6] 张臻汉：《资源集约与城市化的最优规模》，《经济与管理研究》2012 年第 6 期，第 79 ~ 85 页。

[7] 许抄军、罗能生、吕渭济：《基于资源消耗的中国城市规模研究》，《经济学家》2008 年第 4 期，第 56 ~ 64 页。

[8] 许抄军：《基于环境质量的中国城市规模研究》，《地理研究》2009 年第 3 期，第 792 ~ 802 页。

[9] 孙浦阳、武力超：《城市的最优发展规模：基于宜居视角的研究》，《上海经济研究》2010 年第 7 期，第 31 ~ 40 页。

[10] 李培：《最优城市规模研究述评》，《经济评论》2007 年第 1 期，第 131 ~ 135 页。

[11] 陈卓咏：《最优城市规模理论与实证研究述评》，《国际城市规划》2008 年第 6 期，第 76 ~ 80 页。

[12] 王小鲁：《中国城市化路径与城市规模的经济学分析》，《经济研究》2010 年第 10 期，第 20 ~ 32 页。

[13] 刘永亮：《置疑中国最优城市规模》，《城市规划》2011 年第 5 期，第 76 ~ 81 页。

一个变量；整体上看，中国目前不存在过度规模城市，限制大城市规模的观点依据不足。焦张义（2012）[①] 采用扩展到房价和生态环境的新经济地理模型，实证结果表明：均衡状态下的最优城市规模随着房价、生态环境质量以及政府政策变动而变动。

还有文献探讨了城市规模对资本积累和碳排放的影响、城市规模扩大的就业增加效应、城市 3E 系统协调性、城市经济与环境协调发展、城市化与城市资源的耦合、城市规模协调性等问题。柯善咨和赵曜（2012）[②] 的实证结果表明：集聚效应导致大城市以更高的效率吸收资本，城市规模增长促进了资本深化。王桂新和武俊奎（2012）[③] 认为：当城市人口数量不变、城市建成区面积不断扩张的时候，城市碳排放强度显著上升；在城市空间规模和经济产出不变时，城市人口密度提高，会导致城市单位空间人均产出下降，利用效率下降，城市碳排放强度上升。陆铭、高虹和佐藤宏（2012）[④] 的研究表明：城市规模的扩大使低技能劳动力就业概率提高大于高技能劳动力就业概率，但不影响中等技能劳动力就业概率。王慧召、申晓留、刘珂和谭忠富（2010）[⑤] 对北京市 3E 系统协调性的研究表明：环境状况恶化是影响其 3E 系统协调发展的主要原因。Li Qiufeng、Dang Yaoguo 和 Qiang Wuyong（2011）[⑥] 的研究表明：环境状况滞后于经济发展导致宜兴市 2007～2009 年经济与环境协调度下降。Wang Xuan、Su Jieqiong、Shan Shan 和 Zhang Yan

① 焦张义：《房价、生态环境质量与最优城市规模》，《南方经济》2012 年第 10 期，第 63～73 页。
② 柯善咨、赵曜：《城市规模、聚集经济与资本的空间极化——基于我国县级以上城市面板数据的实证研究》，《财经研究》2012 年第 9 期，第 92～102 页。
③ 王桂新、武俊奎：《城市规模与空间结构对碳排放的影响》，《城市发展研究》2012 年第 3 期，第 89～95 页。
④ 陆铭、高虹、佐藤：《城市规模与包容性就业》，《中国社会科学》2012 年第 10 期，第 47～66 页。
⑤ 王慧召、申晓留、刘珂、谭忠富：《北京市 3E 可持续发展研究及预测预警模型的应用》，《能源与环境》2010 年第 1 期，第 9～10 页。
⑥ Li Qiufeng, Dang Yaoguo, Qiang Wuyong, "Study on Measurement of Level of Economic - Environmental System's Coordination Development in Yixing City", *Energy Procedia*, 2011, 5, pp. 1937 - 1943.

（2012）①基于耗散结构理论和生态控制论，探讨了北京通州区城市生态系统熵的变化情况。Wang Zhongping、Shi Changliang、Li Qiang 和 Wang Gang（2011）② 探讨了北京市城市化与资源的耦合趋势。许抄军和江群（2012）③ 以单一指标表示城市人口规模（市辖区非农人口）、经济规模（市辖区地区生产总值）和用地规模（市辖区建成区面积），利用协调度模型进行实证分析，结果表明：我国城市规模的协调性相对较差，在空间维度上，东、中、西三区域相对优势出现分化；在时间维度上有进一步恶化趋势。

通过对国内外有关文献的梳理，我们得到以下结论。

第一，不同的学者所使用的方法和模型不同，得到的最优城市规模也各不相同，且以城市非农人口来衡量城市规模，小到几万，多达数百万，甚至上千万。而且随着经济发展、科技水平的提高，最优城市规模处于动态的增长过程中。

第二，现有分析大多从经济效益、社会效益或投入－产出（成本收益）及综合因素等角度去探讨最优城市规模。这种分析是以西方经济学中最大化原理为出发点的，没有考虑到资源、环境对城市化的制约作用。其结果更多地偏向于城市的经济效应，而忽视了城市对资源的消耗和对环境的污染。其实，可持续发展的基础应该是资源、环境的永续利用，如果不出现资源的枯竭、环境的恶化而导致对人类社会发展的制约，就不会有可持续发展概念的提出。所以在考虑可持续城市化问题时，应更多地从资源和环境的角度，探讨资源与环境对城市化的制约作用。

第三，尽管理论上存在最优规模城市，但由于最优解往往是唯一解，故现实中的城市不一定刚好就是最优规模，更多的城市规模偏离了最优城

① Wang Xuan, Su Jieqiong, Shan Shan, Zhang Yan, "Urban Ecological Regulation Based on Information Entropy at the Town Scale: A Case Study on Tongzhou District, Beijing City", *Procedia Environmental Sciences*, Volume 13, 2012, pp. 1155–1164.

② Wang Zhongping, Shi Changliang, Li Qiang, Wang Gang, "Coupling Trending Analysis about Urbanization and Urban Resource in Beijing", *Energy Procedia*, 2011, 5, pp. 1589–1596.

③ 许抄军、江群：《基于3S系统的我国城市规模协调性分析》，《湘潭大学学报》（社会科学版）2012年第3期，第56~60页。

市规模。这样，在排除最优解之后的解集中寻求次优解（适度城市规模或合理城市规模①）似乎更有现实意义。

本章基于"两型社会"建设的需要，从资源节约型和环境友好型角度探讨城市的最优或适度城市规模。并且对不同城市规模——人口规模（以非农人口表示）及综合城市规模，以及不同空间区域——东、中、西及东北地区进行对比研究。

第二节 资源消耗 – 城市规模、环境质量 – 城市规模理论模型的进一步完善②

城市经济学家巴顿给出了城市规模的成本效益曲线③如图 5 – 1 所示。

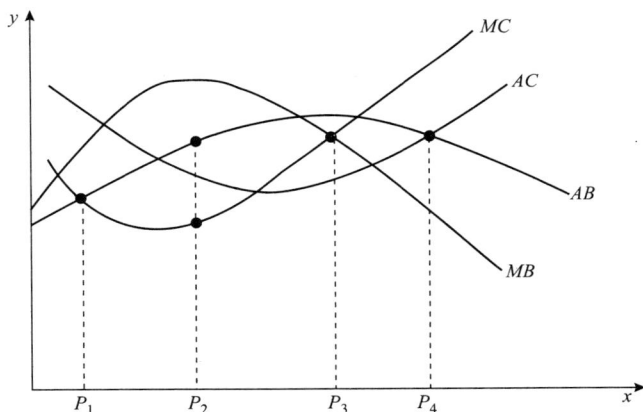

图 5 – 1 城市规模的费用 – 效益曲线

图中横轴表示城市人口规模，纵轴表示收益或成本。AB 是人均收益曲线，为倒 U 形曲线，表示城市居民的人均收益随城市规模的扩张，

---

① 尽管部分已有文献研究的是适度城市规模或合理城市规模，但没有把最优解和次优解区分，我们认为最优解是唯一解，与最优城市规模对应；次优解是区间解，与适度城市规模对应。

② 该理论模型是对笔者发表在《经济学家》（2008 年第 7 期）上的《基于资源消耗的中国城市规模研究》及发表在《地理研究》（2009 年第 3 期）上的《基于环境质量的中国城市规模研究》中相关模型的进一步完善。

③ 许学强、周一星、宁越敏：《城市地理学》，高等教育出版社，1997，第 143 页。

开始迅速增长，后来上升趋势减弱，最后下降。MB 是边际效益曲线，表示城市每增加一个单位成员应有的效益，也是倒 U 形曲线。AC 是城市平均生活费用曲线，它随城市人口增加、城市面积扩大趋于上升，但在人口极少的情况下，开始可能有些下降，故是 U 形曲线。MC 是边际费用曲线，也为 U 形曲线。P_1 是城市最小合理规模，当人口少于 P_1 时，边际费用大于收益，此时的城市是不经济的。P_2 是城市生活每人净收益最高时的规模，AB 与 AC 之间的差距最大，对现有的城市居民是理想的规模；但这时 $MB > MC$，城市人口仍然要增加。P_3 是城市所得到的总的纯效益达到最高时的规模，这时的社会效益最高，对决策者最理想；但这时 $AB > AC$，对个人来说，只考虑平均效益，因此人口可能继续迁入。P_4 处于 $AB = AC$，这时如不能制止人口增加，城市规模就要超出最佳规模的上限而不经济。

上述模型利用边际收益和边际成本等原理，从城市居民的收益－成本、社会的效益－成本的角度探讨最佳城市规模及其区间。本研究以上述模型为基础，利用规模经济及城市经济学相关原理，进一步完善资源消耗－城市规模和环境质量－城市规模理论模型，探讨"资源节约型"城市规模和"环境友好型"城市规模。

一　资源消耗－城市规模理论模型进一步探讨

（一）相关假设

假设一：各种资源能标准化处理为一种综合资源，且同一规模城市的居民对资源的消耗（包括生产性消耗和生活性消耗）是均等的，但不同规模城市有差异。

假设二：所有城市都可以获得足够的资源，即在一国范围内，每一个城市都能平等地获得其所需的资源，也就是说在考虑城市消耗资源时，不计资源的成本。

（二）理论推导

现代城市不但是人口的聚集地，消耗着各种生活性资源；同时也是生产的聚集地，特别是现代工业的聚集地，消耗着大部分的生产性资源。同时，随着科技的发展越来越多的工业产品、科技产品成为城市人们的生活必需品，这些都需要消耗大量的矿产资源和能源①。

1. 城市规模与城市人口的直接资源消耗效应

城市的基本特征之一就是聚集了包括人口在内的各种资源，这是城市扩张的基本前提。在城市规模扩张的过程中，引起城市人口人均资源消耗上升和下降效应的因素将共同存在。当农业人口转变为非农人口时，人们的生活方式、生产方式等都发生了改变。人们消费的商品数量日益增多，同时还要消费越来越多的公共物品和服务，城市便捷的交通方式也使得城市人口通勤距离不断增加，这些都是城市人口的直接消费活动。我们把与城市人口直接消费活动有关的资源消费定义为直接资源消耗效应，它是城市规模的增函数，先随城市规模递增地增加，然后随城市规模递减地增加。受资源稀缺及人的生理等因素限制，城市人口的直接资源消耗效应不可能无限度地上升，达到一定值之后将保持一个常数。② 该效应最终导致城市人口人均资源消耗的不断上升，达到一定规模后变成一个常数。如图5－2所示。

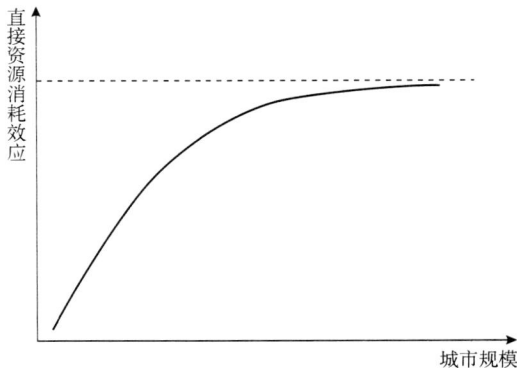

图 5－2　城市规模与直接资源消耗效应

---

① 在城市消耗的资源中，能源消耗有着特殊的意义。一方面，能源的消耗往往伴随着其他资源的消耗；另一方面，能源的消耗又是导致环境污染的主要来源。为此，十八大报告指出：节约资源是保护生态环境的根本之策。

② 在资源约束的前提下，随着人们消费理念的改变，节约成为自觉行为，有可能导致城市人口的直接消费效应转为减少。在本研究中，我们不考虑这种情况。

2. 城市规模与城市资源的规模经济效应

所谓规模经济是指企业在扩大生产规模的过程中，在一定规模之内，产出增加的比例大于各种要素投入增加的比例，也称规模报酬递增。一般地，当企业从最初的小生产规模开始逐步扩大时，面临的是规模报酬递增阶段；当企业得到了由生产规模扩大所带来的产量递增全部好处之后，将进入规模报酬不变阶段；之后，如果继续扩大生产规模，就会进入规模报酬递减阶段。随着科技的发展和信息时代的来临，企业的规模报酬不变阶段可能比较长。如图 5 – 3 所示。

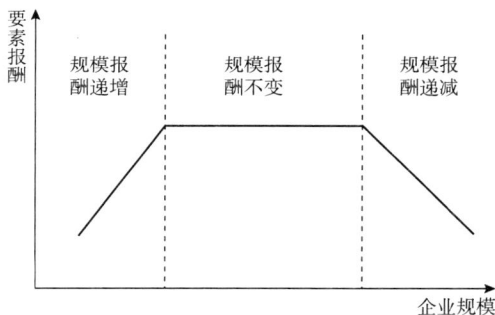

图 5 – 3　企业规模与要素报酬关系曲线

如果把城市看成一个企业，随着城市规模的扩张，聚集在城市中的资源也将经历规模报酬递增、规模报酬不变和规模报酬递减三个阶段。在资源的规模报酬递增阶段，随着城市规模的扩张、要素的不断聚集，单位资源（综合的资源）产出不断增加，导致单位产出（包括单位商品或服务）所需要消耗的资源不断减少，在维持人们消费水平不变的前提下，人们在消费相同数量的商品和服务时，间接消耗的资源减少了，从而使城市人口资源消耗具有下降趋势。即在城市规模比较小的阶段，由于资源的规模经济，使得城市人口的人均资源消耗具有下降的趋势。本书把由于资源报酬变化而引起的城市人口人均资源消耗变化情况定义为资源的规模报酬效应。在该效应的影响下，随着城市规模的扩张，人均资源消耗将经历递减、不变和递增三个不同的变化阶段，分别对应着城市资源的规模报酬递增、不变和递减三个阶段。如图 5 – 4 所示。

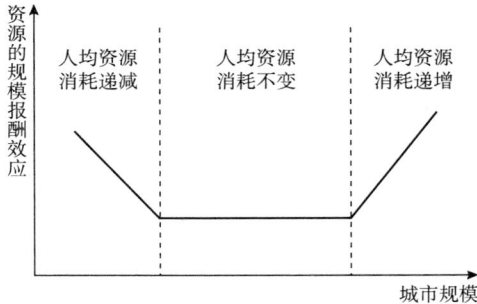

图 5 - 4　城市规模与资源的规模报酬效应

3. 城市规模与城市人口的人均资源消耗

总的城市人口人均资源消耗由城市人口的直接资源消耗效应和城市资源的规模经济效应共同决定，即由图 4 - 2 和图 4 - 4 两曲线变化趋势共同决定。

当城市规模比较小时，由生活和生产方式的转变而引起的直接资源消耗效应（资源消耗的上升趋势）占主导地位。由于城市规模较小，资源聚集的规模经济未能完全显现，由规模经济而导致的城市资源规模经济效应（资源消耗下降趋势）处于次要地位，不足以抵消城市人口由于生活和生产方式转变而引起的资源消耗上升趋势。所以，此阶段的人均资源消耗将呈缓慢上升势态。如图 5 - 5 的第 I 部分曲线所示。

随着城市规模的进一步扩张，资源的聚集度更为显现，城市资源的规模经济效应成为主导。此时，由规模经济而导致的资源消耗下降趋势占主导地位，超过由生活和生产方式的转变而引起的资源消耗上升趋势，促使城市人口人均资源消耗不断下降。如图 5 - 5 的第 II 部分曲线所示。

当城市的规模扩张到一定程度时，资源聚集的规模不经济日渐显现，单位资源的产出呈递减趋势；同时，城市规模的扩大，各种资源（包括土地、能源等）的需求将进一步增加，维持城市日常运转所需要的各种资源就越多，导致人均资源消耗快速上升。如图 5 - 5 的第 III 部分曲线所示。

在图 5 - 5 的第 III 阶段，随着人均资源消耗的迅速增加，在资源稀缺的情况下，城市规模的继续扩张将难以为继、受到限制。也就是说，资源对城市规模起着双重的作用：一方面支撑着城市规模，维持城市的正常运

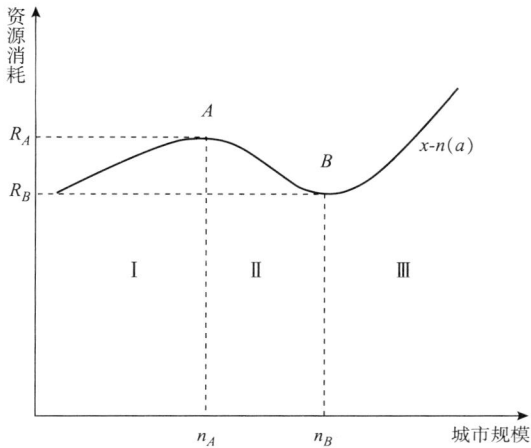

图 5 - 5 资源消耗 - 城市规模理论模型

转；另一方面又制约着城市规模的无限扩张。正因如此，从资源的角度看应存在一个最优城市规模，此时的人均资源消耗应是最低的。

如果用 R 表示人均资源消耗（简称资源消耗），为应变量，即被解释变量；n 表示城市规模（用非农人口表示），为自变量，即解释变量。则有：

$$R = \psi(n) \qquad\qquad (5-1)$$

由于资源消耗随城市规模的扩张表现出先递增、后递减、再递增的特点，该函数对应的曲线应该是一条正 N 形曲线，如图 5 - 5 所示。即随着城市规模不断扩大，城市人口的资源消耗量先递增，达到一定值后再递减，减少到最小值后又递增。曲线的最低点 B 即为资源消耗的最小值 R_B，其对应的城市规模 n_B 就是从资源消耗角度所决定的最优城市规模——资源节约型城市规模。如果追求资源节约，则曲线最低点 B 的左右两边附近部分曲线所对应的城市规模可定为适度城市规模。

二 环境质量 - 城市规模理论模型进一步探讨

城市中聚集了众多的人口和产业，一方面要产生许多生活垃圾，另一方面也会产生各种生产性污染物，这些污染物（废气、废水、固体垃圾等）将影响城市的环境质量。

（一）相关假设

假设一：对城市环境而言，各种污染物（废气、废水、固体垃圾等）的处理都能等同改善其质量，各种污染物的排放则降低环境质量，且污染物的处理率与排放量是此消彼长的，即对污染物的处理率越高，城市环境质量就越好。

假设二：规模相同的城市对污染物处理的能力相当。

假设三：不考虑城市之间污染的相互影响，即各城市的污染相互独立。

（二）理论推导

1. 城市规模与环境保护效应

城市的规模效益一方面表现在对资源的集中使用上，另一方面则表现在对环境的保护效应——污染物处理上。一般而言，无论是对污水的处理还是对固体垃圾的处理或者是对废气的处理，都需要达到一定的规模才能使成本降低，产生规模经济，降低运行成本，例如小城镇一般不能支撑污水处理厂的正常运行。当然，如果城市规模过大的话，又会进入污染物处理的规模效益递减阶段，污染处理的边际运行成本递增。城市规模与其环境保护效应之间也存在着规模报酬递增、规模报酬不变和规模报酬递减三个变化阶段。如图 5－6 所示。

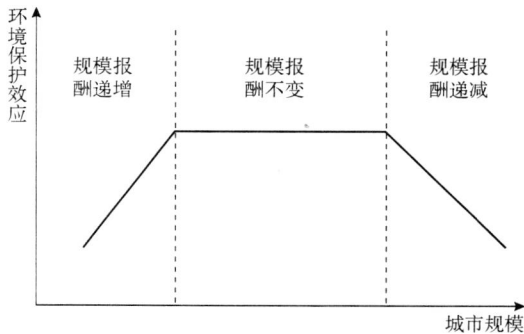

图 5－6　城市规模与环境保护效应关系曲线

2. 城市规模与城市环境库兹涅茨曲线

环境库兹涅茨曲线（EKC）一般被用来描述环境质量与经济发展之间的定量关系。该曲线最初由美国经济学家库兹涅茨（Kuznets）提出，认为随着经济增长，收入差距会先扩大后缩小，即收入不均程度和人均收入水平之间的关系呈现倒 U 形曲线，后来被称为库兹涅茨曲线。之后，20 世纪 90 年代初美国环境经济学家 Grossman 和 Krueger[1] 与 Shafik 和 Bandyopadhyay[2] 发展了该模型，用以描述经济发展与环境污染水平演替关系，并通过实证计量模型发现二氧化硫、烟尘等环境污染物的排放量和经济增长间的关系也呈现倒 U 形曲线。1993 年，美国经济学家 Panayotou 首次将这种环境质量与人均收入间的关系曲线称为环境库兹涅茨曲线[3]。环境库兹涅茨曲线理论可表述为：人均污染物排放量与人均收入呈倒 U 形曲线，即随着人均收入水平提高，人均污染物排放量增加，直至达到拐点，才会明显下降。[4]

随着全球对环境的关注，环境库兹涅茨曲线被广泛用于探讨不同区域空间环境污染与经济发展水平之间的经验关系。在城市区域空间，杨海生、周永章和王夕子（2008）[5] 首次采用空间计量模型对我国城市 EKC 间的空间依赖关系进行了系统分析，常规面板模型和空间面板模型的结果均显示，我国城市空气质量与经济发展水平之间存在明显的倒 U 形关系，验证了环境库兹涅茨曲线假说。赫鹏鹏和姜亢（2012）利用环境库兹涅茨曲线的数学表达式：$e = \beta_0 y - \beta_1 y^2$（$e$ 为某种污染物的人均排放量，y 为人均收入，β_0 和 β_1 为系数）推导出环境污染与经济发展、人口增长关系的数学模型：

[1] Grossman G. M., Krueger A. B., *Environmental Impacts of A North American Free Trade Agreement*, NT: Woodrow Wilson School, Princeton, 1992.

[2] Shafik N., Bandyopadhyay S., "Economic Growth and Environmental Quality: Time Series and Cross Country Evidence", Washington, DC: Background Paper for World Development Report, World Bank, 1992.

[3] Panayotou T., "Empirical Tests and Policy Analysis of Environmental Degradation at Different Stages of Economic Development", World Employment Programme Research Working Paper, 1993, p. 238.

[4] 赫鹏鹏、姜亢：《城市环境库兹涅茨曲线的实证分析》，《技术经济与管理研究》2012 年第 9 期，第 125～128 页。

[5] 杨海生、周永章、王夕子：《我国的城市环境兹涅茨曲线的空间计量检验》，《统计与决策》2008 年第 20 期，第 43～46 页。

$$E = \beta_0 Y - \frac{\beta_1}{N} \times Y^2 \qquad\qquad (5-2)$$

式（5-2）中 E 为污染物总量，Y 为 GDP 总量，N 为总人口，β_0 和 β_1 为系数。以北京市的实证结果表明：设定总人口不变，经济总量的增加对污染物排放总量的影响不确定；设定经济总量不变，则总人口的增加，将导致污染物排放总量的增加。李惠娟和龙如银（2013）[①] 结果表明：资源类型影响资源型城市 EKC 的形状与转折点，同种污染物在不同资源型城市的曲线不完全相同，转折点在污染较重的资源型城市及人均 GDP 较低的资源型城市出现更早；资源型城市的 EKC 与全国的 EKC 不完全相同，相同的曲线下资源型城市的转折点出现更早。

已有文献经验结果表明，不论是城市还是其他空间范围，人均污染物排放量与人均收入呈倒 U 形曲线基本成立。但在实证研究中，不同文献选取的变量有所差异。关于污染物水平的表示，有的用污染物排放总量（赫鹏鹏、姜亢，2012），有的用人均污染物排放量（李惠娟、龙如银，2013），有的则用空气中污染物的浓度（杨海生、周永章、王夕子，2008）；但经济发展水平一般都用人均 GDP 表示。由于人均 GDP 与城市人口规模存在着较强的正相关性，所以我们认为城市污染物排放量与城市规模之间也相当于环境库兹涅茨曲线（EKC）的变化关系。即随着城市规模的扩大，人均污染物排放量先是趋于增加，随着城市规模的继续扩张，人均污染物排放量达到最大值，之后人均污染物排放量趋于递减。如图 5-7 所示。

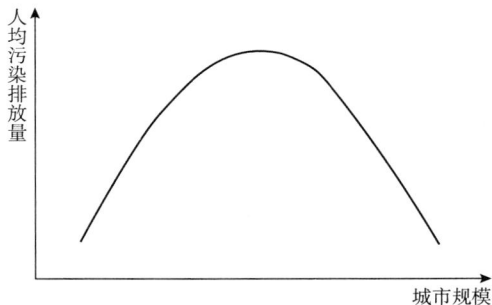

图 5-7 城市规模与人均污染物排放量曲线

[①] 李惠娟、龙如银：《资源型城市环境环境兹涅茨曲线研究》，《自然资源学报》2013 年第 1 期，第 19~27 页。

3. 城市规模与城市环境质量

城市环境质量的好与差，则是城市污染物排放量（人均污染物排放量）和环境保护效应（污染物的处理能力）共同作用的结果。在城市形成之初，城市经济处于初级阶段，人均污染物排放量较低；同时，由于城市空间对污染物具有一定的自消解能力，尽管此时城市对污染物的处理不能达到规模经济状态，甚至城市还没有建立处理污染物的各种设施，但城市的环境质量仍处于较高的水平。之后，随着城市规模的不断扩张，人均污染物排放量持续增加，城市空间对污染物的自消解能力很快趋于饱和，在城市环境保护效应规模报酬递增趋势影响下，城市环境质量处于缓慢下降阶段。如图 5 - 8 第 I 部分曲线所示。

进入城市环境保护效应（对各种污染物处理能力）规模报酬不变阶段之后，城市规模的进一步扩张将使城市环境质量持续恶化，直到环境质量最差状态 C 点。随后，由于城市经济实力增强，加大了环保投入的力度；同时，人们环保意识的提高，生产中更加注重节能环保，消费时提倡绿色消费和合理消费。这些因素导致城市人均污染物排放量减少，尽管城市环境保护效应仍处于规模报酬不变阶段，但城市环境质量得到了大幅度的改善，城市环境质量处于上升阶段。如图 5 - 8 第 II 部分曲线所示。

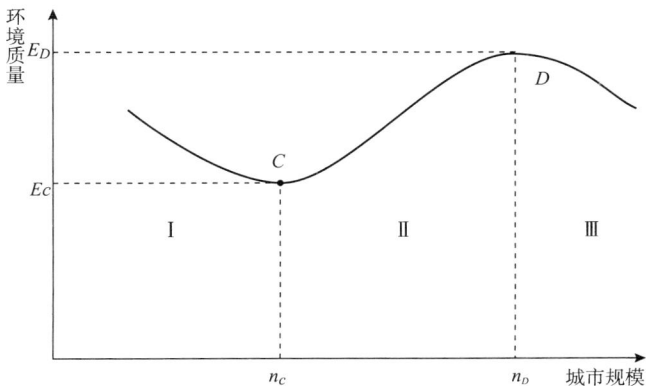

图 5 - 8 环境质量—城市规模理论模型

之后，城市规模的继续扩张将使城市进入环境保护效应规模报酬递减阶段，城市环境质量达到最好状况后又会转为恶化，城市环境质量进入下降阶段。如图 5 - 8 第Ⅲ部分曲线所示。

如果用 E 表示环境质量，为因变量，即被解释变量；n 表示城市规模（用非农人口表示），为自变量，即解释变量。则有：

$$E = \varphi(n) \qquad\qquad (5-3)$$

按照上述分析，城市的环境质量与城市规模之间的关系应该是一条倒 N 形曲线，即随着城市规模的扩张，环境质量先是趋于恶化，达到极值点后再转为改善；随着城市规模的进一步扩张，其环境质量在达到最好境况之后又会转为恶化。

如图 5 - 8 中曲线所示。随着城市规模的扩大，城市的环境质量先恶化，然后再趋于改善，最终又转为恶化。理论上，要得到更好城市环境质量，就必须不断扩大城市规模，直到图中 D 点所对应的城市规模。即从环境质量的角度，D 点对应的城市规模即为最优城市规模，而 C 点所对应的是环境质量最差的城市规模。图中 C 点和 D 点之间城市规模的环境质量处于持续改善阶段。

三 资源节约型、环境友好型的最优城市规模探讨

从上述讨论可知，资源消耗 - 城市规模和环境质量 - 城市规模理论模型曲线具有正 N 形和倒 N 形特点。但在实际中，由于某个区域或国家所处的区位条件或历史时期的特殊性，上述的曲线形状可能会发生变化。

例如，随着科学的发展、大量节能技术的使用等，特别是随着可持续发展的思想、"两型社会"建设理念深入人心，人们的消费方式发生了根本性的转变，人均资源消耗可能有减少的趋势，资源消耗与城市规模之间的正 N 形曲线可能会演变成正 U 形曲线，或者其他形状的曲线。

环境质量与城市规模在一定的规模下是倒 N 形曲线，但如果在城市规模扩张的初期加强对污染物处理的力度，就可能出现逆转的趋势，这样倒

N 形曲线就演化为正 N 形曲线或倒 U 形曲线。

无论是正 N（或 U）形曲线还是倒 N（或 U）形曲线①，按照一般的经验，我们可用下列简约方程来表示：

$$X_{it} = \alpha + \beta n_{it}^3 + \gamma n_{it}^2 + \lambda n_{it} + \varepsilon_{it} , \ t = 1, 2, \cdots, T, \ i = 1, 2, \cdots, M \quad (5-4)$$

其中，X_{it} 表示综合资源消耗或综合环境质量，n_{it} 表示城市规模（可用非农人口、城市 GDP 总量、城市建成区面积及综合城市规模指数表示），α、β、γ 和 λ 为待定参数，ε_{it} 随机误差项（满足零均值、同方差假设），T 为观测时期总数，M 为个体截面成员个数。

我们可以根据式（5-4）的系数来判断上述三模型曲线的形状。

（1）当 $\beta > 0$、$\gamma < 0$ 且 $\lambda < \dfrac{\gamma^2}{3\beta}$ 时，曲线为正 N 形；反之，当 $\beta < 0$、$\gamma > 0$ 且 $\lambda > \dfrac{\gamma^2}{3\beta}$ 时，为倒 N 形曲线。

（2）当 $\beta = 0$、$\gamma > 0$ 时，为正 U 形曲线；反之，当 $\beta = 0$、$\gamma < 0$ 时，为倒 U 形曲线。

（3）当 $\beta = \gamma = 0$，$\lambda \neq 0$ 时，曲线转化为直线。

当曲线为 N 形时（包括倒 N 形曲线），通过对式（5-4）求一阶导数，并令其等于零，则可以计算出其两个转折点对应的城市规模：

$$n_{1,2}^* = \frac{-2\gamma \pm \sqrt{4\gamma^2 - 12\beta\lambda}}{6\beta} \quad (5-5)$$

式中满足 $4\gamma^2 - 12\beta\lambda \geq 0$。此时的转折点是否为最优城市规模要视具体情况而定。

（一）资源节约型最优城市规模

在确定曲线的两个转折点之后，如果进一步确定转折点对应的是极小值（该点左边的曲线一阶导数小于 0，右边曲线一阶导数大于 0），即该转折点的人均资源消耗是最小的，如图 5-5 中的 B 点；从资源消耗角度看，该点对应的城市规模即资源节约型最优城市规模。由于是 N 形曲线，则另

---

① 理论上，资源消耗和环境质量这两个因素与城市规模之间的变化关系是很复杂的，还可能出现其他曲线形状，即其函数关系可能比二次、三次函数更为复杂，本研究不做考虑。

一转折点对应的则是人均资源消耗的最大值，对应的是最不利于资源节约的城市规模，如图 5－5 中的 A 点。

如果资源消耗－城市规模模型的曲线形状发生变化，导致图 5－5 中的 B 点的资源消耗指数不是最低、A 点资源消耗指数不是最高，则资源节约型最优城市规模和最不利于资源节约的城市规模就要结合曲线的变化趋势和位置进行具体分析。

（二）环境友好型最优城市规模

与资源节约型最优城市规模不同，环境友好型最优城市规模对应的是极大值转折点。在确定曲线的两个转折点之后，进一步确定转折点对应的是极大值（该点右边的曲线一阶导数小于 0，左边曲线一阶导数大于 0），即该转折点的环境质量是最好的，如图 5－8 中的 D 点；从城市环境质量角度看，该点对应的城市规模即环境友好型最优城市规模。同样，由于是 N 形曲线，则另一转折点对应的则是城市环境质量的最差值，对应的是环境质量最差的城市规模，如图 5－8 中的 C 点。

同样，如果环境质量－城市规模模型的曲线形状发生变化，导致图 5－8 中的 D 点的环境质量指数不是最高、C 点环境质量指数不是最低，则环境友好型最优城市规模和最不利于环境质量提升的城市规模就要结合曲线的变化趋势和位置进行具体分析。

四 资源节约型、环境友好型的适度城市规模探讨

无论是资源节约型最优城市规模，还是环境友好型最优城市规模，理论上都只有唯一解，现实中的城市规模很少刚好就等于最优城市规模，所以最优城市规模的探讨只适于理论研究，现实意义并不大。另外，资源节约和环境友好是一个问题的两个方面，要同时满足资源节约型和环境友好型的最优城市规模，就要求上述两模型中的最优解相等，现实中也缺乏可能性。也就是说，最优城市规模的探讨适于理论探讨的范畴，可以看作现实追求的最高目标。在现实中，我们退而求次优——适度城市规模。

本研究中，我们在探讨适度城市规模时分两种情形考虑。其一是最优解附近的情形，即对资源节约而言，与人均资源消耗指数最小值附近的资源消耗值对应的城市规模，可界定为资源节约型适度城市规模，如图 5－5

中 B 点的附近；对环境友好而言，与城市环境质量指数最大值附近的环境质量值对应的城市规模，可界定为环境友好型适度城市规模，如图 5 - 8 中 D 点的附近。其二是非最优解向最优解转变的情形，对资源节约而言，当人均资源消耗指数持续下降时，我们认为此时的城市在向资源节约型社会转变，对应的城市规模变化是有利于资源节约的，如图 5 - 5 中曲线 AB 段（或曲线 AB 段的某一部分）；同样，对环境友好而言，当城市环境质量指数持续上升时，城市在向环境友好型社会转变，对应的城市规模变化是有利于环境友好的，如图 5 - 8 中曲线 CD 段（或曲线 CD 段的某一部分）。

五 关于理论模型的相关讨论

当达到资源消耗最低点——最优城市规模点（即图 5 - 5 中的 B 点）之后，资源消耗转为上升，其原因不能全部归结为城市规模，还有部分贡献来自经济增长或者社会进步。随着社会的发展，人们的生活水平提高而增加了对资源的人均消耗水平。基于这个原因，与资源消耗对应的适度城市规模，可包含人均资源消耗最低点 n_B 附近部分资源消耗递增区间，即包含 n_B 的右边的部分区域，而不是完全在资源消耗递减的左边。但受人的生理极限的限制，资源消耗不可能无限增加，所以又不能超过 n_B 太多。

对于城市环境质量，如图 5 - 8 中曲线的转折点 C 之后，城市环境质量随城市规模的扩大而得到改善，此范围即为与环境质量对应的适度城市规模，其下限是 n_C，上限是最优城市规模 n_D。

如果上述两模型的曲线形状发生了变化，可能不存在理论上的最优解，此时适度城市规模区间的确定也要视具体情况而定。

本研究确定适度城市规模的原则是：将城市规模 - 资源消耗曲线的快速下降阶段，或资源消耗相对较低的阶段确定为与资源消耗相对应的适度城市规模；将城市规模 - 环境质量曲线的快速上升阶段，或环境质量较高的阶段确定为与环境质量相对应的适度城市规模。

理论上，这两个区间范围的交集就是从综合角度所考虑的适度城市规模，既是"资源节约型"又是"环境友好型"社会对应的适度城市规模。当然，现实中这两个区间也许不一定有交集，这就需要具体分析。因为不同区域或国家，在实现可持续发展战略过程中所面临的约束条件的侧重点会有所差异，有的是资源，有的是环境。例如，我国东部地区的环境容量相对较大，而西部地区则资源相对丰富，故资源节约则是东部沿海城市"两型社会"建设所关注的重点，而环境保护则是许多西部城市"两型社会"建设的主要内容。但另一方面，东部地区的经济总量大、资源消耗多、废弃物排放量大，无论是节约资源还是保护环境都是"两型社会"建设的重要内容。

最后，即使得到了适度的城市规模，这个规模也不是固定不变的，随着区域范围不同、区位条件变化、科技进步、社会发展等，适度城市规模也将随之改变。

第三节　综合城市规模测度研究

一　城市规模单一表征法的缺陷

如前所述，城市规模包含着人口规模、经济规模和用地规模三方面的含义，但由于人口数据获得相对容易，一般用非农人口规模来表示城市规模。但由于我国相关的统计制度处于不断完善之中，相关统计指标经常变更，导致统计数据缺乏连贯性。

表 5 - 1 列出了 1984 ~ 2011 年《中国城市统计年鉴》有关人口统计的各种指标及使用的频度。年鉴中出现过的反映城市人口特性的指标有年末总人口、非农业人口、年平均人口、非农业人口占总人口的比重、年末总户数、出生率、死亡率、自然增长率 8 个，其中"非农业人口占总人口的比重"和"自然增长率"是衍生指标。这些指标只有"年末总人口"一直在使用，"非农业人口"则延续到 2009 年，"自然增长率"只在开始的 2 年和 1989 年没有使用，这 3 个指标的使用频率分别为 27 次、24 次和 24 次，其他 5 个指标使用的次数都不超过 7 次。指标的变动在 1992 年之前相对频繁，1994 年之后比较平稳；与 1994 年相比，1996 年取消了"出生率"，2010 年取消了"非农业人口"，增加了"年平均人口"。

表 5 - 1　《中国城市统计年鉴》与人口有关指标的变更（1984 ~ 2011 年）

指标名称	出现频度（次）	指标名称	出现频度（次）
年末总人口	27	年末总户数	7
非农业人口	24	出生率	6
自然增长率	24	死亡率	5
年平均人口	7	非农业人口占总人口的比重	3

资料来源：根据《中国城市统计年鉴》统计整理得到。

反映城市规模的非农人口指标从 2010 年开始停止使用，而且从 2005 年开始，县级城市就不再统计非农人口。所以，使用"非农人口"来衡量城市规模，在数据来源上不全面、不连续。

另一方面，随着经济发展，我国人口的流动性在提高，产生了中国特有的 2.6 亿的"农民工"群体。这部分流动性大的"农民工"群体，一方面长期生活在不同的城市，进入不同产业从事社会生产，占有一定的城市空间，消费了一定的城市基础设施；他们脱离了农业生产，属于现代产业工人的一部分，为城市地区生产总值做出了贡献。由于农村户籍的原因，他们属于农业人口，没有统计为"非农人口"。故用"非农人口"来度量城市规模时将产生"系统误差"。尽管一些研究用"市区内非农业人口 + 常住一年以上的农业人口 + 1/2 常住一年以下半年以上的农业人口"来衡量城市规模，但相关数据不易获得，只限于理论研究。

二　综合城市规模测度探讨

由于利用单一指标来衡量城市规模，存在一定的缺陷，不能反映城市人口、经济及空间规模的全貌。本研究从综合的角度，利用《中国城市统计年鉴》中有关人口、经济和用地面积等方面的数据，通过主成分分析，探讨综合城市规模的测度。

（一）数据来源及处理

本研究的数据主要来源于《中国城市统计年鉴》（1998 ~ 2012年），以历年的地级及以上城市为研究样本（不包括港、澳、台和西藏地区的城市），之所以没有把研究样本扩大到县级市，是因为《中国城市统计年鉴》中县级市的统计口径与地级及以上城市不一致，且关于人口、经济与用地方面的统计指标也不一致，地级及以上城市相关指标多一些。

贵州的毕节和铜仁是2011年（2012年的年鉴）才开始统计为地级市，之前是县级市，数据的统计口径不一致，不记为研究样本；而安徽的巢湖2011年没有统计为地级市，我们把它统计为样本城市，缺失数据用相关年份的平均值代替。这样共有样本城市286个。

为充分利用已有数据，《中国城市统计年鉴》中缺失的数据我们用前后年份的平均值代替。从2010年开始（2009年的数据），统计年鉴不再统计城市非农人口，2009年、2010年及2011年三年的非农人口数据，按照第四章的方法估算得到。

（二）指标的选取

我们选取表5-2所示的指标来综合表示城市人口规模、经济规模和用地规模。以下指标全部是市辖区范围的。

表5-2　指标的选择

城市规模表征量	指标	表示符号
城市人口规模（万人）	城市总人口	RK1
	城市非农人口	RK2
	城市单位从业人员数	RK3
	在岗职工平均人数	RK4
	第二、第三产业从业人员数	RK5
城市经济规模（亿元）	地区生产总值	JJ1
	地区非农生产总值	JJ2
	城市工业总产值	JJ3
	地方财政一般预算收入	JJ4
	全社会固定资产投资总额	JJ5
城市用地规模（平方公里）	行政区域土地面积	TD1
	城市建设用地面积	TD2
	建成区面积	TD3
	居住用地面积	TD4
	年末实有城市道路面积	TD5

1. 城市人口规模指标说明

城市总人口（年末总人口）从 2010 年的统计年鉴开始注明为公安部的户籍人口数，之前没有注明，表示城市人口发展的潜在规模。城市非农人口，是指从事农业以外的职业维持生活的人口及由他们抚养的人口，这是传统意义上的城市人口，表示城市人口的当前规模。城市从业人员数（年末单位从业人员数），是指在各级国家机关、政党机关、社会团体及企业、事业单位中工作，并获取劳动报酬的全部人员，表示城市正规单位就业人员的规模。在岗职工平均人数，是指在国有经济、城镇集体经济和其他各种经济类型单位及附属机构生产或工作，并由单位支付工资的在岗人员人数，表示城市在岗人员的总规模。第二、第三产业从业人员数是指从事农、林、牧、渔业之外产业的从业人员，表示非农产业的就业人口规模。

2. 城市经济规模指标说明

地区生产总值，是指城市所有常住单位一年内生产活动的最终成果，表示城市经济规模的潜在总量。地区非农生产总值，是指城市第二、第三产业生产总值，表示城市第二、第三产业经济规模和成果。城市工业总产值，是指工业企业一年内生产的工业产品总量，表示工业生产的总规模和总成果。地方财政一般预算收入，包括城市税收收入、社会保险基金收入、非税收入、贷款转回收本金收入、转移性收入，是城市政府支出的来源，表示城市政府经济活动规模的大小。全社会固定资产投资总额，是指城镇各种登记注册类型的企业、事业、行政单位及个体进行计划总投资 50 万元及以上的建设项目投资，表示城市各种经济活动基础规模的大小。

3. 城市用地规模指标说明

行政区域土地面积，是指城市行政区划内的全部土地面积，表示城市空间发展远期的潜在规模。城市建设用地面积，是指规划用于城市建设的土地指标，表示城市空间发展规划期的潜在规模。建成区面积，是指城市范围内经过征用的土地和实际建设发展起来的非农业生产建设地段，表示城市当前的空间规模。居住用地面积，是指城市中包括住宅及相当于居住小区及以下的公共服务设施、道路和绿地等设施的建设用地，表示城市人口居住的空间规模。年末实有城市道路面积，是指城市中路面经过铺筑的宽3.5米及以上的道路，表示城市通达性空间范围。

（三）综合城市规模指标的计算

在综合分析上述各表征城市规模指标时，根据系统工程理论和多元统计方法，把上述3组原始指标分别拟合为一个综合指标——对原始数据进行综合测度。因为主成分分析具有综合原始变量信息的功能，故利用主成分分析对原始数据进行处理；经检验，上述指标各组内指标之间存在较强的相关性，适合进行主成分分析。主成分分析的任务之一是计算主成分，可由SPSS软件完成；另一任务是确定主成分的个数。本研究综合利用累计贡献率法和特征根法来确定主成分的个数，为使主成分含义突出，我们使用最大方差法进行因子旋转。分析结果如表5-3~表5-6所示。

表5-3 城市规模不同表征方法的特征根及累积方差贡献率

城市规模表征量	年份	第一主成分特征根	第二主成分特征根	累计百分比（%）
城市人口规模指标	2007	4.667	—	93.346
	2008	4.673	—	93.459
	2009	4.654	—	93.073
	2010	4.630	—	92.591
	2011	4.653	—	93.053
城市经济规模指标	2007	4.729	—	94.573
	2008	4.684	—	93.672
	2009	4.665	—	93.302
	2010	4.638	—	92.770
	2011	4.631	—	92.612
城市用地规模指标	2007	3.448	1.099	90.939
	2008	3.473	1.097	91.418
	2009	3.507	1.094	92.011
	2010	3.520	1.108	92.567
	2011	3.144	1.117	85.217

表5-3的数据显示，城市人口规模指标体系和城市经济规模指标体系各自提取一个主成分，就能解释原始指标体系90%以上的信息。而城市用地规模指标体系提取两个主成分，除2011年之外，能解释原始指标体系90%以上的信息，2011年的累积方差贡献率也超过了85%。结果比较理想。

进一步分析表5-4～表5-6可知：本研究所选取的与城市人口规模有关的5个指标，对城市人口规模都有较大的影响；同样，与城市经济规模有关的5个指标，对城市经济规模都有较大的影响。对城市用地规模指标体系而言，在提取的两个主成分中，城市建设用地（TD2）、建成区面积（TD3）、居住用地面积（TD4）和年末实有城市道路面积（TD5）4个指标在第一主成分上的载荷系数较大（所有系数都超过了0.8，绝大部分在0.9左右），可定义为现实的城市空间规模。而行政区域土地面积（TD1）在第二主成分上的载荷系数较大，城市的行政区域是城市发展的直接经济腹地，特别是与城市边界接壤的区域，更是城市空间扩张的土地储备来源，其面积的大小将影响着城市未来的发展方向，可定义为潜在城市空间规模。

表5-4　2007～2011年城市人口规模指标因子载荷矩阵

年份	RK1	RK2	RK3	RK4	RK5
2007	0.924	0.957	0.984	0.981	0.984
2008	0.926	0.956	0.984	0.983	0.984
2009	0.923	0.953	0.982	0.981	0.983
2010	0.918	0.950	0.981	0.979	0.981
2011	0.915	0.957	0.983	0.984	0.983

表5-5　2007～2011年城市经济规模指标因子载荷矩阵

年份	JJ1	JJ2	JJ3	JJ4	JJ5
2007	0.995	0.995	0.964	0.960	0.948
2008	0.995	0.995	0.964	0.950	0.933
2009	0.995	0.995	0.960	0.949	0.928
2010	0.995	0.995	0.959	0.955	0.909
2011	0.994	0.994	0.959	0.949	0.913

表 5 – 6　2007～2011 年城市用地规模指标因子载荷矩阵

年份	主成分	TD1	TD2	TD3	TD4	TD5
2007	1	0.180	0.927	0.946	0.931	0.892
	2	0.983	0.233	0.158	0.206	0.104
2008	1	0.186	0.930	0.953	0.933	0.891
	2	0.982	0.229	0.145	0.189	0.153
2009	1	0.182	0.931	0.959	0.939	0.898
	2	0.983	0.231	0.149	0.168	0.153
2010	1	0.194	0.931	0.958	0.937	0.906
	2	0.981	0.246	0.162	0.181	0.162
2011	1	0.198	0.909	0.802	0.910	0.898
	2	0.978	0.279	0.108	0.204	0.169

　　因为本研究关注各指标体系的主成分得分，主成分的命名不是重点，所以人口规模和经济规模的主成分没有命名。

　　进行主成分分析之后，城市人口规模指标体系和城市经济规模指标体系都只有一个主成分，我们用相应的主成分得分分别表示城市人口综合指标、城市经济综合规模指标；由于城市用地规模指标的主成分有两个，对应有两个主成分得分，我们用相应的特征根对这两个主成分得分进行加权相加得到城市用地综合规模指标。

　　城市规模涉及城市人口规模、城市经济规模和城市用地规模，这三方面是相互影响、相互关联的。对综合城市规模而言，这三方面的因素孰轻孰重难以取舍；为此，在探讨综合城市规模时，我们认为它们同等重要，分别赋以相同的权重（各 1/3）给城市人口综合指标、城市经济综合指标和城市用地综合指标，对这三个指标加权平均得到综合城市规模指标。

　　在得到综合城市规模指标之后，分别用城市人口规模（用非农人口表示）和综合城市规模指标与下面的综合人均资源消耗指标、综合城市环境质量指标进行计量分析，并比较它们之间的异同。

第四节　资源消耗 – 城市规模、环境质量 – 城市规模实证模型探讨

以下部分，将以本章第二部分的理论模型为基础，使用相关统计和计量方法对我国地级及以上城市的城市规模（分综合城市规模和非农人口——城市人口规模）和综合人均资源消耗及综合城市环境质量进行回归分析，以得到有关中国的经验模型。

一　变量与相关指标的选择

本研究从"资源节约型"和"环境友好型"角度探求城市规模对综合人均资源消耗和综合环境质量的影响。回归时的自变量（即解释变量）是城市规模——综合城市规模或非农人口（城市人口规模），在回归模型中用 zn 或 n 表示；应变量（被解释变量）分别是综合人均资源消耗和综合环境质量，都是综合指标。为使表述简洁，我们把"综合人均资源消耗"简称为"资源消耗"，在模型中用 R 表示；"综合环境质量"简称为"环境质量"，用 EQ 表示。得到相应的回归模型之后，进一步探讨为达到"资源节约型"——最低资源消耗（或资源消耗的持续降低）及"环境友好型"——最好环境质量（或环境质量的快速好转），城市规模应达到一个怎样的水平。与这两个综合指标相关的指标体系的选取如表 5 – 7 所示。

由于资源消耗和环境质量两个变量很难直接测度，本研究使用主成分分析法，从对应指标系统中拟合出一个综合指标来代替上述两个变量。

表 5 – 7　变量及指标的选择

变量	指标	表示符号
城市规模	综合城市规模	zn
	非农人口（万人）	n
资源消耗 （用 R 表示）	人均土地资源（平方米/人）	ZY1
	人均水资源（吨/人）	ZY2
	人均电力资源（千瓦时/人）	ZY3
	人均液化石油气（吨/人）	ZY4
	人均固定资产投资（元/人）	ZY5
	人均 GDP（元/人）	GDP

续表

变量	指标	表示符号
环境质量 （用 EQ 表示）	每平方公里工业废水排放量（万吨）	HJ1
	每平方公里工业二氧化硫排放量（吨）	HJ2
	每平方公里工业烟尘排放量（吨）	HJ3
	万元 GDP 电耗（千瓦时/万元）	HJ4
	万元 GDP 水耗（吨/万元）	HJ5
	工业废水排放量达标率（%）	HJ6
	工业二氧化硫排放达标率（%）	HJ7
	工业烟尘排放达标率（%）	HJ8
	生活垃圾无害化处理率（%）	HJ9
	生活污水处理率（%）	HJ10
	人均绿地面积（平方米）	HJ11
	建成区绿化覆盖率（%）	HJ12
	工业固体废物综合利用率（%）	HJ13

二 主要实证方法

（一）分析软件和数据类型的选择

本研究使用计量分析软件 EViews 对面板数据（Panel Data）进行回归分析。相对于单纯的截面数据或时序数据而言，面板数据具有以下优势：

其一是包含的数据点多，能带来较大的自由度；结合截面信息和时序信息，显著地减少缺省变量带来的影响。

其二是本研究所关注的城市规模同时具有截面维度和时序维度的特征。在本研究中，同一时间点，一个区域或国家存在着大、中、小不同规模的城市，不同规模城市的资源消耗和环境质量等会出现差异；同一城市在不同的时期规模发生了变化，其资源消耗和环境质量等也会发生相应的变动。

这样结合时序信息和截面信息的面板数据就能够反映城市规模在时空上的变动对资源消耗和环境质量的综合影响。

（二）模型的设定与选择

如前所述，面板数据同时具有截面维度和时序维度的两重特征，回归时，模型设定直接决定了其参数估计的有效性；一般需要先对模型设定进行假设检验，以确定模型参数在所有截面、时序样本点上是否具有同样的参数。如果模型形式设定不正确，估计结果将与现实情况偏离很远。

常用面板数据模型有三种类型：无个体影响的不变系数模型、含有个体影响的不变系数模型（即变截距模型）和含有个体影响的变系数模型（变系数模型）。[①] 一般情况下变系数模型使用较少，根据本章前面第二节的理论分析也不适合用变系数模型。故本研究着重考虑无个体影响的不变系数模型和变截距模型。到底选用哪种模型，可根据 F - test 来判断，一般使用协方差分析进行检验。主要检验下面联合假设：

$H_0 : \alpha_1 = \alpha_2 = \cdots = \alpha_n$; $\beta_1 = \beta_2 = \cdots = \beta_n$; $\gamma_1 = \gamma_2 = \cdots = \gamma_n$; $\lambda_1 = \lambda_2 = \cdots = \lambda_n$ 。

$H_1 : \alpha_i (i = 1,2,\cdots,n)$ 不全相等；$\beta_1 = \beta_2 = \cdots = \beta_n$; $\gamma_1 = \gamma_2 = \cdots = \gamma_n$; $\lambda_1 = \lambda_2 = \cdots = \lambda_n$ 。

如果接受原假设 H_0 ，则可以认为样本数据符合无个体影响的不变系数模型；反之，如果拒绝原假设 H_0 ，实证模型接受备择假设 H_1 ，实证模型符合变截距模型。

设变截距模型和无个体影响的不变系数模型的残差平方和分别为 S_1 和 S_2 ，则 F 统计量可通过下面式子计算[②]：

$$F = \frac{\dfrac{(S_2 - S_1)}{[(N-1)(k+1)]}}{\dfrac{S_1}{[NT - N(k+1)]}} \sim F[(N-1)(k+1), N(T-k-1)] \qquad (5-6)$$

其中，$N = 286$ 为个体截面成员个数，$T = 5$ 为每个截面成员的观测时期总数，$k = 1$ 为变量的向量维数。若计算得到的统计量 F 的值不小于给定置信度下的相应临界值，则拒绝原假设 H_0 ，接受备择假设 H_1 ，使用变截

---

① 不变系数模型也称联合回归模型（Pooled Regression Model），该模型假设在个体成员上既无个体影响也无结构变化，即各成员方程的截距及各项系数都相同。变截距模型也称个体均值修正回归模型（Individual - mean Corrected Regression Model），假设在个体成员上存在个体影响而无结构变化。变系数模型也称无约束模型（Unrestricted Model），假设在个体成员上既有个体影响也有结构变化。

② 高铁梅：《计量经济学分析方法与建模》，清华大学出版社，2006。

距模型拟合样本。反之，则使用无个体影响的不变系数模型。

在进行数据处理时，使用主成分分析方法对原始指标体系进行综合测度，得到对应的主成分得分序列。我们用各自主成分对应的特征根为权重，对各主成分得分进行加权平均，分别表示综合资源消耗和综合环境质量[①]。经计算得到各模型的 F 值如表 5 - 8 所示。

表 5 - 8　回归模型的选择

	资源消耗 - 城市规模		环境质量 - 城市规模	
	综合城市规模	城市人口规模	综合城市规模	城市人口规模
F 值	42.37	45.56	4.16	4.32
显著水平（%）	1	1	1	1
临界值	1.00	1.00	1.00	1.00
选择的模型	变截距模型	变截距模型	变截距模型	变截距模型

按照表 5 - 8 的相应数据，各模型的 F 值都大于置信度为 1% 时所对应的临界值，故选用变截距模型对样本进行回归。

变截距模型又可分为固定效应模型（Fixed Effect Model）和随机效应模型（Random Effect Model）。从计量的角度，由于本研究中所选择的城市样本是全部地级及以上城市，故使用固定效应模型比较合适。另外从截面成员的角度，我国幅员辽阔，各城市所处的地理位置、区位条件、文化传统等有较大的不同，使得各城市在资源消耗和环境质量等方面会产生事实上的差异。故在选择回归模型时要体现各截面成员的区别。

另外，从时期变化的角度看，样本的时期跨度为 2007 ~ 2011 年，尽管这期间是中国城市化快速发展时期。城市化的快速发展最显著的表现就是城镇人口的迅速增长，即各级城市规模的扩张；进一步又将引起包括资源消耗和环境质量等在内的各种因素产生相应的变化。但由于时间跨度较短（相对于截面成员数），时期变更所产生的影响在本研究中不予考虑（个别模型会有所调整）。

基于上述分析，总体上，我们选择变截距模型（固定效应）对样本进行回归分析，选择时期不固定（Period - none）；为消除截面异方差，权重

---

①　具体的分析过程见后面对应的部分。

选择截面加权（Cross Section Weights）；估计方法使用最小二乘法［LS - Least Squares（and AR）］。具体回归时随样本和模型的变化会有所调整。

最后，根据本章第二节的简约方程（5 - 4），我们先进行三次项回归（更高次幂及其他函数形式的模型本研究不做讨论），再对三次项的回归系数进行 Wald 检验，以确定其系数是否为零。如果三次项系数不为零，进一步根据模型的各项系数，来确定模型是否为 N 形曲线；如果三次项系数等于零，则对数据进行二次项回归，然后对二次项系数进行 Wald 检验，以确定模型是否为 U 形曲线。如果二次项系数不为零，模型就是 U 形曲线；否则，模型就演化为直线。

根据上述分析，我们将简约方程（5 - 4）具体设定为：

$$X_{it} = \alpha + \alpha_i^* + \beta n_{it}^3 + \gamma n_{it}^2 + \lambda n_{it} + \varepsilon_{it}, \ t = 1, 2, \cdots, T, \ i = 1, 2, \cdots, M \qquad (5-7)$$

其中，α 为所有地级市的平均资源消费水平（平均环境质量水平），α_i^* 为反映各截面成员差异的常数，反映不同城市间的资源消费结构差异（或污染类型、结构差异）。其他参数的含义与简约方程（5 - 4）一样。

三　数据来源及处理

本研究的数据主要来源于《中国城市统计年鉴》（2008～2012 年），以历年的地级及以上城市为研究样本（不包括港、澳、台和西藏地区的城市）。其中贵州省的铜仁市和毕节市 2011 年升为地级市，之前的数据统计口径不一致，我们把它们从样本中删去；安徽省的巢湖市 2011 年被并到合肥市，为保证研究样本尽量大，我们把它统计为研究样本，这样总样本中包括 286 个地级及以上城市。

为尽量减少数据缺失带来的干扰，本研究一方面使用包括截面数据和时序数据的面板数据，进行回归分析；同时，用相应年份的均值代替部分缺失数据，缺失年份较多的用相应指标全部城市的均值代替。

进一步，根据系统工程理论和多元统计方法，把上述资源消耗和环境质量原始指标对应拟合为一个综合指标（综合资源消耗指标和综合环境质量指标）——对原始数据进行综合测度，最后用综合资源消耗指标和综合环境质量指标做进一步分析。

四 资源节约型城市规模实证模型探讨

(一) 资源消耗相关指标的解释

一个城市的日常运行所需要的资源是多种多样的。考虑到数据获得的可行性及其代表性,本研究选择如表 5 - 7 所示的人均土地资源 (ZY1)、人均水资源 (ZY2)、人均电力资源 (ZY3) 和人均液化石油气 (ZY4)[1]作为城市资源消耗的代表,同时以人均固定资产投资 (ZY5) 和人均 GDP 代表其他资源的消耗 (如钢铁、水泥等),用这 6 个指标组成资源指标体系。同样,这些人均指标也不能直接从《中国城市统计年鉴》中获取,要进行相应计算,其中:

人均土地资源 (平方米/人) = 建成区面积 (平方米) /市区总人口 (人)

人均水资源 (吨/人) = 全年供水总量 (吨) /市区总人口 (人)

人均电力资源 (千瓦时/人) = 全年用电总量 (千瓦时) /市区总人口 (人)

人均液化石油气 (吨/人) = 液化石油气家庭用量 (吨) /市区总人口 (人)

人均固定资产投资 (元/人) = 固定资产投资总额 (元) /市区总人口 (人)

历年的城市统计年鉴中,建成区面积、全年供水总量、全年用电总量、液化石油气家庭用量、固定资产投资总额等都取市辖区数据,所以计算对应人均指标时,其分母应为市区总人口而不是市区非农人口。

由于使用相关资源的人均消耗值 (占用值) 来表示资源消耗,故不再使用万元 GDP 电耗 (水耗、能耗) 之类的指标来反映资源的消耗情况,而把它们作为反映城市环境质量的指标 (而且是负向指标——万元 GDP 电耗值越大,环境质量就可能越差)。这也是本研究资源消耗指标体系选择的特殊之处。

(二) 综合人均资源消耗指标的计算

在综合分析上述 6 个资源指标时,不区分资源的生产性消耗和生活性消耗。根据系统工程理论和多元统计方法,把上述原始指标拟合为一个综合指标——对原始数据进行综合测度。同样利用主成分分析对原始数据进

---

[1] 在《中国城市统计年鉴》中还有"煤气供气总量"这一指标,但许多城市这一数据为零或缺失,故在选取资源指标时,将其排除。

行处理。主成分分析的任务之一是计算主成分，可由 SPSS 软件完成；另一任务是确定主成分个数。本研究综合使用累计贡献率法和特征根法来确定主成分的个数，当提取 4 个主成分时，能解释原始指标 89% 以上的信息。结果如表 5－9 所示。

表 5－9　历年各资源因子主成分特征值

年份	第一主成分特征值	第二主成分特征值	第三主成分特征值	第四主成分特征值	累计百分比（%）
2011	1.687	1.589	1.057	1.054	89.771
2010	1.797	1.549	1.038	1.037	90.351
2009	1.731	1.668	1.021	1.001	90.345
2008	1.752	1.677	1.016	1.008	90.881
2007	1.774	1.649	1.019	1.010	90.855

以主成分特征值为权重，将 4 个主成分得分加权平均得到综合人均资源消耗指标。进一步将综合人均资源消耗指标和综合城市规模指标或人口规模指标，按第二节的理论模型进行面板回归。

（三）资源节约型城市规模经验模型实证过程

1. 模型估计

利用综合资源消耗指标与历年的综合城市规模（或城市人口规模——城市非农人口）建立面板数据库，以各地级城市为截面成员，取 2007～2011 年时间段。以各地级城市的城市综合城市规模（或城市人口规模——城市非农人口）为自变量，即解释变量，对应的资源消耗为因变量，即被解释变量，按照以上设定的模型（5－7）进行回归，得到表 5－10 所示经验模型。

表 5－10　资源消耗－城市规模模型回归结果

参　　数	综合城市规模	城市人口规模
C	0.1012 （13.8888*）	0.1514 （6.9904*）
zn	0.9529 （18.9367*）	－0.0025 （－6.5912*）
$(zn)^2$	－0.1840 （－12.1217*）	4.79×10^{-6} （4.4224*）

参　　数	综合城市规模	城市人口规模
$(zn)^3$	0.0127	-3.05×10^{-9}
	(7.8277^*)	(-4.2050^*)
R^2	0.9956	0.9960
$Adj-R^2$	0.9945	0.9950
$F-statistic$	901.1117	991.0621
曲线形状	单调递增	单调递减
转折点（万人）	—	—
残差单位根检验	无单位根	无单位根
最优城市规模（万人）	—	—
适度城市范围（万人）	100 万人以下	全部城市（与现实不符）
样本个数（个）	286	286
观测时期数（年）	5	5

注：括号内数值为 t 值；$*$ 表示在 1% 的水平上显著。

我们先进行三次项回归，再对三次项的回归系数进行 Wald 检验，以确定其系数是否为零，即确定模型是 N 形曲线还是 U 形曲线。

公式（5-7）中的 α_i^* 为反映各截面成员差异的常数，在此可以解释为：各样本城市对基本资源消耗的偏离，反映不同城市的资源消费结构的差异。由于截面成员多达 286 个，该值不便于全部报告，表 5-11 列举了部分截面成员的 α_i^* 值和对应的综合城市规模及城市人口规模（2011 年数值）。

表 5-11　资源消耗-城市规模模型中部分反映各截面成员差异的常数 α_i^*

城市	上海	北京	广州	福州	衡阳	廊坊	酒泉
综合规模	7.57	7.01	3.77	0.49	-0.09	-0.30	-0.42
α_i^* 值	-1.90	-1.75	-0.83	-0.14	0.22	-0.02	0.07
人口规模（万人）	1247	985	673	160	97	50	16
α_i^* 值	1.84	0.95	1.24	0.48	0.24	-0.25	-0.38

表 5 – 11 中数据显示，α_i^* 值与综合城市规模大致表现出负相关特性，而与城市人口规模却表现为正相关特性。即综合城市规模指数越大，其对平均资源消耗的负向偏离就越大——资源消耗指数越低；城市人口规模越大，其对平均资源消耗的正向偏离就越大——资源消耗指数越高。将对应 α_i^* 值分别与 2011 年的综合城市规模指数、非农人口进行相关分析，相关系数分别为 – 0.5 和 0.46。该相关系数不是很高，也进一步说明表 5 – 11 模型中资源消耗主要与其自变量（综合城市规模或城市人口规模）有关。

另外，α_i^* 值不改变模型的曲线形状，只反映曲线在纵轴方向的位置变化。

2. 模型设定与稳定性检验

由模型中各变量系数 t 统计量及 F 值可知，所有系数均在 90% 以上的置信水平下联合显著，R^2 值及调整后的 R^2 值均在 0.92 以上，表明模型拟合度很高。接下来，进一步作模型设定形式与稳定性检验。

首先，对模型的三次项系数 c（1）进行 Wald 检验，结果如表 5 – 12 所示。

表 5 – 12　资源消耗 – 城市规模模型的 Wald 检验结果

	资源消耗 – 综合城市规模模型		资源消耗 – 城市人口规模模型	
	值	P 值	值	P 值
F	192.8990	0.00	48.8656	0.00
χ^2	192.8990	0.00	48.8656	0.00
原假设（约束条件）：c（1）=0				

因为只有一个约束条件，F 统计量和 χ^2 统计量等价。根据其 P 值，相伴概率接近于零，即在 1% 的显著水平上拒绝 c（1）=0 的原假设。所以约束条件 c（1）=0 不成立，模型的三次项系数不为零，模型不存在设定形式的偏差问题。

其次，进一步对表 5 – 10 中模型的残差进行单位根检验，结果如表 5 – 13 所示，表中各种检验方法对应的观测值个数都是 1136 个。

表 5 – 13 资源消耗 – 城市规模模型的残差单位根检验结果

模型分类	检验方法	零假设	统计量	P 值
资源消耗 – 综合 城市规模模型	LLC	有单位根	– 24.1939	0.0000
	IPS	有单位根	– 4.8465	0.0000
	ADF	有单位根	646.422	0.0123
	PP	有单位根	768.641	0.0000
资源消耗 – 城市 人口规模模型	LLC	有单位根	– 20.3973	0.0000
	IPS	有单位根	– 5.4823	0.0000
	ADF	有单位根	667.306	0.0025
	PP	有单位根	834.617	0.0000

由检验结果可知，只有 ADF 检验方法在 5% 的显著水平上拒绝有单位根的原假设，其他都在 1% 的显著水平上拒绝有单位根的原假设，即残差序列是平稳的，说明回归方程不是伪回归，计量经验模型具有内在稳定性。

（四）资源节约型城市规模经验模型分析

1. 曲线转折点的确定

将表 5 – 10 的两模型及其导函数分别用图形表示，得到图 5 – 9、图 5 – 10。经过对模型系数的检验可知：资源消耗 – 综合城市规模的三次项系数大于零，二次项系数小于零，一次项系数 λ 为：

$$\lambda = 0.9529 > \frac{\gamma^2}{3\beta} = \frac{(-0.184)^2}{3 \times 0.0127} = 0.8886$$

其中，β 和 γ 分别为表 5 – 10 中模型的三次项系数和二次项系数，不能满足条件 $\lambda < \frac{\gamma^2}{3\beta}$，故模型不是标准正 N 形曲线。结合图 5 – 9 所示的资源消耗 – 综合城市规模模型导函数，其斜率大于零。所以，资源消耗 – 综合城市规模模型演变为一单调递增的曲线，没有转折点。

资源消耗 – 城市人口规模的三次项系数小于零，二次项系数大于零，一次项系数 λ 为：

$$\lambda = -0.0025 > \frac{\gamma^2}{3\beta} = \frac{(0.00000479)^2}{-3 \times 0.00000000305} = -0.00251$$

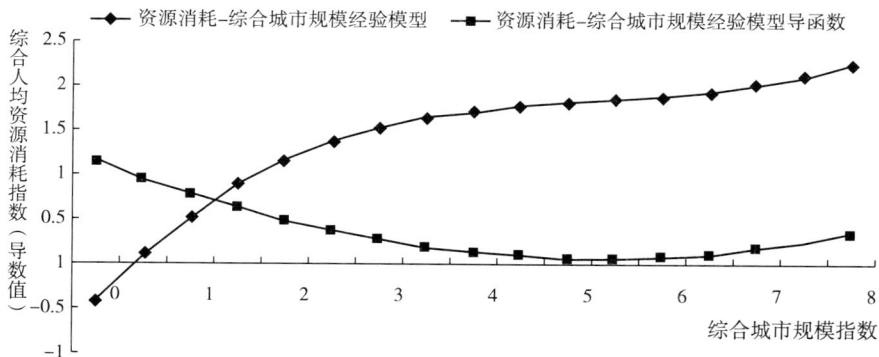

图 5 - 9　资源消耗 - 综合城市规模经验模型及其导函数

满足倒 N 形曲线条件；结合图 5 - 10 所示的资源消耗 - 城市人口规模模型导函数，其斜率小于零且接近于零；由于横坐标与纵坐标单位相差太大，导函数曲线几乎与横轴重合。所以，资源消耗 - 城市人口规模模型演变为一单调递减曲线，也无转折点。

2. 资源节约型最优和适度城市规模的确定

由于资源消耗 - 综合城市规模模型演变为一单调递增曲线，而资源消耗 - 城市人口规模模型则演变为单调递减曲线，所以，两经验模型都不存在资源节约型最优城市规模。

按照本章第二节适度城市规模确定的原则：资源消耗 - 城市规模曲线的快速下降阶段，或资源消耗相对较低。如果把综合人均资源消耗指数小于零确定为资源消耗相对较低状态，则资源消耗 - 城市人口规模模型中所有的城市都满足条件，都是资源节约型适度城市规模，显然不符合现实情况，这也是只以非农人口来度量城市规模所产生的不足之处。而在资源消耗 - 综合城市规模模型中，当综合城市规模指数小于 0.105 时，综合人均资源消耗指数小于 0，资源消耗相对较低，符合资源节约型适度城市规模要求。

3. 原因分析

按照本章第二节的资源消耗 - 城市规模理论模型，它们之间的曲线关系是正 N 形的，而中国的资源消耗 - 综合城市规模的实证模型却由正 N 形曲线演变成单调递增曲线。在综合城市规模较小时表现出与理论模型一致;但随着综合城市规模的扩张,并没有出现人均资源消耗下降的趋势,而表现出人均资源消耗持续上升,与理论分析有一定差距。我们认为其主要原因在于中国城市供给不足及粗放型的经济增长模式。

一方面,城市供给不足导致城市基础设施落后于城市经济与社会发展,不利于城市资源发挥规模经济效应,使得单位资源的产出降低,资源消耗上升。

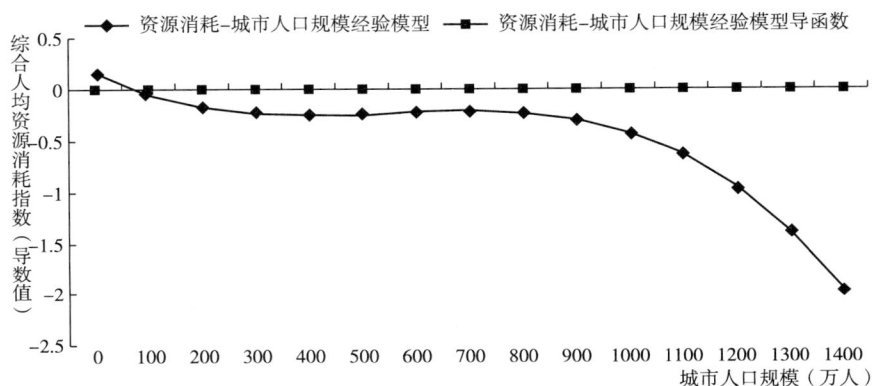

图 5 – 10 资源消耗 – 城市人口规模经验模型及其导函数

另一方面,中国快速的经济增长是建立在粗放型经营模式之上的。能源利用率低,主要工业产品的单位产品能耗要比发达国家高 30% 以上,单位产值能耗比世界平均水平高 2.4 倍,能源效率比国际先进水平低 10 个百分点。目前,中国单位 GDP 能耗是美国的 4.3 倍、德国和法国的 7.7 倍、日本的 11.5 倍;单位 GDP 水耗是美国的 10 倍、日本的 24 倍。粗放型增长模式导致资源消耗加剧。

资源消耗 – 城市人口规模经验模型由正 N 形曲线演变成单调递减曲线,即人均资源消耗随城市人口规模的扩张而持续下降,并且人均资源消耗保持在低水平状态。这不符合我国的现状,也与第二章的理论分析不相符,我们认为是由于城市规模由单一的非农人口指标度量所产生的缺陷。其适度城市规模也不便于讨论。

4. 经验模型的现实意义

资源消耗 – 综合城市规模模型具有一定的现实指导意义(资源消耗 –

城市人口规模的经验模型不予讨论）。

现阶段，我国的城市都处于人均资源消耗随综合城市规模扩张而递增阶段，不利于资源的可持续利用——从"资源节约型"角度，城市规模不是越大越好。我国现实状况要求在城市化过程中强调城市集约化的内涵发展。我国包括土地在内的各种资源的人均值远低于世界平均水平，要使城市的发展满足可持续性要求，不能走传统的粗放发展道路，要走集约化的内涵发展道路，以缓解资源条件对可持续发展的制约。

一方面要降低整个曲线纵坐标，使人均资源消耗整体上得到下降；另一方面要增加曲线前部分（曲线斜率递减部分）斜率递减的力度，使人均资源消耗由递增转为递减。为此，要加快推动经济增长方式的转变，推广节能技术，降低单位产值的能耗；发展循环经济，提高资源利用效率。同时，在消费领域要提倡绿色消费，建立废旧物资回收利用、垃圾分类处理的制度安排，充分利用各种资源。

5. 经验模型的历史比较

之前，利用变截距模型对我国 1996～2005 年的面板数据进行分析，得到我国的城市人口规模－资源消耗经验模型为正 N 形曲线。本研究中（2007～2011 年的面板数据），资源消耗－城市人口规模变截距经验模型，基本满足倒 N 形曲线条件，但最终演变为一单调递减曲线；而资源消耗－综合城市规模变截距经验模型，基本满足正 N 形曲线条件，但最终演变为一单调递增曲线。由于研究时期的变更及综合城市规模指标的使用，经验模型不一定具有可比性，导致两个不同时期经验模型的差异较大，同时也说明我国城市化快速发展时期，各种经济发展指标（包括资源消耗）也在变化之中。

五　环境友好型城市规模经验模型探讨

（一）环境质量相关指标的解释

我国是一个发展中国家，并且正在经历着社会与经济体制的变革。这些因素使得我国环境保护及相关统计制度的建立在逐步完善之中，导致反映我国城市环境质量的指标不成体系，缺乏时间上的延续性。在 1997 年以前的《中国城市统计年鉴》中没有专门涉及城市环境状况的统计指标。之后，城市环境状况的统计指标逐步引入。1997～2001 年，与城市环境有关的指标有：每平方公里工业二氧化硫排放量、环境噪声达标面积、工业废水排放达标率、建成区绿化覆盖率。2002 年增加了环境污染治理投资额、"三废"综合利用产品产值、生活污水处理率、生活垃圾无害化处理率等指标，但工业二氧化硫排放量指标缺失。2003 年增加了工业烟尘排放量，并把与城市环境状况有关的统计指标调整为 4 类[①]：环境治理投资额、环境治理、废物处理和城市绿化，但环境噪声达标面积被取消；环境指标的 4 类划分一直持续到 2010 年（2011 年的统计年鉴），2011 年（2012 年的统计年鉴）把城市绿化有关的 4 个指标归到"市政公用事业"类。

综合考虑环境指标的变化及其可获得性，我们设计了表 5 - 7 所示的 13 个指标来综合反映城市的环境质量。它们是：每平方公里工业废水排放量、每平方公里工业二氧化硫排放量、每平方公里工业烟尘排放量、万元 GDP 电耗、万元 GDP 水耗、工业废水排放量达标率、工业二氧化硫去除达标率、工业烟尘去除达标率、生活垃圾无害化处理率、生活污水处理率、人均绿地面积、建成区绿化覆盖率、工业固体废物综合利用率。

其中生活垃圾无害化处理率、生活污水处理率、人均绿地面积、建成区绿化覆盖率、工业固体废物综合利用率 5 个指标直接来源于不同年份的《中国城市统计年鉴》；每平方公里工业废水排放量、工业二氧化硫排放量和工业烟尘排放量等于对应的污染排放量除以市辖区行政区域面积；万元 GDP 电耗、万元 GDP 水耗分别等于市辖区用电和用水总量除以市辖区 GDP 总量；工业废水排放量达标率等于达标量除以排放量，工业二氧化硫去除达标率、工业烟尘去除达标率分别等于去除量除以产生量。

在上述一系列指标中，我们可以把它们分为两类：绝对指标和相对指标。本研究所涉及的绝对指标有：每平方公里工业废水排放量、每平方公

---

① 其中环境治理投资额包括环境污染治理投资总额、城市环境基础设施建设本年完成投资额、"三废"综合利用产品产值；环境治理包括工业废水排放量、工业废水排放达标量、工业二氧化硫去除量、工业二氧化硫排放量、工业烟尘去除量、工业烟尘排放量；废物处理包括工业固体废物综合利用率、城镇生活污水集中处理率、生活垃圾无害化处理率；城市绿化包括园林绿地面积、人均绿地面积、建成区绿化覆盖面积、建成区绿化覆盖率等。

里工业二氧化硫排放量、每平方公里工业烟尘排放量、万元 GDP 电耗、万元 GDP 水耗、人均绿地面积。这 6 个绝对指标中前面 5 个指标是负向指标，人均绿地面积是正向指标。相对指标有：工业废水排放达标率、工业二氧化硫去除达标率、工业烟尘去除达标率、生活垃圾无害化处理率、城镇生活污水集中处理率、建成区绿化覆盖率、工业固体废物综合利用率。这 7 个相对指标都是正向指标。

"生活垃圾无害化处理率"数据缺失较多，我们用相应年份的平均值代替；对于一些 5 年数据都缺失的城市，用所有城市的对应年份的均值代替。

（二）综合环境质量指标的计算

在综合分析上述 13 个环境质量指标时，还是利用主成分分析对原始数据进行处理①（与前面综合资源消耗指标的处理一样，不做详细报告）。以主成分特征值为权重，将各主成分得分加权平均得到综合环境质量指标。进一步将综合环境质量指标和综合城市规模指标或人口规模指标，按第二节的理论模型进行面板回归。

（三）环境友好型城市规模经验模型实证过程

1. 模型估计

利用综合环境质量指标与历年的综合城市规模（或城市人口规模——城市非农人口）建立面板数据库，以各地级城市为截面成员，取 2007 ~ 2011 年时间段。以各地级城市的综合城市规模（或城市人口规模——城市非农人口）为自变量，即解释变量，对应的环境质量为因变量，即被解释变量，按照本章第二节理论模型进行回归，得到表 5 - 14 的经验模型。

同样，我们先进行三次项回归，再对三次项的回归系数进行 Wald 检验，以确定其系数是否为零，即确定模型是 N 形曲线还是 U 形曲线。

经尝试，发现回归后环境质量 - 城市人口规模模型的二次项系数的显著性不高，于是令其二次项系数等于零，重新回归，结果如表 5 - 14 所示。

---

① 为尽量多地保留原始指标的信息量，在对环境指标体系进行主成分分析时，提取了 9 个主成分，能保留原始指标 85% 以上的信息。

表 5 - 14　环境质量 - 城市规模模型回归结果

参数	综合城市规模	城市人口规模
C	- 0.0205	0.1633
	(- 1.5962 ***)	(5.2896 *)
zn	- 0.2463	- 0.0021
	(- 2.7935 *)	(- 5.4299 *)
$(zn)^2$	0.0409	0
	(1.7699 **)	
$(zn)^3$	- 0.0033	1.01×10^{-9}
	(- 1.9055 **)	(4.5777 *)
R^2	0.9167	0.9244
$Adj - R^2$	0.8956	0.9053
$F - statistic$	43.5328	48.5841
曲线形状	单调递减	正 U 形曲线
转折点（万人）	—	832.5
残差单位根检验	无单位根	无单位根
最优城市规模（万人）	—	—
适度城市范围（万人）	100 以下	60 以下
样本个数（个）	286	286
观测时期数（年）	5	5

注：括号内数值为 t 值；*、**、***分别表示在 1%、10%、15%的水平上显著。

公式（5 - 7）中的 α_i^* 为反映各截面成员差异的常数，在环境质量 - 城市人口规模模型中可以解释为：各样本城市对平均环境质量的偏离，反映不同城市的基本环境状况的差异。同样由于截面成员多达 286 个，该值不便于全部报告，表 5 - 15 列举了部分截面成员的 α_i^* 值和对应的综合城市规模及城市人口规模（2011 年数据）。

表 5 - 15 中数据显示，α_i^* 值与综合城市规模、城市人口规模大致表现出正相关特性。即综合城市规模指数越大、城市人口规模越大，其对基本环境状况的正向偏离就越大——环境质量越好，表现出城市规模越大，环境治理的能力将越强。将对应的 α_i^* 值分别与 2011 年的综合城市规模指数和非农人口进行相关分析，相关系数分别为 0.54 和 0.58。与资源消耗 - 城市规模模型相比，相关系数更低，说明环境质量 -

城市规模模型中，环境质量受城市规模（综合城市规模或城市人口规模）的影响更大。

同样，α_i^* 值不改变模型的曲线形状，只反映曲线在纵轴方向的位置变化。

表 5 – 15　环境质量 – 城市规模模型中部分反映各截面成员差异的常数 α_i^*

城市	上海	北京	广州	福州	衡阳	廊坊	酒泉
综合规模	7.57	7.01	3.77	0.49	– 0.09	– 0.30	– 0.42
α_i^* 值	1.21	– 0.93	0.84	0.22	0.07	0.26	– 0.30
人口规模	1247 万人	985 万人	673 万人	160 万人	97 万人	50 万人	16 万人
α_i^* 值	0.67	0.93	1.19	0.25	0.12	0.26	– 0.34

2. 模型设定与稳定性检验

由模型中各变量系数的 t 统计量及 F 值可知，所有系数均在90%以上的置信水平下联合显著，R^2 值及调整后的 R^2 值均在 0.89 以上；表明模型拟合度很高。接下来，进一步作模型设定形式与稳定性检验。

首先，对模型的三次项系数 c（1）进行 Wald 检验，结果如表 5 – 16 所示。

表 5 – 16　环境质量 – 城市规模模型的 Wald 检验结果

	环境质量 – 综合城市规模模型		环境质量 – 城市人口规模模型	
	值	P 值	值	P 值
F	2.5478	0.1107	7.6589	0.0057
χ^2	2.5478	0.1107	7.6589	0.0057

原假设（约束条件）：c（1）＝0

因为只有一个约束条件，F 统计量和 χ^2 统计量等价。根据其 P 值，环境质量 – 综合城市规模模型的三次项系数在12%的显著水平上拒绝 c（1）＝0的原假设。所以约束条件 c（1）＝0 不成立，模型的三次项系数不为零，模型不存在设定形式的偏差问题。

环境质量 – 城市人口规模模型的三次项系数在1%的显著水平上拒绝

c（1）=0 的原假设。所以约束条件 c（1）=0 不成立，模型的三次项系数不为零，同样，模型不存在设定形式的偏差问题。

其次，进一步对表 5－14 中模型的残差进行单位根检验，结果如表 5－17 所示，表中各种检验方法对应的观测值个数都是 1136 个。

表 5－17　环境质量－城市规模模型的残差单位根检验结果

模型分类	检验方法	零假设	统计量	P 值
环境质量－综合 城市规模模型	LLC	有单位根	－ 51. 6250	0. 0000
	IPS	有单位根	－ 10. 7663	0. 0000
	ADF	有单位根	750. 207	0. 0000
	PP	有单位根	876. 131	0. 0000
环境质量－城市 人口规模模型	LLC	有单位根	－ 143. 927	0. 0000
	IPS	有单位根	－ 22. 9112	0. 0000
	ADF	有单位根	752. 423	0. 0000
	PP	有单位根	882. 393	0. 0000

由检验结果可知，所有检验方法都在 1% 的显著水平上拒绝有单位根的原假设，即残差序列是平稳的，说明回归方程不是伪回归，计量经验模型具有内在稳定性。

（四）环境友好型城市规模经验模型分析

1. 曲线转折点的确定

将表 5－14 的两模型及其导函数用图形表示，得到图 5－11、图 5－12。经过对模型的系数的检验可知：环境质量－综合城市规模的三次项系数小于零，二次项系数大于零，一次项系数 λ 为：

$$\lambda = -0.2463 < \frac{\gamma^2}{3\beta} = \frac{(0.0409)^2}{3 \times (-0.0033)} = -0.1690$$

其中 β 和 γ 分别为表 5－14 中模型的三次项系数和二次项系数，不能满足条件 $\lambda > \frac{\gamma^2}{3\beta}$，故模型不是标准倒 N 形曲线；结合图 5－11 所示的环境质量－综合城市规模模型导函数，其斜率小于零。所以，环境质量－综合城市规模模型演变为一单调递减的曲线，无转折点。

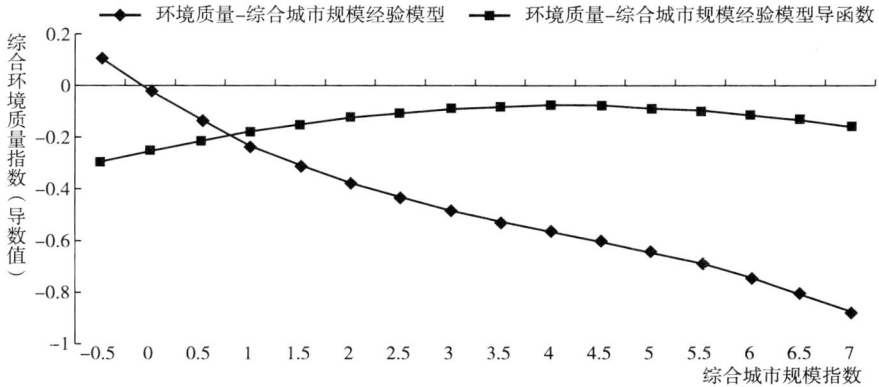

图 5－11　环境质量－综合城市规模经验模型及其导函数

环境质量－城市人口规模的三次项系数大于零，二次项系数等于零；结合图 5－12 所示的环境质量－城市人口规模模型曲线形状，在如图所示的城市规模范围内，环境质量－城市人口规模模型演变为正 U 形曲线。进一步，令其导函数等于 0，解得对应转折点的城市人口规模为 $n^* = 830$ 万人。

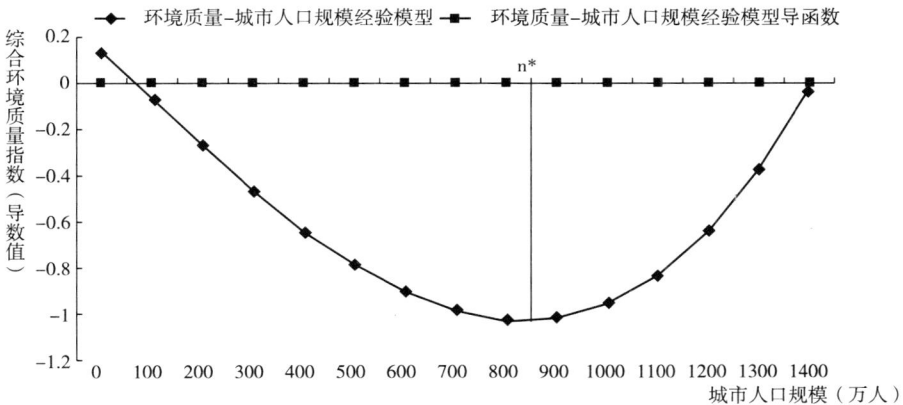

图 5－12　环境质量－城市人口规模经验模型及其导函数

2. 环境友好型最优和适度城市规模的确定

由于环境质量－综合城市规模模型演变为一单调递减曲线，而环境质量－城市人口规模则演变为正 U 形曲线，所以，两个经验模型都不存在环境友好型最优城市规模。

按照本章第二节适度城市规模确定的原则：环境质量－城市规模曲线的

快速上升阶段，或环境质量相对较高。如果把综合环境质量指数大于零确定为环境质量相对较好状态，则环境质量－综合城市规模模型中，当综合城市规模指数小于 － 0.05 时，综合环境质量指数大于零，可认为是环境友好型适度城市规模。而在环境质量－城市人口规模模型中，城市人口规模在 60 万人以下时，综合环境质量指数大于零，可界定为环境友好型适度城市规模。

3. 原因分析

按照本章第二节的环境质量－城市规模理论模型，它们之间的曲线关系是倒 N 形的，而中国的环境质量－综合城市规模的实证模型却演变成单调递减曲线。在综合城市规模较小时表现为与理论模型一致；但随着综合城市规模的扩张，并没有出现城市环境质量好转的趋势，而表现出城市环境质量持续下降，与理论分析有一定差距，但基本符合我国的现状。

环境质量－城市人口规模的实证模型演变成正 U 形曲线，即城市环境质量随城市人口规模的扩张先下降，在达到环境质量最低点后转而上升。在城市人口小于 60 万人时，城市环境质量指标相对较高，之后城市环境质量随城市规模扩张而下降，基本与我国的现状相符合。到达转折点 $n^* =$ 830 万人之后，经验模型显示城市环境质量随城市规模扩张得到改善，但城市环境质量指标相对较低（小于零），但这不符合我国的现状。事实上我国的许多城市的环境质量有进一步恶化的趋势。《迈向环境可持续的未来：中华人民共和国国家环境分析》[1] 中列举一个关键的事实是，中国最大的 500 个城市中，只有不到 1% 达到世界卫生组织推荐的空气质量标准；世界上污染最严重的 10 个城市之中，有 7 个在中国。

总之，当综合城市规模指数小于 － 0.05 时或城市规模较小时（小于 830 万人时，这只是经验数据），环境质量－综合城市规模、环境质量－城市人口规模两个经验模型基本与理论模型一致，也大致能反映我国的环境质量的现状——城市环境质量随城市规模的扩张而恶化。我们认为其原因在于：

第一，我国特殊的城市化政策。改革开放之前的重工业优先发展、限制人口正常流动的户籍政策等制约了城市化发展，特别是为"超英赶美"而忽视了

---

① 张庆丰、〔美〕克鲁克斯：《迈向环境可持续的未来：中华人民共和国国家环境分析》，中国财政经济出版社，2012。

城市生活功能的提升，致使城市基础设施建设落后、缺乏规划或规划不合理，最终导致城市扩张过程中各种污染物的处理能力不足，城市环境质量恶化。

第二，人口、资源的过度聚集。由于中国是一个人口大国，第四章的数据显示，2011 年我国包括县级市在内的城市平均人口达到 56 万人；随着人口的聚集，其他各种资源聚集于城市，特别是大城市，加上我国粗放型的经济增长模式，各种污染物也聚集在大城市，使得大城市环境质量持续下降。

4. 经验模型的现实意义

环境质量 – 综合城市规模模型和环境质量 – 城市人口规模模型具有一定的现实指导意义。

无论是从综合城市规模还是人口规模的角度，我国现阶段大部分城市处于环境质量持续下降时期，保护城市环境是我国城市共同的难题，环境友好型社会建设任务艰巨。从"环境友好"角度，城市规模也不是越大越好。

5. 经验模型的历史比较

之前的城市人口规模 – 环境质量变截距经验模型为正 N 形曲线（我国 1997 ~ 2006 年的面板数据），本研究中（2007 ~ 2011 年的面板数据），环境质量 – 城市人口规模变截距经验模型是正 U 形曲线，环境质量 – 综合城市规模变截距经验模型，基本满足倒 N 形曲线条件，但最终演变为一单调递减曲线。同样，由于研究时期的变更及反映城市环境指标的变动，经验模型不一定具有可比性，导致两个不同时期经验模型的差异较大，同时也说明我国城市化快速发展时期，城市环境统计指标变更大。

第五节　全国范围经验模型的最优和适度城市规模

综合上述分析，全国范围的四个模型都不存在最优城市规模。经验模型显示无论是"资源节约型"还是"环境友好型"的城市规模都不宜过大。进一步，从综合城市规模指数考虑，全国范围资源节约型适度综合城市规模指数是小于 0.105，环境友好型适度综合城市规模指数是小于 – 0.050。基于城市人口规模，全国范围资源消耗 – 城市人口规模经验模型不能解释我国城市资源消耗现状，其适度城市规模不予讨论；环境友好型适度城市规模为 60 万人以下。

第六节 分区域的经验模型比较

从东、中、西及东北地区四区域的角度，利用上述方法，分区域探讨资源消耗 – 综合城市规模（城市人口规模）、环境质量 – 综合城市规模（城市人口规模）的经验模型。

一 模型的选择

在符合要求的286个总城市样本中包括东部城市87个、中部城市81个、西部城市84个、东北地区城市34个。由于样本数量发生了变化，故需要重新对模型的选择进行检验。与前面模型选择一样，我们仍然着重考虑无个体影响的不变系数模型和变截距模型，按照本章第四节的假设检验方法，各区域的 F – test 值及模型的选择如表5 – 18所示。

表5 – 18 分区域各回归模型的选择

		资源消耗 – 综合城市规模	资源消耗 – 城市人口规模	环境质量 – 综合城市规模
东部地区	F – test 值	60.44	0.55	4.07
	显著水平（%）	1	1	1
	临界值	1.32	1.32	1.32
	选择的模型	变截距模型	变截距模型	变截距模型
中部地区	F – test 值	44.19	39.06	8.49
	显著水平（%）	1	1	1
	临界值	1.32	1.32	1.32
	选择的模型	变截距模型	变截距模型	变截距模型
西部地区	F – test 值	34.10	39.76	2.31
	显著水平（%）	1	1	1
	临界值	1.32	1.32	1.32
	选择的模型	变截距模型	变截距模型	变截距模型
东北地区	F – test 值	29.06	21.61	2.10
	显著水平（%）	1	1	1
	临界值	1.59	1.59	1.59
	选择的模型	变截距模型	变截距模型	变截距模型

分区域的各模型的回归结果分别如表 5-19~表 5-21 所示。

由于中部和西部地区的环境质量 - 城市人口规模模型回归时不能得到符合要求的模型；东部地区环境质量 - 城市人口规模经验模型的 R^2 值及调整后的 R^2 值均在 0.4 以下，表明模型拟合度不高（见表 5-19）。也就是说，分区域的环境质量 - 城市人口规模经验模型难以满足计量回归要求，不予报告。

表 5-19 分区域的资源消耗 - 综合城市规模模型回归结果

参数	东部地区	中部地区	西部地区	东北地区
C	0.1255	0.2627	0.0492	0.2118
	(4.3676*)	(12.2453*)	(1.3712****)	(7.9684*)
zn	0.6029	1.5276	0.7696	2.5078
	(7.7780*)	(20.4428*)	(6.3261*)	(10.4393*)
$(zn)^2$	-0.0910	-0.4477	-0.2402	
	(-2.5087**)	(-5.2812*)	(-3.3659*)	
$(zn)^3$	0.0065	0.0513	0.0261	-0.3089
	(2.1279**)	(1.8286***)	(2.3431**)	(-4.9036*)
R^2	0.9889	0.9973	0.9960	0.9922
$Adj-R^2$	0.9861	0.9966	0.9950	0.9901
F-statistic	345.6411	1440.051	974.7275	484.1897
曲线形状	单调递增	单调递增	单调递增	倒 U
转折点（万人）	—	—	—	750
残差单位根检验	无单位根	无单位根	有单位根	无单位根
最优城市规模（万人）	—	—	—	—
适度城市范围（万人）	小于 100	小于 100	小于 100	小于 100
样本个数	87	81	84	34

注：括号内数值为 t 值；*、**、***和****分别表示在 1%、5%、10% 和 15% 的水平上显著。

经 F-test 可知，还是选择变截距模型为主。中部和西部的资源消耗 - 综合城市规模模型为变截距模型，时期选择 fixed。由于样本的变化，为满足回归参数的显著性，不同模型的回归系数有所变化。

西部和东北地区的资源消耗 - 综合城市规模模型残差没有通过

ADF 检验，但通过了 LLC、IPS 和 PP 检验；其他模型都通过了这四种方法的单位根检验。但为了整体性，我们仍把四区域的模型一起进行比较分析。

表 5 – 20　分区域的环境质量 – 综合城市规模模型回归结果

参数	东部地区	中部地区	西部地区	东北地区
C	0.2796 (11.7953*)	– 0.0391 (– 0.8421***)	—	– 0.2037 (– 4.2420*)
zn	– 0.8856 (– 6.4687*)	– 0.3557 (– 1.8965**)	0.4209 (26.8471*)	—
$(zn)^2$	0.1611 (4.4847*)	0.1005 (1.5220***)	– 0.3591 (– 14.1731*)	0.9332 (2.6847*)
$(zn)^3$	– 0.0100 (– 3.8728*)	—	0.0638 (9.0339*)	– 0.5493 (– 2.9020*)
R^2	0.9138	0.9000	0.6277	0.8860
$Adj – R^2$	0.8916	0.8745	0.6259	0.8562
F – statistic	41.1082	35.3222	350.6710	29.7552
曲线形状	单调递减	正 U	正 N	倒 N
转折点（万人）	—	750	450, 1150	250, 650
残差单位根检验	无单位根	无单位根	无单位根	无单位根
最优城市规模（万人）	—	—	—	—
适度城市范围（万人）	小于 250	小于 150 或大于 1550	大于 1550	小于 150
样本个数	87	81	84	34

注：括号内数值为 t 值；*、**、***分别表示在 1%、10%、15% 的水平上显著。

与前面全国模型的回归一样，先按照理论模型进行三次项回归，然后对回归方程的三次项系数 [c (1) = 0] 进行 Wald 检验，如果约束条件 [即原假设 c (1) = 0] 成立，则拒绝原来的回归结果，再进行二次项回归；反之接受原来的回归结果。当模型是三次曲线时，再根据模型的系数确定其曲线的形状是正 N 形还是倒 N 形，或者是单调曲线。

表 5 – 21 分区域的资源消耗 – 城市人口规模模型回归结果

参数	东部地区	中部地区	西部地区	东北地区
C	– 0.4312 (– 12.2885 *)	– 0.1427 (– 16.5072 *)	0.0678 (1.7003 ***)	0.9534 (1.9217 ***)
n	0.0081 (6.9108 *)	—	– 0.0076 (– 7.2232 *)	– 0.0209 (– 2.3517 **)
n^2	$– 3.2 \times 10^{-6}$ (– 3.7983 *)	4.4×10^{-6} (4.0447 *)	2.55×10^{-5} (6.0042 *)	9.87×10^{-5} (3.3946 *)
n^3	3.94×10^{-8} (2.9626 *)	—	$– 1.99 \times 10^{-8}$ (– 5.25598 *)	$– 1.32 \times 10^{-7}$ (– 3.9114 *)
R^2	0.7002	0.9948	0.9973	0.9961
Adj – R^2	0.6141	0.9934	0.9966	0.9950
F – statistic	8.1344	723.7403	1345.616	934.9831
曲线形状	单调递增	单调递增	正 U	倒 N
转折点（万人）	—	—	150 万人	150，345
残差单位根检验	无单位根	无单位根	无单位根	无单位根
最优城市规模（万人）	—	—		
适度城市范围（万人）	小于 50	小于 160	10 ~ 150	60 ~ 150
样本个数	87	81	84	34

注：括号内数值为 t 值；*、**、*** 分别表示在 1%、5% 和 10% 的水平上显著。

表 5 – 19 ~ 表 5 – 20 列出了各回归模型的相应统计参数、残差单位根的检验结果、模型曲线的形状、转折点对应的城市规模等。对模型中反映各截面成员差异的常数和反映时期影响的时期个体恒量不作讨论。表 5 – 20 西部地区资源消耗 – 综合城市规模模型的常数项显著性较差，其余系数的显著性都能达到一般回归要求。

二 分区域的资源消耗 – 综合城市规模模型比较

把分区域的资源消耗 – 综合城市规模模型用图 5 – 13 表示。

从各模型的参数，结合图 5 – 13，东、中、西三区域的资源消耗 – 综合城市规模模型，在现实的城市规模范围内演变为单调递增曲线，东北地区的资源消耗 – 综合城市规模模型曲线则是一倒 U 形曲线，曲线转折点对应的综合城市规模指数约为 1.645。东、中、西三区域比较接近，东北地区则与这三区域差异较大。在综合城市规模指数较小时（小于 0 时，四曲线在该点附近交汇），四区域的人均资源消耗指数都小于零，尽管此时的人均资源消耗指数呈上升趋势，但相对较低；我们把综合城市规模指数小于 0 定为资源节约型适度综合城市规模范围，此时的人均资源消耗指数小于 0。在该范围内，人均资源消耗由东部、西部、中部和东北地区依次递减。

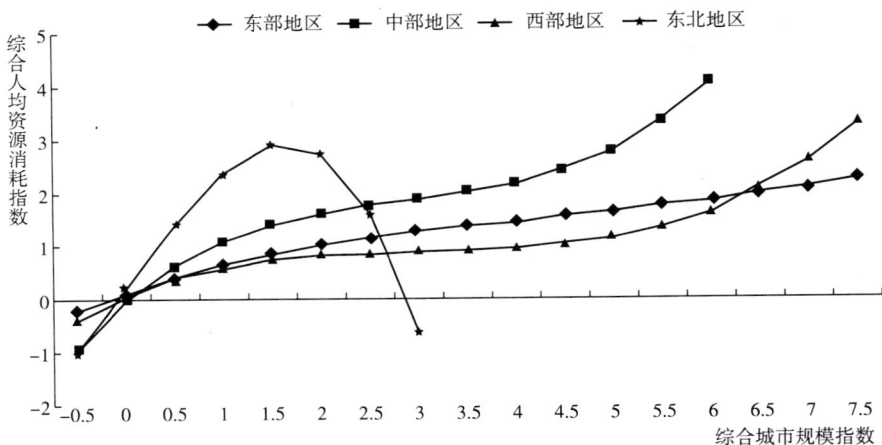

图 5-13　分区域的资源消耗-综合城市规模经验模型比较

东部是我国经济发达地区，东部城市更是我国经济增长的核心，聚集了包括人口在内的大部分生产要素；经济总量大，消费水平高，维持庞大的经济总量和相对较高的消费水平，是其人均资源消耗指数居高的主要原因。西部大开发政策的实施，促进了西部城市基础设施的提升，增强了西部城市的吸引力，促使了西部地区经济的快速发展。例如 2011 年西部地区的全社会固定资产投资总额达 72104 亿元，超过中部地区 1280 亿元。[①] 西部大开发推动的西部经济快速发展，是西部城市人均资源消耗指标相对较高的原因之一。

---

①　资料来源：《中国统计年鉴 2012》。

三　分区域的环境质量－综合城市规模模型比较

把分区域的环境质量－综合城市规模模型用图 5 - 14 表示。

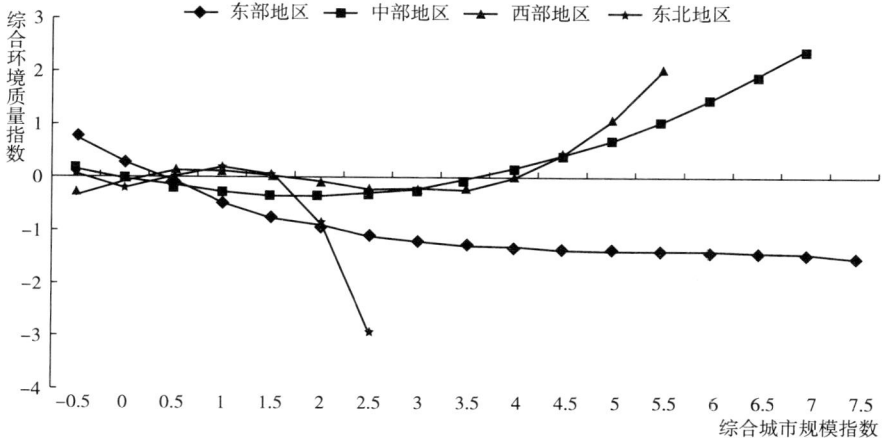

图 5 - 14　分区域的环境质量－综合城市规模经验模型比较

结合各模型参数和图 5 - 14，四区域的环境质量－综合城市规模模型差异较大：在对应的综合城市规模指数范围内，东部模型演变为单调递减曲线，中部模型是正 U 形曲线，西部是正 N 形曲线，东北地区是倒 N 形曲线。在综合城市规模指数较小时（小于 - 0.239），东部地区的综合环境质量指数大于 0.5，尽管指数是递减的，但相对较高，可把对应城市规模区间定为东部的环境友好型适度城市规模。当综合城市规模指数小于 - 0.107或大于 3.646 时，中部城市的综合环境质量指数相对较高（大于 0），可定为中部的环境友好型适度城市规模；但综合城市规模指数大于 3.646 的环境友好型适度城市规模并不符合中部的实际情况（环境质量好转速度呈指数上升）。综合城市规模指数介于 0 ~ 1.664 之间时，西部城市的综合环境质量指数大于 0，尽管指数相对较低，可定为西部的环境友好型适度综合城市规模；大于 3.965 之后，综合环境指数相对较高且保持上升趋势，可定为西部的环境友好型适度城市规模，但不符合西部的实际情况（也是呈指数上升趋势）。尽管东北地区的环境质量－综合城市规模模型的曲线形状与本章第二节的理论分析基本一致，但其两个转折点对应的综合环境质量指数比较低，不符合最优环境质量的要求，所以没有环境友好型最优城市规模；但当综合城市规模指数小于 -0.419，或在 $0.574 \sim 1.543$ 之间时，东北地区城市的综合环境质量指数相对较高，大于 0，这一区间我们定为东北地区环境友好型适度综合城市规模。

当综合城市规模指数小于 0 时，东部、中部和东北地区城市的综合环境质量指数呈递减趋势，且按照东部、中部和东北地区整体上依次递减，其原因之一是对应区域的经济发展水平的差异性。在该综合城市规模指数区间，西部城市的综合环境指数在持续上升，除重庆、西安和成都三城市之外，西部城市大部分处于该区间，我们认为是西部大开发促使了西部城市环境质量的改善。

四 分区域的资源消耗－城市人口规模模型比较

把分区域的资源消耗－城市人口规模模型用图 5－15 表示。

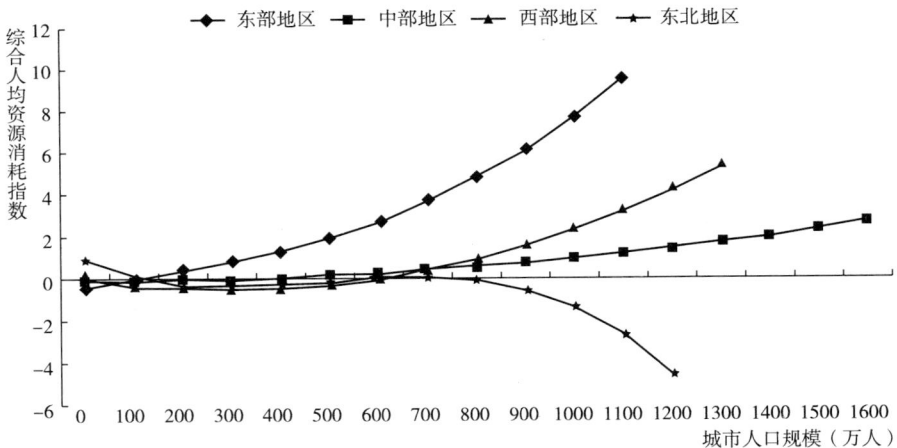

图 5－15 分区域的资源消耗－城市人口规模经验模型比较

结合表 5－21 的模型参数和图 5－15，东、中区域的资源消耗－城市人口规模模型，在现实的城市规模范围内演变为单调递增曲线；西部区域的资源消耗－城市人口规模模型是正 U 形曲线，对应转折点的城市规模是 150 万人；东北地区的资源消耗－城市人口规模模型曲线则是倒 N 形曲线，曲线的两个转折点对应的城市规模分别为 150 万人和 345 万人。东、中、西三区域比较接近，东北地区则与这三区域差异较大。在城市规模较小时（小于 160 万人），四区域模型曲线相间很密，人均资源消耗指数较低。为便于区分，把城市规模较小时的部分放大得到图 5-16。

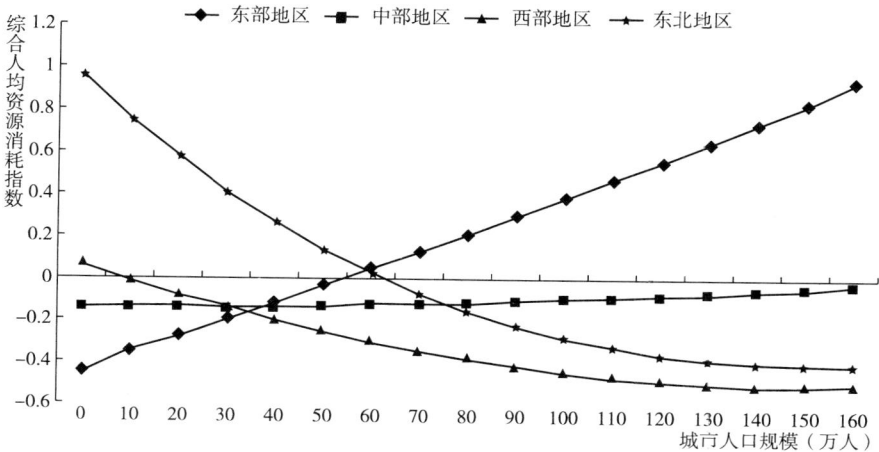

图 5-16　分区域的资源消耗 - 城市人口规模经验模型比较

由图 5-16 可知，东部区域的资源消耗 - 城市人口规模经验模型显示：人均资源消耗随城市规模的扩张呈指数上升趋势，难以反映现实情况，但当城市规模小于 50 万人时，其人均资源消耗指数相对较低（小于 0），可把该城市规模区间定为东部地区资源节约型适度城市规模。但城市规模小于 160 万人时，中部城市的综合人均资源消耗指数随城市规模的扩张而缓慢上升，且人均资源消耗指数小于零，把它定为中部地区资源节约型适度城市规模。当城市规模为 10 万~150 万人时，西部城市的综合人均资源消耗指数缓慢递减，且小于零，我们把该城市规模区间定为西部地区的资源节约型适度城市规模。当城市规模为 60 万~150 万人时，东北城市的人均资源消耗指数缓慢下降，且小于零，定为东北城市的资源节约型适度城市规模。

当城市规模较大时，东、中、西三区域城市的人均资源消耗指数增长迅速，而东北城市的人均资源消耗指数下降迅速，与现实情况有一定差距。

五 分区域经验模型的最优和适度城市规模

综合前面的分析，所有分区域的经验模型都不支持最优城市规模（包括资源节约型最优城市规模和环境友好型最优城市规模）的存在。

进一步，从综合城市规模角度，四区域资源节约型综合城市规模指数小于 0 时，人均资源消耗指数小于 0 相对较低，为有利于资源节约的适度综合城市规模指数区间。环境友好型适度城市规模：东部综合城市规模指数小于 -0.239，中部是小于 -0.107 或大于 3.646，西部是介于 0 ~1.664 之间，东北地区是小于 -0.419 或介于 0.574 ~1.543 之间，对应的综合环境质量指数东部大于 0.5，其他三区域大于 0。

从城市人口规模角度，有利于资源节约的适度城市规模：东部小于 50 万人，中部小于 160 万人，西部介于 10 万 ~150 万人之间，东北地区介于 60 万 ~150 万人之间，对应的资源消耗指数都小于 0。没有合意的环境质量 - 城市人口规模经验模型，对应的环境友好型适度城市规模不做探讨。

六 全国范围与分区域经验模型的比较

关于资源消耗 - 综合城市规模模型，全国范围的经验模型是单调递增曲线，东、中、西三区域的经验模型也是单调递增曲线，而东北地区则是一倒 U 形曲线；但在综合城市规模指数比较小时（小于 1.645），全国范围的经验模型和四区域的经验模型都表现出综合人均资源消耗指数较低且随城市规模扩张而上升的特点。除东北地区之外，全国范围和东、中、西区域的城市，在综合城市规模指数比较大时（各区域数值有差异），都维持了较高的综合人均资源消耗指数（大于 2），且有持续上升的趋势。降低城市人均资源消耗，特别是大城市的人均资源消耗是建设资源节约型社会的关键所在。从分区域的角度，有利于"资源节约型"的综合城市规模指数也不宜太大。

关于环境质量 - 综合城市规模模型，全国范围的经验模型和四区域的经验模型差异较大。东部地区和全国范围一样是单调递减曲线，东北地区尽管具有倒 N 形曲线特性，实际上演变成单调递减曲线，城市环境质量指数随综合城市规模指数的扩张而恶化。西部地区的经验模型是正 N 形曲线，实际演变成单调递增曲线，城市环境质量指数随综合城市规模指数的扩张而改善。中部地区是正 U 形曲线，城市环境质量指数随综合城市规模指数的扩张先恶化而后改善。

关于资源消耗 – 城市人口规模模型，全国范围的经验模型是一单调递减曲线，与东、中、西三区域的经验模型差距较大，但与东北区域比较接近。东、中部城市的资源消耗指数呈单调递增趋势，特别是东部，呈指数上升，变化趋势与全国范围的经验模型完全相反；西部的经验模型在经历缓慢下降之后，转为指数上升趋势。东北区域的经验模型总体是下降的，但中间经历了起伏不大的波折。

关于环境质量 – 城市人口规模，未能得到符合要求的分区域的经验模型，不做比较。

由于研究对象的变化，全国范围和分区域的经验模型出现分化；同时也说明：为建设"资源节约型"和"环境友好型"社会，面对不同的区域范围，应采取不同的资源节约和环境保护政策。

第七节 既有利于"资源节约"又有利于"环境友好"的城市规模探讨

以上分别从"资源节约"和"环境友好"的角度探讨了最优和适度城市规模，我们归纳为表 5 – 22、表 5 – 23。

尽管部分经验模型存在转折点，但对应转折点的资源消耗指数不是模型中的最小值，或对应转折点的环境质量指数不是模型中的最大值，故所有的经验模型都没有最优城市规模（资源节约型最优城市规模，或环境友好型最优城市规模）。

表 5 – 22 中数据显示，基于综合城市规模，有利于资源节约的适度综合城市规模指数区间，全国是小于 0.105，分四区域范围是小于 0，对应的人均资源消耗指数相对较低，都小于 0。从城市人口规模角度，全国范围的资源消耗 – 城市人口规模经验模型与现状相差较远，全部城市人均资源消耗都在递减，解释力不强；为便于从两个不同角度进行比较，我们也把

它一起进行分析。四区域范围差异较大，有利于资源节约的适度城市人口规模：东部是小于 50 万人，中部是小于 160 万人，西部介于（10 万人，150 万人）之间，东北地区介于（60 万人，150 万人）之间，经验模型的解释力也不是很好。

表 5–22　有利于"资源节约"的适度城市规模

区域范围	资源消耗－综合城市规模		资源消耗－城市人口规模	
	综合城市规模指数	人均资源消耗指数	城市人口规模（万人）	人均资源消耗指数
全国范围	< 0.105	< 0	全部城市	单调递减
东部地区	< 0	< 0	< 50	< 0
中部地区	< 0	< 0	< 160	< 0
西部地区	< 0	< 0	(10, 150)	< 0
东北地区	< 0	< 0	(60, 150)	< 0

表 5–23 数据表明，基于综合城市规模，有利于环境友好的适度综合城市规模指数区间，全国是小于 – 0.050，东部是小于 – 0.239，西部是小于 – 0.107 或大于 3.646，东北地区是小于 – 0.419 或介于（0.574，1.543）之间，对应的综合环境质量除东部大于 0.5 之外，其余的都是大于 0。从城市人口规模角度，全国范围环境友好型城市人口规模是小于 60 万人，此时的综合环境指数大于 0；但不能得到分区域的环境质量－城市人口规模经验模型。

表 5–23　有利于"环境友好"的适度城市规模

区域范围	环境质量－综合城市规模		环境质量－城市人口规模	
	综合城市规模指数	综合环境质量指数	城市人口规模（万人）	综合环境质量指数
全国范围	< – 0.050	> 0	< 60	> 0
东部地区	< – 0.239	> 0.5	—	—
中部地区	< – 0.107 或 > 3.646	> 0	—	—
西部地区	(0, 1.664)	> 0	—	—
东北地区	< – 0.419 或 (0.574, 1.543)	> 0	—	—

　　理论上，既有利于"资源节约"又有利于"环境友好"的城市规模，就是上述资源节约型和环境友好型城市规模的交集，如表 5 - 24 所示。基于综合城市规模指数，除西部地区没有交集之外，其他区域范围都有既有利于"资源节约"又有利于"环境友好"的适度综合城市规模指数区间，但不同的区域范围差异较大。基于城市人口规模，东部地区和全国范围的既有利于"资源节约"又有利于"环境友好"的适度城市人口规模比较接近，分别是小于 50 万人、小于 60 万人；中、西部和东北地区也比较接近，但与我国的现状有一定差距。

表 5 - 24　有利于"资源节约"及"环境友好"的适度城市规模

区域范围	综合城市规模指数	城市人口规模（万人）
全国范围	< - 0.050	< 60
东部地区	< - 0.239	< 50
中部地区	< - 0.107	< 160
西部地区	无交集	(10，150)
东北地区	< - 0.419	(60，150)

　　需要说明的是，以上既有利于"资源节约"又有利于"环境友好"的城市规模，是基于经验模型得到的，随着实证的具体时期跨度、区域范围的不同会有所变化，且没有规律性。同时，"两型社会"的内涵不仅仅是"资源节约"和"环境友好"，还包含着经济发展、以人为本、实现手段、制度建设等多方面的内容。也就是说，从"资源消耗""环境质量"得到的"两型社会"适度城市规模只是对有利于"两型社会"建设的城市规模的初步探讨，下一章将在"两型社会"综合测度的基础上，进一步探讨有利于"两型社会"建设的最优和适度城市规模。

第八节　本章小结

　　本章从"资源节约型"和"环境友好型"角度探讨城市的最优或适度城市规模。具体有以下问题。

第一，进一步完善了资源消耗－城市规模、环境质量－城市规模理论模型。认为资源消耗－城市规模模型具有正 N 形曲线的特性，即城市人口的人均资源消耗具有随城市规模的扩张先递增后递减然后再递增的变化趋势。环境质量－城市规模模型具有倒 N 形曲线的特性，即城市的环境质量具有随城市规模的扩张先递减后递增然后再递减的变化趋势。

第二，综合城市规模的测度。在分析城市规模单一表征法（以城市非农人口表示）缺陷的基础上，从城市人口规模、经济规模和用地规模三层面，基于主成分分析方法，探讨了综合城市规模指标的测度。

第三，利用 2007~2011 年全国范围 286 个地级及以上城市的面板数据，用综合城市规模指数和城市非农人口，分别与综合人均资源消耗指数、综合环境质量指数进行面板回归，得到资源消耗－综合城市规模（或城市人口规模）、环境质量－综合城市规模（或城市人口规模）经验模型。结果显示：资源消耗－综合城市规模经验模型为单调递增曲线，资源消耗－城市人口规模经验模型为单调递减曲线，环境质量－综合城市规模经验模型为单调递减曲线，环境质量－城市人口规模经验模型是正 U 形曲线；四经验模型都不存在最优城市规模。全国范围既有利于"资源节约"又有利于"环境友好"的城市规模，从综合城市规模指数看为：小于－0.50，从城市人口规模看为 60 万人以下。

经验模型显示，无论是"资源节约型"还是"环境友好型"的城市规模都不宜过大。

第四，进一步对资源消耗－综合城市规模、环境质量－综合城市规模和环境质量－城市人口规模三类模型分东、中、西及东北区域进行区域范围的面板回归，得到分区域的经验模型，并和全国范围的经验模型进行了比较。和全国经验模型一样，分区域经验模型也不支持资源节约型最优城市规模和环境友好型最优城市规模，但各区域的适度城市规模出现分化。

第五，在进行面板数据回归中，与城市人口规模（以非农人口表示）相比，综合城市规模指数能提高经验模型的拟合度和稳定性，显示出综合指数度量城市规模的优点；但因为综合城市规模指数是一无量纲数值，不能直接反映人们习以为常的城市人口规模的大小，难以普及推广，其缺陷也显而易见。这一点在第六章也会得到体现。

第六章 "两型社会"－城市规模理论与经验模型初探

基于第二章"两型社会"内涵的理论探讨，本章构建了"两型社会"建设综合评价指标体系，并对武汉城市圈和长株潭城市群综合配套改革试验区及全国范围和分四区域的"两型社会"建设成效进行了测度。之后，初步探讨了"两型社会"建设与城市规模之间的相互关系，利用2007～2011年全国范围286个地级及以上城市的面板数据，从全国及东、中、西、东北四区域的空间维度，用"两型社会"综合指数分别与综合城市规模指数、城市人口规模进行面板回归，得到"两型社会"－综合城市规模（城市人口规模）经验模型。基于经验模型，进一步探讨了不同区域范围内，有利于"两型社会"建设的最优和适度城市规模，并与第五章的有利于资源节约、环境友好的最优和适度城市规模进行了比较。

第一节 "两型社会"综合配套改革试验区建设成效比较

2007年12月，国家发改委《关于批准武汉城市圈和长株潭城市群为全国资源节约型和环境友好型社会建设综合配套改革试验区的通知》明确指出：国务院同意批准设立武汉城市圈和长株潭城市群为全国资源节约型和环境友好型社会建设综合配套改革试验区。这是继上海浦东新区、天津滨海新区和成渝统筹城乡综合配套改革试验区之后，国家从改革发展全局和战略的高度作出的又一重大决策，是促进中部地区崛起的重大战略部署。

一 "两型社会"综合配套改革试验区概况

（一）武汉城市圈概况

武汉城市圈位于湖北省东部，以武汉市为龙头，由周边黄石、鄂州、黄冈、孝感、咸宁、仙桃、潜江、天门 9 个城市组成，土地总面积 5.78 万平方公里，人口 3123 万人，GDP 总值为 4598 亿元，面积不到全省的 1/3，人口占 1/2，GDP 总量占湖北省的 61%。武汉城市圈集中了湖北工农业、交通建设、文化教育的精华部分。近几年来，武汉城市圈已初步建立起有效的组织协调机制、规划引导机制和合作联动机制，在资源节约、环境治理、产业发展和公共设施合理配置等方面做了大量工作。

武汉城市圈不仅是湖北省经济发展的核心区域，也是我国实现中部崛起的重要战略增长极之一。该区域拥有良好的自然条件和资源条件，优越的交通条件，雄厚的工业基础和人才智力资源。

自"两型社会"试验区成立以来，根据武汉城市圈"两型社会"建设总体方案和相关要求，形成了规划引导机制、政策促进机制和改革试验推进机制。"两型"生产、生活理念渐入人心，"两型"指标有新提升，武汉城市圈 9 市融入武汉、服务武汉、依托武汉的势头强劲，试验区建设发展态势良好，有力推动了城市圈经济社会健康发展。武汉城市圈综合配套改革试验区在湖北省经济发展方式转变中发挥了十分重要的作用，初步探索出具有湖北特色的经济发展方式转变之路。[①]

（二）长株潭城市群概况[②]

长株潭城市群是以长沙、株洲、湘潭 3 市为核心，辐射周边岳阳、常德、益阳、衡阳、娄底 5 市的区域，总面积 9.68 万平方公里，人口 4073 万人，分别占全省的 45.8% 和 60%。2010 年，城市群实现 GDP 12560 亿元，占全省的 79%。其中，作为城市群核心的长株潭 3 市，沿湘江呈品字形分布，两两之间半小时车程，总面积 2.8 万平方公里，人口 1325 万人，分别占全省的 13.3% 和 19.2%，2009 年长株潭 3 市实现 GDP 6716 亿元，占全省的 42%。一直是湖南发展的精华地区。

长株潭城市群具备独特的发展条件、优势和潜力。一是自然生态和资源条件良好；二是城际和对外交通日益便捷，高速公路、铁路、航运等立体交通网

---

① 肖安民主编《武汉城市圈经济社会发展报告（2010～2011）》，社会科学文献出版社，2011。

② 本部分内容参考了湖南省政府门户网站：www. hunan. gov. cn 相关内容。

络不断完善；三是科研实力雄厚，拥有国防科技大学、中南大学、湖南大学等多所高校，拥有袁隆平、卢光琇等多名两院院士，杂交水稻、人类干细胞、碳/碳复合材料等技术国际领先；四是产业基础良好，是国家老工业基地，是六大国家综合性高技术产业基地之一，工程机械、轨道交通、有色金属等先进制造业以及广播影视、出版、动漫等服务业在全国具有较大影响。

长株潭的发展受到各方面的关注。20 世纪 50 年代，曾有专家提出三市合一、共建"毛泽东城"的构想。80 年代初，按照长株潭经济区的构想，进行了初步试验和理论探索。1997 年，湖南省委、省政府作出了推进长株潭经济一体化的战略决策，致力于发挥长株潭的独特优势，把长株潭培育成湖南的核心增长极。为此，湖南省成立了长株潭经济一体化发展省级协调机构，建立了重大事项协调机制。三市也成立了相应机构，召开三市党政联席会议和企业协会联席会议。十年来，按照"规划引导、基础设施先行、重大项目跟进"的思路，探索了规划、行政、法制、改革四个抓手，城市群建设取得了阶段性进展。2006 年，长株潭被国家列为促进中部崛起重点发展的城市群之一。2007 年，长株潭三市被整体纳入国家老工业基地，享受东北老工业基地振兴的政策延伸。2007 年 12 月 14 日，国家批准长株潭城市群成为全国资源节约型和环境友好型社会建设综合配套改革试验区。

"两型社会"试验区成立之初，长沙市就决定：立足大河西，打造先导区，探索改革路径，创新发展模式，发挥示范作用，形成带动效应。并成立了长沙大河西先导区管委会，启动综合配套改革，推动"两型社会"建设。同时，在湖南省委、省政府的领导下，全省大力推进"四化两型"建设，大胆探索、改革创新，"两型社会"建设从理论构想变成全省共识、从顶层设计变成实际行动。随着湖南"两型社会"建设的纵深推进，体制机制创新、"两型"产业发展、生态环境保护等方面不断实现新的突破。

二 "两型社会"综合配套改革试验区建设进展比较

"两型社会"建设需要研究者的理论探索和实证分析，需要政府部门的政策支持和有效管理，更需要企业和社会公众的理解支持和积极参与，所有这一切都离不开准确的数据信息。而"两型社会"又是一个涉及诸多内容的系统工程，汇集着各方面的信息，这些多样化数据信息往往通过指标体系形式展现更为有效。通过构建科学合理的指标体系，对"两型社会"建设过程进行有效监测，并对未来的发展方向提出合理预测。本节的任务之一是基于第二章"两型社会"的内涵，构建了"两型社会"综合测度指标体系；任务之二是在构建"两型社会"综合测度指标体系的基础上，对两个综合试验区"两型社会"建设进展进行实证分析，比较"两型社会"综合试验区的建设进展。

（一）"两型社会"综合测度指标体系的构建

"两型社会"建设是一个系统工程，从狭义的角度包括资源的节约和环境的保护；从广义的角度，则还要涉及"两型社会"建设的目的、经济基础、实现手段和制度保障等多方面的内容。在对"两型社会"建设进行定量测度时，一两个单一指标是无法反映其全貌的；往往需要多个指标，构成一个测度的指标体系。

（二）指标体系的构建

基于第二章的"两型社会"的内涵，按照科学性、全面性、可获得性原则，我们构建了如表 6 - 1 所示的"长株潭城市群"和"武汉城市圈"两个综合试验区综合测度指标体系。[①] 准则层包括 6 个方面：资源节约、环境友好、经济发展、循环经济、民生发展和制度支持；资源节约和制度支持分别包含 5 个和 2 个具体指标，其他准则层都包含 7 个具体指标。共有指标 35 个，以正向指标为主。

理论上，6 个准则层对"两型社会"建设的重要性都不可缺少、同等重要，但在实践过程中却有轻重缓急之分。我们认为我国"两型社会"建设的提出是基于我国现有的社会经济发展水平和资源耗竭及环境污染的现状，所以"资源节约""环境友好"是当务之急；另外，"两型社会"建设又离不开一定的经济基础、技术手段和制度保障，"两型社会"建设是为改善人们的生活环境和生活质量而提出的。所以，在权重分配上，"资源节约"和"环境友好"在准则层内各占 25% 的权重；其他 4 个准则层共占 50% 的权重，其中"制度支持"是虚拟指标，分配 5% 的权重，其余 3 个准则层各占 15% 的权重[②]。

---

① 因为两个综合试验区以城市群为区域单元，故指标体系的构建以《中国城市统计年鉴》中的指标为参考。

② 上述权重分配的主观性强，这也是本研究的不足之处。

表 6 – 1　"两型社会"综合测度指标体系

目标层	准则层	权重（%）	具体指标	
"两型社会"综合指数	资源节约	25	人均建成区面积（平方米）	
			人均用水量（吨）	
			人均用电量（千瓦时）	
			人均液化气石油气用量（吨）	
			人均固定资产投资额（元）	
	环境友好	25	每平方公里工业废水排放量（万吨）	
			每平方公里工业二氧化硫排放量（吨）	
			每平方公里工业烟尘排放量（吨）	
			万元 GDP 电耗（千瓦时/万元）	
			万元 GDP 水耗（吨/万元）	
			人均绿地面积（平方米）	
			建成区绿化覆盖率（%）	
	经济发展	15	人均地区生产总值（元）	
			人均地方财政一般预算内收入（元）	
			人均社会消费品零售额（元）	
			人均地区生产总值增长率（%）	
			人均地方财政一般预算内收入增长率（%）	
			人均社会消费品零售额增长率（%）	
			人均固定资产投资增长率（%）	
	循环经济	15	工业废水排放达标率（%）	
			工业二氧化硫去除达标率（%）	
			工业烟尘去除达标率（%）	
			生活垃圾无害化处理率（%）	
			城镇生活污水处理率（%）	
			工业固体废物综合利用率（%）	
			人均"三废"综合利用产品产值（元）	
	民生发展	15	每万人国际互联网用户数（户）	
			每万人移动电话用户数（户）	
			每万人医生数（人）	
			每万人影剧院数（个）	
			每百人公共图书馆藏书（册）	
			人均教育支出（元）	
			每万人在校大学生数（人）	
	制度支持	5	是否是国家级综合试验区	是/否
			是否出台了"两型社会"建设支持政策	是/否

(三) 指标的说明

表6-1中的资源节约指数通过城市对土地资源、电、水及液化气石油气的消耗来综合反映,表示城市生活和城市生产对资源的需求情况,以体现"两型社会"建设对资源节约型的要求。用人均建成区面积、人均用水量、人均用电量和人均液化气石油气用量表示;同时用人均固定资产投资代表其他资源的消耗(如钢铁、水泥等)。这5个都是逆向指标,值越大反映的资源节约程度就越低。

环境友好指数通过每平方公里工业废水排放量、每平方公里工业二氧化硫排放量、每平方公里工业烟尘排放量、万元GDP电耗、万元GDP水耗、人均绿地面积和建成区绿化覆盖率7个指标表示,反映对城市工业的污染排放情况及城市绿化等方面所达到的水平。前5个属于负向指标,值越大所体现的环境状态越差,反映城市污染物产生的大小;后面2个属于正向指标,值越大所体现的环境状态越好、环境越友好,反映城市环境的改善情况。因为我国城市统计工作处于逐步完善过程中,特别是有关环境质量的指标,在一些年份变动比较大,导致其间相关数据缺失较多。另外,2008年及之前的《中国城市统计年鉴》中有"人均城市环境设施投资额"指标,但之后该指标不再使用,本研究中不予采用。

经济发展指数主要用人均地区生产总值、人均地方财政一般预算内收入、人均社会消费品零售额及人均地区生产总值增长率、人均地方财政一般预算内收入增长率、人均社会消费品零售额增长率、人均固定资产投资增长率7个指标表示,反映了城市中生产、收入、消费及投资等方面的发展情况。这7个指标都是正向指标,前3个是绝对量指标,表示发展基础,值越大发展的基础就越好;后4个是不同经济量的增长速度,各指标增长率越高,表示经济发展势头良好。

循环经济指数通过工业废水排放达标率、工业SO_2去除达标率、工业烟尘去除达标率、生活垃圾无害化处理率、城镇生活污水处理率、"三废"综合利用产品产值和工业固体废物综合利用率7个指标表示。反映城市对生产和生活过程中所排放的各种废物的无害化处理情况、回收利用情况及产生的经济效益。7个都是正向指标,各指标的值越大,表示循环利用的程度越高。前5个是相对量指标,后2个是绝对量指标。另外,2012年的《中国城市统计年鉴》

中没有"三废"综合利用产品产值指标，我们用相关年份的平均值代替。

民生指数反映了城镇居民在生活的现代化程度、医疗保健、文化娱乐、教育水平等方面所达到的水平。用每万人国际互联网用户数、每万人移动电话年末用户数、每万人医生数、每百人公共图书馆藏书数、人均教育支出、每万人在校大学生数7个指标表示，体现了"两型社会"建设以人为本的核心。这7个都是正向指标，值越大所体现的民生水平越高。

制度支持指数用虚拟变量表示，主要通过研究区域"是否是国家级综合试验区"和"是否出台了'两型社会'建设支持政策"来体现；前者反映国家层面的制度安排，后者则是研究区域区内的制度支持。

上述部分指标（资源消耗、环境友好及循环经济）的计算见第五章第四节相关部分。另外，还有一些指标，如城镇居民恩格尔系数、居民人均受教育年限、单位GDP能耗、单位GDP水耗等，《中国城市统计年鉴》中没有涵盖，所以指标体系中未能体现。

（四）"两型社会"综合配套改革试验区建设进展综合测度

以下利用上述指标体系，对"长株潭城市群"和"武汉城市圈"两个综合试验区的"两型社会"建设进行实证分析。[①]

为便于数据比较，将"长株潭城市群"和"武汉城市圈"各城市与全国所有地级及以上城市一起进行主成分分析。[②] 各准则层历年特征根及累计贡献率如表6－2所示。

由于是国家级综合试验区，国家提供了系列优惠政策，试验区也出台了相应的政策、规划等，支持"两型社会"建设，即两个综合试验区都同样有制度支持。考虑到制度是一个重要的因素，在是否是国家级综合试验区指标选项中，长株潭3城市群和武汉城市圈6城市都选择是（用1表示），其他城市则选否（用0表示）。

另外，"两型社会"建设已上升到国家政策层面，各省、自治区、直辖市都出台了相关支持政策。通过有关文献及网上数据统计，所有省会城市和直辖

---

① 为进行不同空间范围的比较，本书把"长株潭城市群""武汉城市圈"分别和全国分四区域，以及京津唐、长三角和珠三角城市群进行比较。

② 如果分别进行主成分分析，由于数据结构的变化，各准则层历年特征根及累计贡献率都会不同，这样不同区域范围的对比就没有共同的标准。

市都先后出台了"两型社会"建设的支持政策，但地级市的政策支持力度不强。故在制度支持准则层中，是否出台了"两型社会"建设支持政策指标，所有的省会城市及直辖市都选择是（用1表示），其他地级市则选否（用0表示）。

1. 数据来源及处理

本研究数据来源于《中国城市统计年鉴》，研究期间限于2007～2011年[①]，以便于和前面章节进行比较。

武汉城市圈又称"1+8"城市圈，是以武汉为中心，包括黄石、鄂州、黄冈、孝感、咸宁、仙桃、潜江、天门8市共同组成的经济区域；这9个城市中包含1个省会城市、5个地级城市、3个县级市。长株潭城市群是以长沙、株洲、湘潭3市所辖行政区域为主体的经济区域，其中1个省会城市、2个地级市。因为《中国城市统计年鉴》中县级市和地级及以上城市的统计范围和口径不一致，相关统计数据不能对接，所以在实证研究中，以地级及以上城市数据近似代替两个综合试验区的相关数据，即武汉城市圈数据包括武汉、黄石、鄂州、黄冈、孝感和咸阳6个城市，长株潭城市群数据包括长沙、株洲和湘潭3个城市。

为反映不同空间范围"两型社会"建设成效，对我国比较成熟的三城市群、四区域空间进行比较。京津唐、长三角和珠三角三城市群也是用地级及以上城市来近似代替，不包括县级市，其城市组成见第四章。

反映绝对数的指标大部分用人均值表示，总人口用市辖区总人口表示；反映相对数的指标采用百分比。先对每个城市的原始数据按准则层分类，用因子分析法进行降维处理，得到反映各主成分的因子得分（使用SPSS软件）；进一步按照各主成分特征根，把各主成分的因子得分加权平均，得到各准则层指数；然后，把各准则层指数按照层内权重相加，得到各城市"两型社会"建设的综合指数；最后再通过各城市人口加权平均分别得到反映武汉城市圈和长株潭城市群的"两型社会"建设综合指数。

在进行因子分析时，采用主成分分析法，按照特征根大于1的原则提取4～5个主成分（只有资源消耗的特征根是4个，其他都是5个特征根）。为保证累计百分比尽量高，以保证提取的主成分能代表原始指标的主要信息，

---

① 2013年出版的最新《中国城市统计年鉴（2012）》中的数据是2011年的。

部分特征根小于 1 的主成分也要提取。除循环经济对应的方差累计贡献率低于 85% 之外,其余准则层的方差累计贡献率都超过 85%,如表 6-2 所示。

表 6-2 各准则层历年特征根及累计贡献率

准则层	特征根	2007 年	2008 年	2009 年	2010 年	2011 年
资源消耗	第一特征根	1.635	1.663	1.603	1.503	1.586
	第二特征根	1.017	1.016	1.021	1.108	1.055
	第三特征根	1.009	1.013	1.018	1.038	1.018
	第四特征根	0.991	0.992	1.018	1.019	1.006
	累计贡献率（%）	93.055	93.684	93.190	93.365	93.31
环境友好	第一特征根	1.865	1.914	2.015	2.762	1.550
	第二特征根	1.379	1.526	1.03	1.010	1.305
	第三特征根	1.172	1.002	1.004	1.001	1.027
	第四特征根	1.007	1.000	1.001	1.000	1.013
	第五特征根	1.000	0.977	0.999	1.000	1.001
	累计贡献率（%）	91.773	91.706	86.431	96.756	85.669
经济发展	第一特征根	2.242	2.245	2.246	2.097	2.132
	第二特征根	1.196	1.024	1.061	1.038	1.030
	第三特征根	1.017	1.023	1.016	1.014	1.008
	第四特征根	1.004	1.002	1.009	1.011	1.008
	第五特征根	1.002	0.998	1.001	1.002	1.001
	累计贡献率（%）	92.310	89.883	90.459	88.040	88.282
循环经济	第一特征根	1.363	1.453	1.361	1.363	1.310
	第二特征根	1.254	1.220	1.297	1.225	1.185
	第三特征根	1.031	1.043	1.052	1.150	1.039
	第四特征根	1.023	1.004	1.051	1.006	1.033
	第五特征根	1.010	0.981	1.007	1.002	1.004
	累计贡献率（%）	81.159	81.445	82.404	82.092	79.573
民生发展	第一特征根	1.817	1.978	1.649	1.800	1.599
	第二特征根	1.360	1.131	1.362	1.143	1.382
	第三特征根	1.084	1.061	1.069	1.075	1.089
	第四特征根	1.049	1.037	1.027	1.050	1.073
	第五特征根	1.042	1.022	1.026	1.029	1.027
	累计贡献率（%）	90.754	88.992	87.618	87.099	88.141

将对应准则层的主成分得分按照特征根加权平均，得到各准则层指数，然后将各准则层指数按照准则层内权重加权平均得到各城市不同年份的“两型社会”综合指数。

两个综合试验区各城市的“两型社会”建设综合指数如表 6 – 3 所示。

表 6 – 3　综合试验区内各城市“两型社会”建设综合指数

年份	武汉	黄石	鄂州	孝感	黄冈	咸宁	长沙	株洲	湘潭
2007	0.51	0.52	0.29	– 0.08	0.18	– 0.09	0.39	0.46	0.46
2008	0.43	0.49	0.20	– 0.07	0.15	– 0.02	0.44	0.47	0.51
2009	0.42	0.46	0.21	– 0.11	0.21	0.02	0.44	0.48	0.54
2010	0.42	0.42	0.11	– 0.16	0.21	0.09	0.41	0.38	0.36
2011	0.49	0.62	0.09	– 0.13	0.26	0.04	0.50	0.50	0.35

按照各城市人口加权平均得到武汉城市圈和长株潭城市群的“两型社会”建设综合指数如表 6 – 4 所示。

表 6 – 4　两个综合试验区“两型社会”建设综合指数

年　份	2007	2008	2009	2010	2011
武 汉 城 市 圈	0.43	0.36	0.35	0.34	0.41
长株潭城市群	0.42	0.46	0.46	0.40	0.47

将两个综合试验区“两型社会”建设综合指数用折线图表示如图 6 – 1 所示。

2. 分析及结论

通过相关数据，结合图形可知以下内容。

第一，从综合指数变化量看，两个试验区有增有减，呈波动变化。总体上，整个研究期间，武汉城市圈的“两型社会”建设综合指数减少了 0.02，相对减少量为 4.65%；长株潭则增加了 0.05，相对增加量为 11.90%，有一定的差距。分阶段看，2007 ~ 2010 年，武汉城市圈的“两型社会”建设综合指数绝对量减少了 0.09，长株潭城市群减少了 0.02，武汉城市圈的相对减少量为 20.93%，长株潭城市群为 4.76%，两个试验区的相对减少量相差 16 个百分点。2010 ~ 2011 年，两个试验区的“两型社

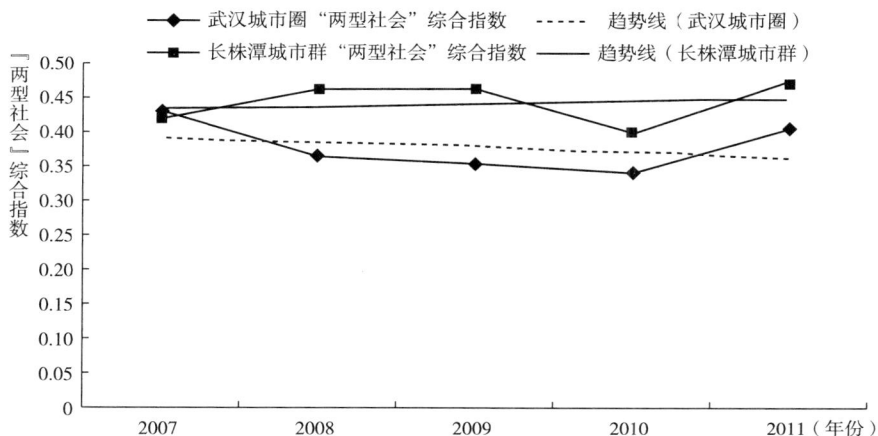

图 6 - 1　两个综合试验区 "两型社会" 建设成效比较

会"建设综合指数都增加了 0.07，长株潭城市群相对增加了 17.50%，武汉城市圈则相对增加了 20.59%，差距不大。

整体上，基于综合指数变化量，长株潭城市群 "两型社会" 建设成效相对好于武汉城市圈。

第二，从综合指数大小看，长株潭城市群的综合指数总体上高于武汉城市圈，长株潭城市群 "两型社会" 建设的基础较好。

第三，从数据的变化趋势看，"两型社会" 综合试验区设立以来，长株潭城市群 "两型社会" 建设综合指数总体上呈上升趋势，但武汉城市圈却呈下降趋势，但趋势都不明显。但如果分阶段来看，2007～2010 年，两个试验区的综合指数都呈下降趋势，但武汉城市圈下降相对明显；2010～2011 年，两个试验区的综合指数呈明显的上升趋势。

基于以上分析，得到以下结论。

第一，"两型社会" 综合试验区的设立有利于 "两型社会" 建设，对长株潭城市群更为显著。"两型社会" 建设综合改革试验区设立之初，长株潭城市群的 "两型社会" 建设综合指数就表现了增长势头，尽管之后一度回落，但 2011 年又改变了回落趋势，保持加速上升势头。

第二，无论是综合指数的绝对大小，还是变化趋势，长株潭城市群 "两型社会" 建设的效果都要好于武汉城市圈。

　　"两型社会"于2005年的中央人口资源环境工作座谈会上首次提出，2005年10月的第十六届五中全会上，"两型社会"被确定为国家"十一五"国民经济与社会发展规划的一项战略任务，并上升为基本国策；2007年12月，武汉城市圈和长株潭城市群被确定为"两型社会"建设综合改革试验区。对"两型社会"综合试验区的实证研究显示："两型社会"综合试验区的设立有利于"两型社会"建设，对长株潭城市群更为显著；长株潭城市群"两型社会"建设的效果略好于武汉城市圈。

第二节　不同区域范围"两型社会"建设成效比较

　　以下，利用《中国城市统计年鉴》（2008～2012年）相关数据，基于表6-1中的指标体系，求得全国地级及以上城市的"两型社会"建设综合指数，并分区域进行比较，分析各区域范围"两型社会"建设的绩效。各准则层历年特征根及累计贡献率见表6-2。

一　全国及四区域范围"两型社会"建设进展比较

　　以特征根为权重对各主成分得分加权平均得到准则层指数；再根据表6-1中的权重对准则层指数加权平均得到各城市的"两型社会"建设综合指数，部分城市历年的"两型社会"建设综合指数如表6-5所示。数据显示，从单个城市看，东部城市的"两型社会"建设综合指数整体上高于西部城市，大规模城市的指数高于小规模城市，大部分城市的综合指数呈递减趋势。

表6-5　2007～2011年部分城市的"两型社会"建设综合指数

年份 城市	2007	2008	2009	2010	2011
上　海	0.74	0.40	0.47	0.47	0.31
北　京	0.50	0.34	0.35	0.33	0.25
重　庆	-0.11	-0.02	-0.05	-0.05	-0.07
天　津	0.24	0.28	0.26	0.19	0.17
沈　阳	0.25	0.16	0.09	0.12	0.12

续表

年份 城市	2007	2008	2009	2010	2011
杭　　州	0.46	0.49	0.44	0.40	0.36
太　　原	0.12	0.11	0.05	0.08	0.07
乌鲁木齐	− 0.07	− 0.08	0.05	0.01	0.09
洛　　阳	0.16	0.27	0.23	0.25	0.18
岳　　阳	− 0.13	0.37	0.06	0.01	0.09
南　　阳	− 0.17	− 0.19	− 0.17	− 0.19	− 0.23
景 德 镇	0.07	0.01	0.19	0.16	− 0.04
舟　　山	0.11	0.06	0.10	0.05	0.09
酒　　泉	− 0.16	− 0.20	− 0.22	− 0.21	− 0.28
定　　西	− 0.56	− 0.48	− 0.49	− 0.54	− 0.50

以各城市的人口为权重加总得到全国及四区域的"两型社会"建设综合指数，如表6 − 6所示。

表6 − 6　2007 ~ 2011年全国及分四区域的"两型社会"建设综合指数

年份 区域	2007	2008	2009	2010	2011
全国范围	0.16	0.12	0.12	0.12	0.10
东部地区	0.30	0.22	0.23	0.21	0.17
中部地区	0.08	0.10	0.09	0.08	0.09
西部地区	− 0.04	− 0.04	− 0.03	− 0.02	− 0.01
东北地区	0.06	0.01	− 0.03	0.00	− 0.01

把全国及分四区域的"两型社会"建设综合指数用图形表示，如图6 − 2所示。

从"两型社会"综合指数大小看，全国范围的高于中、西部及东北部地区，低于东部地区；四区域的"两型社会"指数由东部、中部向东北、西部呈递减变化。从"两型社会"综合指数变化趋势看，全国范围、东部和东北地区随时间而递减，且趋势比较明显；中部和西部随时间而递增，但上升的趋势不明显。

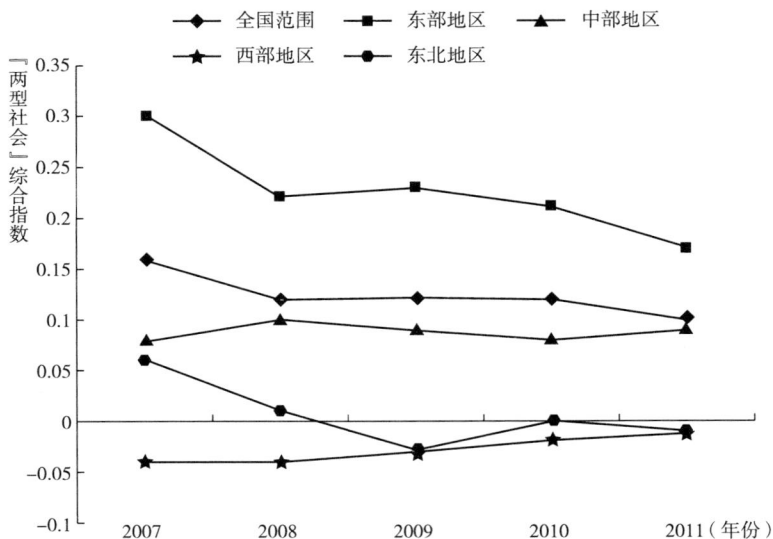

图 6 - 2　全国及分四区域的"两型社会"建设综合指数比较

二　全国及中部地区与两个综合试验区的比较

由于"两型社会"综合配套改革试验区属于中部地区，进一步，将两个综合配套改革试验区、中部地区和全国范围的"两型社会"综合指数进行比较，如图 6 - 3 所示。

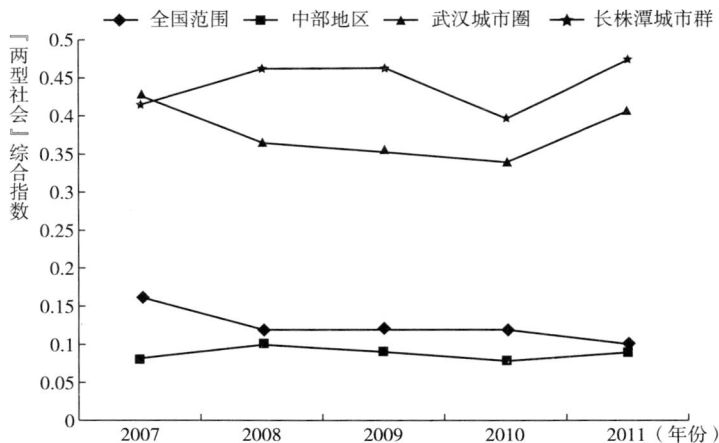

图 6 - 3　两个试验区、中部地区及全国范围"两型社会"建设综合指数比较

图6-3中各曲线的相对位置及走势显示，两个综合配套改革试验区的"两型社会"建设综合指数在中部地区和全国平均水平之上，且长株潭城市群上升趋势相对明显。说明设立"两型社会"综合配套改革试验区在一定程度上能起到"先行先试"的示范作用；特别是在全国范围的"两型社会"综合指数呈递减趋势的前提下（中部地区虽然呈递增趋势，但不明显），还能保持上升的趋势，两个试验区的"两型社会"建设成效无论是在中部地区还是全国范围，应该是相当明显的，长株潭城市群尤为突出。

三 三城市群"两型社会"建设进展比较

京津唐、长三角和珠三角三城市群2007～2011年的"两型社会"建设综合指数如表6-7所示。

表6-7 2007～2011年三城市群的"两型社会"建设综合指数

区域 \ 年份	2007	2008	2009	2010	2011
京津唐城市群	0.35	0.29	0.29	0.24	0.21
长三角城市群	0.54	0.37	0.37	0.32	0.28
珠三角城市群	0.54	0.39	0.49	0.50	0.49

因为三城市群属于东部地区，把三城市群和东部地区及全国范围的"两型社会"指数进行比较，如图6-4所示。相对于四区域，三城市群的空间范围缩小了，其"两型社会"建设综合指数有所提升，整体上，三城市群的"两型社会"指数比东部地区和全国范围的都要高，但也有一定的差异。其中京津唐城市群的"两型社会"综合指数整体最低，长三角城市群居中，珠三角最高。同样，三城市群的"两型社会"指数随时间也趋于递减，长三角城市群减少了48.79%，京津唐城市群减少了38.14%，珠三角只减少9.07%。

四 三城市群与两个综合试验区的比较

另外，"两型社会"综合配套改革试验区属于我国正在形成的城市群，把两个综合改革试验区与京津唐、长三角和珠三角城市群"两型社会"建

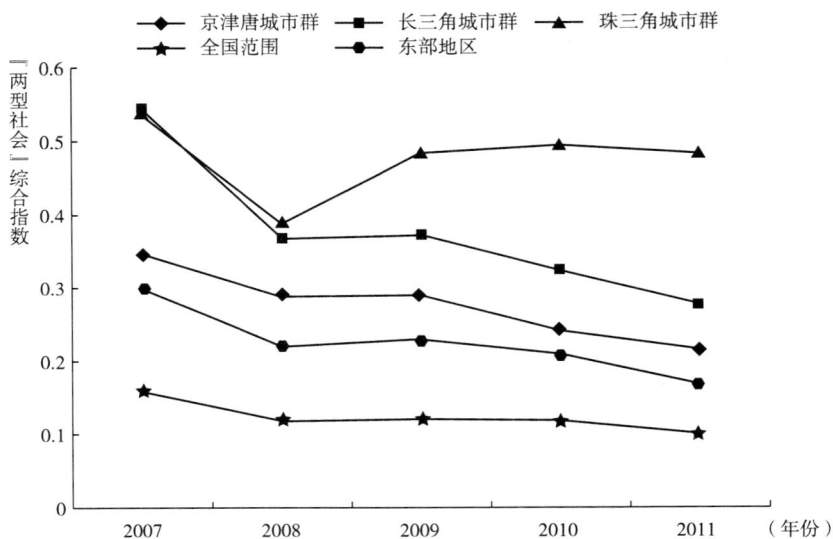

图 6-4　三城市群"两型社会"建设综合指数比较

设综合指数进行比较。如图 6-5 所示。

从"两型社会"综合指数的数值大小看，京津唐城市群最低，长三角城市群中间三个年份与武汉城市圈相当，也一直递减；珠三角城市群最高，除 2008 年低于长株潭以外，其他年份都要高于长株潭。

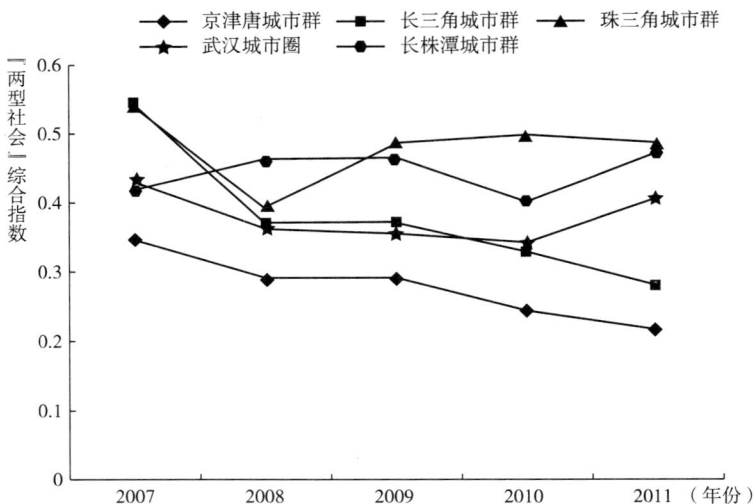

图 6-5　不同城市群"两型社会"建设综合指数比较

从"两型社会"综合指数变化趋势看，长株潭城市群的随时间递增，其他城市群都是随时间递减。

五 相关结论及原因分析

（一）相关结论

结合以上图形及数据的比较，得到以下结论。

第一，在区域空间上，"两型社会"建设成效由东向西呈递减趋势。东部城市"两型社会"建设综合指数最高，高于全国整体水平，其他三区域低于全国平均水平，其中西部城市"两型社会"建设综合指数最低，呈东、中、东北向西部递减趋势。

第二，在时间维度上，自"两型社会"政策实施以来，其建设成效在持续下降。除西部城市略有提升之外，其他三区域及全国整体的"两型社会"建设综合指数在时间维度上呈递减态势。特别是东部城市及 2007～2009 年期间东北地区的城市，"两型社会"建设综合指数下降趋势更为明显。

第三，各城市群的"两型社会"综合指数都要高于全国及四区域。

（二）原因分析

首先，东部城市的资源消耗量和污染排放量大，降低消耗、减少排放的空间大。作为我国经济增长的核心区域，东部城市是我国资源消耗及污染物排放的主要区域，其资源消耗和污染排放的总量大，所以在资源节约、减少污染物排放过程中，其变动的空间较大；通过完善并严格执行节能及环保标准、淘汰落后生产力就能取得明显效果，容易获得相对优势。所以东部城市的"两型社会"建设综合指数高于全国整体水平及其他三区域。三城市群属于东部地区，又是对应区域的经济增长极，导致其"两型社会"综合指数甚至高于东部地区。

其次，随着"两型社会"建设的推进，深层次的节能环保技术的开发与推广、节能环保制度的出台与实施等制约着"两型社会"建设成效的发挥。节能及环保标准往往基于历史的经验和数据，而"两型社会"建设是一种新的理念、一种新的生产函数的推广，需要技术和制度等方面的创新；淘汰落后生产力只是暂时不污染，没有从根本上解决生产方式问题。

正是因为节能环保技术的缺乏和相关制度的缺位，导致"两型社会"建设综合指数随时间持续降低。

最后，受全球金融危机的影响，我国经济持续低迷，经济结构调整、"两型社会"建设的压力持续增加。国际金融危机打破了世界原有的经济格局，也影响了我国的经济增长节奏；世界经济在危机中寻求新的平衡，这是我国推动经济结构调整的最好时机。但我国的经济结构调整面临着国际（应对全球气候变化的温室气体减排，能源的安全供应等）和国内（包括劳动力、土地在内的要素成本上升，人口老龄化加快等）的多重压力，导致"两型社会"建设效果不理想。

（三）对策建议

时间维度上，自"两型社会"政策实施以来，其建设成效在持续下降。说明在"两型社会"建设过程中，"粗放型"的"两型社会"建设措施（简单地关停一些高消耗、高污染企业）的政策效应已经完全释放，而"高端型"的"两型社会"建设措施（节能减排技术的持续创新与普及使用、相关保障制度的出台并严格实施）缺位，导致"两型社会"流于表面和形式。所以政府一方面应鼓励技术创新，用更先进的技术代替陈旧技术，淘汰落后设备；同时制定更为严格的节能减排标准和产业政策并严格执行。另一方面，加强"两型社会"宣传教育，使"资源节约、环境友好"深入人心，使节约资源、保护环境成为企业和广大消费者的自觉行为。

第三节　基于"两型社会"综合指数的最优和适度城市规模探讨

把上一节的各城市历年"两型社会"建设综合指数分别与第五章的综合城市规模指数及城市非农人口进行面板回归，从"两型社会"综合指数的角度，探讨有利于"两型社会"建设的最优和适度城市规模。

一　理论模型初步探讨

由于"两型社会"是指"资源节约型、环境友好型社会"，尽管"两型社会"建设必须以经济发展为基础，以循环经济为手段，以提高人们的生活质量和环境质量为目标，以制度支持为保障，但其核心内容是资源节约和环境友好。

结合第五章第二节资源消耗－城市规模（正 N 形曲线）、环境质量－城市规模（倒 N 形曲线）的理论模型，随着城市规模的扩张，人均资源消耗上升、城市环境质量下降，将导致"两型社会"建设综合指数趋于恶化；之后，随着人均资源消耗下降、城市环境质量上升，"两型社会"综合指数又将趋于改善。假设随着城市规模的扩张，"人均资源消耗上升、城市环境质量下降"，或"人均资源消耗下降、城市环境质量上升"同步变化，则会导致"两型社会"建设综合指数随城市规模的扩张呈正 N 形曲线变化。

当然随着城市规模的扩张，"人均资源消耗上升、城市环境质量下降"，或"人均资源消耗下降、城市环境质量上升"不一定刚好同步变化。另外，我国"两型社会"的提出是基于我国资源消耗大、环境质量差的现状，不同规模的城市人均资源消耗和环境质量的现状各有差异。基于第五章的实证结论：从综合城市规模的角度，人均资源消耗随综合城市规模指数递增，城市环境质量随综合城市规模指数递减。一方面规模大的城市其"两型社会"综合指数低；另一方面其资源消耗基数大、环境质量低，发生改变的空间大，将导致"两型社会"建设初期的成效显著。所以，"两型社会"建设综合指数随着城市规模的扩张将出现波动性变化，但变化规律比较复杂。

但为简化记，本研究假设"两型社会"建设与城市规模存在 N 形变化关系，仍用如下简约方程表示：

$$LX_{it} = \alpha + \beta n_{it}^3 + \gamma n_{it}^2 + \lambda n_{it} + \varepsilon_{it} \qquad t = 1, 2, \cdots, T, i = 1, 2, \cdots, M \qquad (6-1)$$

其中 LX_{it} 表示"两型社会"建设综合指数，n_{it} 表示城市规模（综合城市规模指数，或非农人口规模），α、β、γ 和 λ 为待定参数，ε_{it} 为随机误差项（满足零均值、同方差假设），T 为观测时期总数，M 为个体截面成员个数。

具体的曲线形状不再探讨，由实证得到的经验模型来确定。

二 经验模型的实证过程

(一) 模型设定

与第五章一样，首先也要确定模型形式。根据第五章公式（5－7）计算得到全国范围及四区域各模型的 F 值如表 6－8 所示。

表 6－8 回归模型的选择

区域范围	统计项目	"两型社会"－综合城市规模	"两型社会"－城市人口规模
全国范围	F－test 值	11.11	13.47
	显著水平	1%	1%
	临界值	1.32	1.32
	选择的模型	变截距模型	变截距模型
东部地区	F－test 值	13.86	15.91
	显著水平	1%	1%
	临界值	1.32	1.32
	选择的模型	变截距模型	变截距模型
中部地区	F－test 值	14.49	15.09
	显著水平	1%	1%
	临界值	1.32	1.32
	选择的模型	变截距模型	变截距模型
西部地区	F－test 值	7.93	9.88
	显著水平	1%	1%
	临界值	1.32	1.32
	选择的模型	变截距模型	变截距模型
东北地区	F－test 值	3.57	5.77
	显著水平	1%	1%
	临界值	1.59	1.59
	选择的模型	变截距模型	变截距模型

按照表 6－8 的相应数据，各模型的 F 值都大于置信度为 1% 时所对应的临界值，选择变截距模型（固定效应）对样本进行回归分析，以选择时期不固定（Period－none）为主；为消除截面异方差，权重选择截面加权（Cross Section Weights）；估计方法使用最小二乘法 ［LS－Least Squares （and AR）］。

最后，与第五章一样，我们将简约方程（6-1）具体设定为：

$$LX_{it} = \alpha + \alpha_i^* + \beta n_{it}^3 + \gamma n_{it}^2 + \lambda n_{it} + \varepsilon_{it}, \ t = 1, 2, \cdots, T, \ i = 1, 2, \cdots, M \qquad (6-2)$$

其中 α 为所有地级市的平均"两型社会"建设成效水平，α_i^* 为反映各截面成员差异的常数，反映不同城市间的"两型社会"建设成效差异。其他参数的含义与简约方程（6-1）一样。

以下根据方程（6-2）进行实证回归。

（二）模型估计

利用"两型社会"建设综合指标与历年综合城市规模（或城市人口规模——城市非农人口）建立面板数据库，以各地级城市为截面成员，取 2007～2011 年时间段。以各地级城市的城市综合城市规模（或城市人口规模——城市非农人口）为自变量，即解释变量，对应的"两型社会"建设综合指标为因变量，即被解释变量。根据方程（6-2）进行回归，得到如表6-9所示的经验模型。

先进行三次项回归，再对三次项的回归系数进行 Wald 检验，以确定其系数是否为零，即确定模型是 N 形曲线还是 U 形曲线。

方程（6-2）中的 α_i^* 为反映各截面成员差异的常数，在此可以解释为：各样本城市对"两型社会"建设平均成效的偏离，反映不同规模城市"两型社会"建设实施力度及所获得效果的差异。由于截面成员多达 286 个，该值不便于全部报告，表6-10列举了部分截面成员的 α_i^* 值和对应的综合城市规模及城市人口规模（2011 年数据）。

表6-10中数据显示，α_i^* 值与综合城市规模之间的关系未见规律性，而与城市人口规模却表现为正相关特性。即城市人口规模越大，其对平均"两型社会"建设成效的正向偏离就越大——"两型社会"建设综合指数越高，说明规模大的城市"两型社会"建设的实施力度大、效果相对明显。将 α_i^* 值与 2011 年对应的综合城市规模指数、α_i^* 值与非农人口进行相关分析，相关系数分别为 0.03 和 0.79。

表 6 – 9   全国范围"两型社会" – 城市规模模型回归结果

参数	综合城市规模	城市人口规模
C	0.0456 (4.7423*)	0.2536 (10.8162*)
zn	0.2948 (5.6268*)	-0.0035 (-7.7757*)
$(zn)^2$	-0.0971 (-4.396*)	3.69×10^{-6} (3.0424*)
$(zn)^3$	0.0089 (4.5449*)	-2.12×10^{-9} (-2.7674*)
R^2	0.9785	0.9792
$Adj - R^2$	0.9730	0.9729
F – statistic	176.7042	182.7945
曲线形状	正 N 形	单调递减
转折点	2.158	—
残差单位根检验	无单位根	无单位根
最优城市规模	2.158	—
适度城市范围	小于 0 或（1.5, 3.0）	小于 50 万人
样本个数（个）	286	286
观测时期数（年）	5	5

注：括号内数值为 t 值；＊表示在 1% 的水平上显著。

另外，α_i^* 值不改变模型的曲线形状，只反映曲线在纵轴方向的位置变化。

表 6 – 10   部分城市反映各截面成员差异的常数 α_i^*

城市	上海	北京	广州	福州	衡阳	廊坊	酒泉
综合规模	7.57	7.01	3.77	0.49	-0.09	-0.30	-0.42
α_i^* 值	-0.27	-0.12	0.22	0.18	0.07	0.07	-0.12
人口规模	1247 万人	985 万人	673 万人	160 万人	97 万人	50 万人	16 万人
α_i^* 值	2.88	1.95	1.55	0.56	0.13	-0.07	-0.41

注：表中的人口规模和综合规模是 2011 年数值。

（三） 模型系数的设定及稳定性检验

由模型中各变量系数的 t 统计量及 F 值可知，所有系数均在 95% 以上的置信水平下联合显著，R^2 值及调整后的 R^2 值均在 0.95 以上，表明模型拟合度很高。接下来，进一步进行模型设定形式与稳定性检验。

首先，对模型的三次项系数 c（1）进行 Wald 检验，结果如表 6 - 11 所示。

表 6 - 11   "两型社会" - 城市规模模型的 Wald 检验结果

	"两型社会" - 综合城市规模模型		资源消耗 - 城市人口规模模型	
	P 值	值	P 值	值
F	22.4892	0.00	116.9896	0.00
χ^2	22.4892	0.00	116.9896	0.00
原假设（约束条件）：c（1）= 0				

因为只有一个约束条件，F 统计量和 χ^2 统计量等价。根据其 P 值，相伴概率接近于零，即在 1% 的显著水平上拒绝 c（1）= 0 的原假设。所以约束条件 c（1）= 0 不成立，模型的三次项系数不为零，模型不存在设定形式的偏差问题。

其次，进一步对表 6 - 9 中模型的残差进行单位根检验，结果如表 6 - 12 所示，表中各种检验方法对应的观测值个数都是 1093 个。

表 6 - 12   "两型社会" - 城市规模模型的残差单位根检验结果

模型分类	检验方法	零假设	统计量	P 值
"两型社会" - 综合城市规模模型	LLC	有单位根	- 38.5514	0.0000
	IPS	有单位根	- 11.9712	0.0000
	ADF	有单位根	845.234	0.0000
	PP	有单位根	1005.53	0.0000
"两型社会" - 城市人口规模模型	LLC	有单位根	- 89.9177	0.0000
	IPS	有单位根	- 17.5308	0.0000
	ADF	有单位根	892.044	0.0000
	PP	有单位根	1039.57	0.0000

由检验结果可知，4 种检验方法都在 1% 的显著水平上拒绝有单位根的原假设，即残差序列是平稳的，说明回归方程不是伪回归，计量经验模型具有内在稳定性。

三 "两型社会" – 城市规模经验模型分析

(一) 曲线转折点的确定

将表 6 – 9 的两模型及其导函数分别用图形表示，得到图 6 – 6、图 6 – 7。经过对模型系数的检验可知："两型社会" – 综合城市规模的三次项系数大于零，二次项系数小于零，一次项系数 λ 为：

$$\lambda = 0.2948 < \frac{\gamma^2}{3\beta} = \frac{(-0.0971)^2}{3 \times 0.0089} = 0.3531$$

其中 β 和 γ 分别为表 6 – 9 中模型的三次项系数和二次项系数，满足条件 $\lambda < \frac{\gamma^2}{3\beta}$，故模型是正 N 形曲线；结合图 6 – 6 所示的"两型社会" – 综合城市规模模型导函数，其斜率等于零时为转折点，对应的综合城市规模指数为 2.158 左右。

"两型社会" – 城市人口规模的三次项系数小于零，二次项系数大于零，经计算一次项系数 λ 满足倒 N 形曲线条件；结合图 6 – 7 所示的"两型社会" – 城市人口规模模型导函数，其斜率小于零且接近于零。"两型社会" – 城市人口规模模型演变为一单调递减曲线，转折点无实际意义。

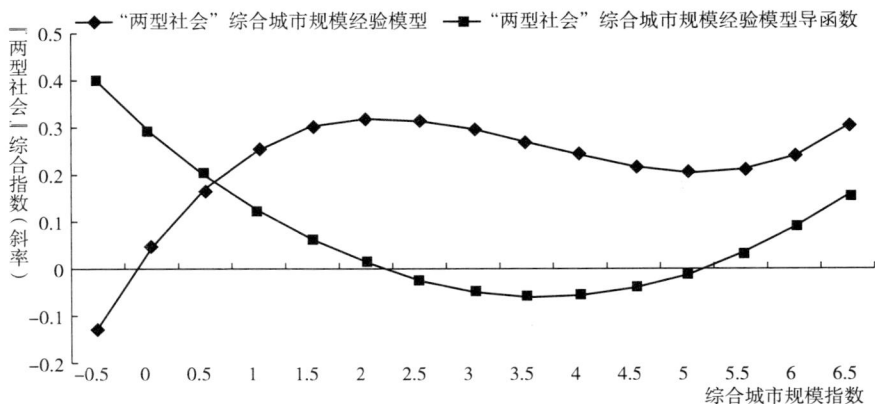

图 6 – 6　"两型社会" – 综合城市规模经验模型及其导函数

（二）有利于"两型社会"建设的最优和适度城市规模探讨

由于"两型社会"–综合城市规模模型是一正 N 形曲线，其第一转折点的"两型社会"建设综合指数最高，为 0.319，对应的综合城市规模指数为 2.158 左右，为有利于"两型社会"建设的最优综合城市规模指数。而"两型社会"–城市人口规模模型则演变为单调递减曲线，不存在有利于"两型社会"建设的最优城市规模。

按照第五章第二节适度城市规模确定的原则，在这里我们把"两型社会"–城市规模曲线的快速上升阶段，或"两型社会"建设综合指数相对较高阶段，对应的城市规模定为有利于"两型社会"建设的适度城市规模。据此，在"两型社会"–综合城市规模模型中，小于 0 或介于 1.5 ~ 3.0 之间的综合城市规模指数区间可定为有利于"两型社会"建设的综合城市规模指数；前一区间（小于 0）的"两型社会"综合指数低，但是快速上升（斜率较大），后一区间的"两型社会"综合指数较高，介于 0.296 ~ 0.319 之间。"两型社会"–城市人口规模模型中，小于 50 万人的城市规模可定为有利于"两型社会"建设的城市规模，但其"两型社会"建设综合指数大于 0.088，相对较高并在持续下降，不符合我国的现状。

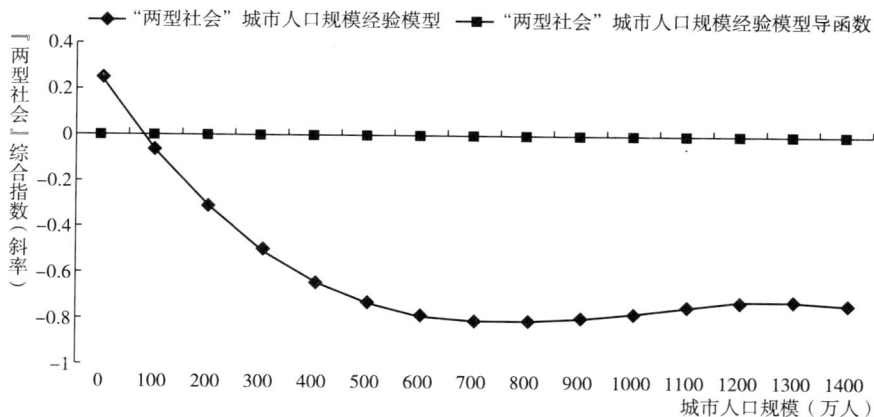

图 6 – 7　"两型社会"–城市人口规模经验模型及其导函数

（三）原因分析

由图 6 – 6、图 6 – 7 所示，"两型社会"–综合城市规模模型与"两型社会"–城市人口规模模型两模型的变化趋势几乎完全相反。本书认为

"两型社会"－综合城市规模模型能在一定程度上反映我国的现状：综合城市规模指数在 2.158 以下时，"两型社会"建设综合指数持续上升，且城市规模越小，"两型社会"指数上升越快；而综合城市规模指数超过 2.158 时，"两型社会"指数相对较高。说明城市规模较小时，"两型社会"建设的效果比较明显；城市规模较大时，"两型社会"建设的基础好、起点高。由于我国产业结构层次低，加上粗放型增长的惯性，使得我国经济运行节能减排效果不是很显著，"两型社会"建设压力大；但推行"两型社会"建设以来，"十一五"期间，在实施"两型社会"实践中，我国单位国内生产总值能源消耗降低了近 20%，基本达到初定目标，"两型社会"建设成效值得肯定。

"两型社会"－城市人口规模模型的解释力较差，难以反映我国的现实情况。原因之一在于用单一指标"非农人口"表示城市规模时将产生一些"系统误差"，不能反映城市规模的真实情况，而"综合城市规模"汇集了城市人口、经济和用地等多方面的信息，比较全面地反映了城市规模的实况。

四 经验模型的现实意义

"两型社会"－综合城市规模模型具有一定的现实指导意义（"两型社会"－城市人口规模的经验模型不予讨论）。

现阶段，我国的大部分城市处于"两型社会"建设随综合城市规模扩张而递增阶段，城市规模的扩张有利于"两型社会"建设。经验模型说明：第一，我国现行的"两型社会"建设政策有一定成效，应继续推行。第二，综合城市规模指数在 0 以下的城市的"两型社会"指数相对较低，而我国大部分城市处于该规模区间（以 2011 年数据为例，有 217 个城市的综合城市规模指数小于 0），"两型社会"建设任重道远。

五 分四区域的"两型社会"－城市规模经验模型探讨

从东、中、西及东北地区四区域的角度，利用上述方法，分区域探讨"两型社会"－综合城市规模（城市人口规模）经验模型。

（一）模型的选择

与第五章模型选择一样，仍然着重考虑无个体影响的不变系数模型和变截距模型，各区域 F - test 值及模型的选择如表 6 - 8 所示。

经 F - test 可知，还是选择变截距模型，时期选择以 none 为主，只有西部的两模型中时期选择 fixed。由于样本的变化，不同模型的回归系数有所变化。分区域的"两型社会" - 综合城市规模（人口规模）模型回归结果分别见表 6 - 13、表 6 - 14。

另外，中部的"两型社会" - 城市人口规模模型回归时不能得到符合要求的模型，不予报告。

表 6 - 13　分区域的"两型社会" - 综合城市规模模型回归结果

参数	东部地区	中部地区	西部地区	东北地区
C	0.1700	0.0852	0.3282	0.0579
	(10.4571*)	(4.2161*)	(3.0439*)	(2.4608**)
zn	-0.1482	0.3309	1.4414	1.5124
	(-3.2464*)	(4.2090*)	(4.5079*)	(7.7341*)
$(zn)^2$	—	-0.0953	-0.6310	—
		(-2.5951*)	(-2.4928**)	
$(zn)^3$	0.0028	—	0.0739	-0.2938
	(3.4258*)		(1.8284***)	(-5.7753*)
R^2	0.9625	0.9837	0.8682	0.9651
$Adj - R^2$	0.9527	0.9795	0.8310	0.9556
$F - statistic$	98.2802	235.1463	23.3513	102.5708
曲线形状	正 U	倒 U	正 N	倒 U
转折点	4.201	1.736	1.582, 4.111	1.310
残差单位根检验	无单位根	无单位根	无单位根	无单位根
最优城市规模	—	1.736	1.582	1.310
适度城市规模	<1.178	(-0.241, 1.736)	(0.624, 1.582)	(-0.038, 1.310)
样本个数（个）	87	81	84	34

注：括号内数值为 t 值；*、**、*** 分别表示在 1%、5% 和 10% 的水平上显著。

表 6 - 14　分区域的"两型社会" - 城市人口规模模型回归结果

参数	东部地区	西部地区	东北地区
C	0.5702	0.1320	1.7234
	(16.6243*)	(1.6788***)	(3.3665*)
n	-0.0042	-0.0049	-0.0312
	(-8.1757*)	(-3.0060*)	(-3.3887*)
n^2	4.87×10^{-6}	3.23×10^{-6}	9.2×10^{-5}
	(3.5581*)	(1.6122***)	(3.1276*)
n^3	-2.81×10^{-8}	—	-9.73×10^{-8}
	(-3.3307*)		(-2.9796*)
R^2	0.9761	0.8640	0.9866
$Adj - R^2$	0.9698	0.8262	0.9828
F - statistic	154.2472	22.8499	263.2322
曲线形状	单调递减	正 U 形曲线	单调递减
转折点	—	760 万人左右	—
残差单位根检验	无单位根	无单位根	无单位根
最优城市规模	—	—	—
适度城市范围	<140 万人	<20 万人	<80 万人
样本个数（个）	87	84	34

注：括号内数值为 t 值；*、＊＊、＊＊＊分别表示在 1%、5% 和 10% 的水平上显著。

　　四区域的两类模型都通过了残差检验，三次项系数不为零（中部的"两型社会" - 综合城市规模模型、西部的"两型社会" - 城市人口规模模型是二次项系数不为零）。

　　表 6 - 13、表 6 - 14 中列出了各回归模型的相应统计参数、残差单位根的检验结果、模型曲线的形状、转折点对应的城市规模等。对模型中反映各截面成员差异的常数和反映时期影响的时期个体恒量不作讨论。

（二）分区域的"两型社会" - 综合城市规模模型比较

　　把分区域的"两型社会" - 综合城市规模模型用图 6 - 8 表示。各模型的导函数图形不做分析。

　　结合各模型的参数和图 6 - 8 中各曲线的形状，与全国整体模型相比，四区域的"两型社会" - 综合城市规模模型出现分化。东部模型是正 U 形曲线，转折点对应的综合城市规模指数为 4.201，无最优城市规模；当综合城市规模指数小于 1.178 时，"两型社会"综合指数相对较高（大于 0），定为有利于"两型社会"建设的适度城市规模。中部模型是倒 U 形曲线，转折点的综合城市规模指数为 1.736，为最优城市规模；综合城市规模指数在（-0.241，1.736）之间时，"两型社会"综合指数相对较高（大于 0）且呈上升趋势，定为有利于"两型社会"建设的适度城市规模。西部模型是正 N 形曲线，两转折点对应的综合城市规模指数分别是 1.582 和 4.111，其中 1.582 是最优综合城市规模指数；当综合城市规模指数在（0.624，1.582）之间时，"两型社会"综合指数相对较高（大于 1）且呈上升趋势，定为适度城市规模。东北模型是倒 U 形曲线，转折点对应的综合城市规模指数为 1.310，且是最优城市规模；（-0.038，1.310）为适度城市规模区间，"两型社会"综合指数大于 0。

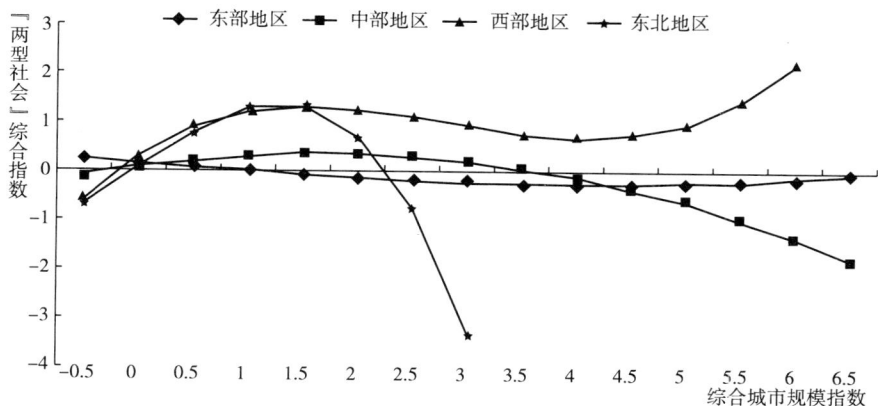

图 6-8 分区域的"两型社会"-综合城市规模经验模型比较

当综合城市规模指数小于 0 时，除东部城市外，其他三区域的"两型社会"综合指数随综合城市规模指数增加而递增；且"两型社会"综合指数由东、中、西向东北区域呈递增趋势，与第五章四区域的人均资源消耗指数的递减次序（东、西、中向东北递减）相对应：人均资源消耗指数高的地区，"两型社会"综合指数低。但第五章中综合环境质量指数高却未能与这里的"两型社会"综合指数高相对应。

（三）分区域的"两型社会"－城市人口规模模型比较

把分区域的"两型社会"－城市人口规模模型用图6-9表示。

结合表6-14的模型参数和图6-9，中部区域不能得到合意的经验模型，不做比较。东部和东北区域的"两型社会"－城市人口规模经验模型演变为单调递减曲线；西部模型是正U形曲线，转折点的城市规模为760万人左右；三经验模型都没有最优城市规模。城市规模较小时，三经验模型的"两型社会"综合指数都随城市规模的增加而降低，对应的"两型社会"综合指数相对较高，定为适度城市规模区间。如果以"两型社会"综合指数大于0为标准，东部、西部及东北地区对应的有利于"两型社会"建设的适度城市规模分别小于：140万人、20万人和80万人。

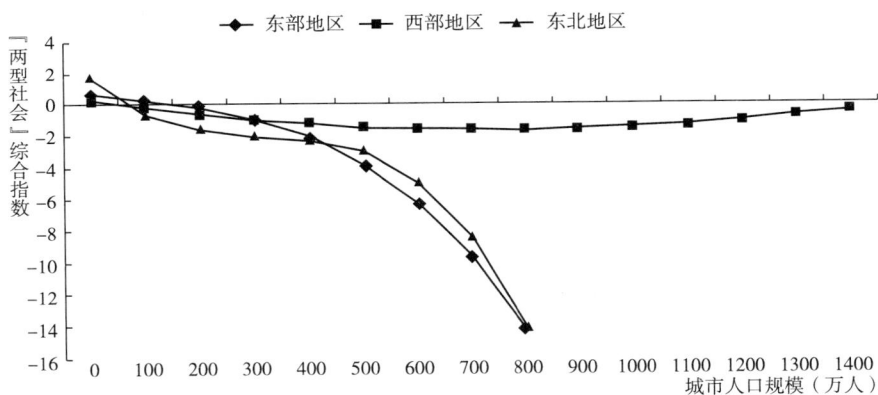

图6-9 分区域的"两型社会"－城市人口规模经验模型比较

分区域的"两型社会"－城市人口规模模型回归过程中，经过不同的尝试，中部城市得不到合意的经验模型，而东部和东北模型与现状相差比较大，解释力不强。我们认为其可能的原因是城市非农人口单一指标表示城市规模而带来的系统误差。后续的分析中，"两型社会"－城市人口规模所对应的最优和适度城市规模只作为参考，不做进一步对比分析。

六 有利于"两型社会"建设的最优和适度城市规模探讨

把上述从"两型社会"综合指数角度探讨的全国范围及四区域范围的最优和适度城市规模归纳到表6-15中进行比较。

表 6-15　有利于"两型社会"建设的适度城市规模

区域范围	"两型社会"-综合城市规模		"两型社会"-城市人口规模	
	综合城市规模指数	"两型社会"指数	城市人口规模（万人）	"两型社会"指数
全国范围	<0 或（1.5，3.0）	（0.296，0.319）	<50	>0.088
东部地区	<1.178	>0	<140	>0
中部地区	（-0.241，1.736）	>0	—	>0
西部地区	（0.624，1.582）	>1	<20	>0
东北地区	（-0.038，1.310）	>0	<80	>0

　　基于综合城市规模，有利于"两型社会"建设的最优综合城市规模指数分别是：全国范围 2.158、东部没有、中部 1.736、西部 1.582、东北地区 1.310。基于城市人口规模，没有有利于"两型社会"建设的最优城市人口规模。

　　从综合城市规模角度，全国范围有利于"两型社会"建设的适度综合城市规模指数的跨度范围比较大，"两型社会"指数也相对较高；四区域范围有利于"两型社会"建设的适度综合城市规模指数差异比较大，且"两型社会"指数相对标准也有差异：西部的是以大于 1 为参考，其他三区域是以大于 0 为参考。

　　从城市人口规模角度，全国范围有利于"两型社会"建设的适度城市人口规模是小于 50 万人，"两型社会"指数大于 0.088，相对较高；四区域的适度城市人口规模差异较大且中部地区没有合意的经验模型，但"两型社会"指数相对标准是一致的。

　　第五章中我们从资源消耗和环境质量角度，初步探讨了不同区域范围有利于"资源节约"和"环境友好"的适度城市规模（无最优规模），结合本章的结论进一步比较得到表 6-16 的内容。

表 6-16　不同角度"两型社会"适度规模的比较

区域范围	综合城市规模指数	城市人口规模（万人）
全国范围	<-0.050	<50
东部地区	<-0.239	<50
中部地区	（-0.241，-0.107）	无
西部地区	无交集	（10，20）
东北地区	<-0.419	（60，80）

"资源节约" 和 "环境友好" 是 "两型社会" 建设的核心内容，但 "两型社会" 建设还要涉及经济发展基础、实现手段、制度保障、建设目的等多方面内容；仅从 "资源节约" "环境友好" 两方面是无法全面反映 "两型社会" 的。所以从 "资源节约" 和 "环境友好" 角度得到的关于适度城市规模的结论，与从 "两型社会" 综合指数得到的关于适度城市规模的结论，应该有一定的联系，也有一定的区别。经比较发现：无论适度综合城市规模指数还是适度城市人口规模，既有交集又不完全一样。全国范围的重叠区间比较大，综合城市规模指数的重叠区间大；城市人口规模的重叠区间较小且结果的合理性较差。另外，有利于 "两型社会" 建设的最优城市规模更是没有接近一致的数值。

这些差异性一方面说明 "资源节约" "环境友好" 只是 "两型社会" 建设的部分内容，不能代表 "两型社会" 建设。尽管在实践中资源节约和环境友好是 "两型社会" 建设的核心和主要内容，但不能代表 "两型社会" 建设的全部；"两型社会" 建设还需要经济基础、技术手段和制度支持，其目的是以人为本。离开了一定的经济基础、技术手段和制度支持的 "两型社会" 是不可持续的；而不以人为本来进行 "两型社会" 建设，则违背了人类生产和消费的初衷，也是不可取的。另一方面说明经验模型存在缺陷，解释力不强。其可能的原因之一是模型的结构存在进一步完善的空间：城市规模的变化是多方面因素作用的结果，同时城市规模的变化反过来又将产生多方面的影响；"两型社会" - 城市规模之间的关系式极其复杂，它们之间关系的明确化需要更多实证研究的支持。其二是数据来源和处理方法需要进一步改进，《中国城市统计年鉴》中指标变化频繁，数据缺失多，相关指标需要逐步规范化、系统化。

第四节　本章小结

本章从 "两型社会" 综合指数的角度探讨城市的最优或适度城市规模。具体探讨了以下问题：

第一，基于第二章 "两型社会" 内涵的理论探讨，本章构建了 "两型社会"建设综合评价指标体系，并对武汉城市圈和长株潭城市群综合配套改革试验区及全国范围和分四区域的"两型社会"建设成效进行了测度。

得到以下结论："两型社会"综合试验区的设立有利于"两型社会"建设，对长株潭城市群更为显著；长株潭城市群"两型社会"建设的效果略好于武汉城市圈。在区域空间上，"两型社会"建设成效由东向西呈递减趋势；在时间维度上，自"两型社会"政策实施以来，其建设成效在持续下降。本研究涉及的 5 个城市群的"两型社会"建设效果好于四区域空间。

第二，利用 2007 ~2011 年全国范围 286 个地级及以上城市的面板数据，从全国及东、中、西、东北四区域的空间维度，用"两型社会"综合指数分别与综合城市规模指数、城市人口规模进行面板回归，得到"两型社会" – 综合城市规模（城市人口规模）经验模型。基于经验模型，进一步探讨了不同区域范围内，有利于"两型社会"建设的最优和适度城市规模，并与第五章的有利于资源节约、环境友好的最优和适度城市规模进行了比较。

结论是：全国范围"两型社会" – 综合城市规模经验模型是正 N 形曲线、"两型社会" – 城市人口规模经验模型是单调递减曲线。经验模型说明：第一，我国现行的"两型社会"建设政策有一定成效，应继续推行。第二，"两型社会" – 综合城市规模经验模型显示，综合城市规模指数小于 –0.147 时，城市的"两型社会"指数相对较低（小于 0），而我国大部分城市处于该规模区间，"两型社会"建设任重道远。分区域的经验模型出现分化，差异性较大。

与第五章结论相比，无论是适度综合城市规模指数还是适度城市人口规模，既有交集又不完全一样。说明"资源节约、环境友好"与"两型社会"既有区别又有联系。全国范围的重叠区间比较大，综合城市规模指数的重叠区间大；城市人口规模的重叠区间较小，且结果的合理性较差。

有利于"两型社会"建设的最优城市规模更是没有接近一致的数值。"两型社会" – 城市规模的理论关系和经验模型需要更多理论探讨和实证研究的支持。

第七章　结论与建议

第一节　本研究的结论

本书立足已有文献的相关研究成果，借助城市化理论，城市经济学和人口、资源与环境经济学等相关理论，以有关统计数据为基础，利用 SPSS 统计软件和 Eviews 软件进行统计和计量分析，将理论与实践相结合、规范分析与实证分析相结合。以城市化过程中城市规模问题为主线，结合"两型社会"建设的实践，从城市综合人均资源消耗、城市综合环境质量两方面，探讨了我国"资源节约""环境友好"与城市规模（城市综合规模及城市人口规模）之间的经验关系；从"两型社会"建设成效的角度，探讨了"两型社会"建设综合指数与城市规模（城市综合规模及城市人口规模）之间的经验关系。遵循"提出问题、建立理论模型、实证研究（包括统计和计量分析）、提出政策建议"，以及宏观和微观相结合的研究思路。主要从以下几个方面进行了研究。

一　通过理论探讨得到的结论

第一，通过对已有文献的再研究，从"两型社会"的相关理论探讨、制度支持、科学规划、国际经验、利益相关者行为、产业支持、综合测度等几个方面进行综述。认为："两型产业"并不是指某一具体的产业，而是指在产业运行过程中，融入"资源节约""环境友好"的理念，使其符合"两型社会"建设的要求。

进一步，在追溯"两型社会"思想渊源的基础上，分析了"两型社会"的内涵，构建了"两型社会"综合测度的理论框架和指标体系，为实证研究奠定了基础。

如何在城市空间规模扩张过程中更好地节约土地资源，尤其是耕地资源？如何在城市经济规模增加的同时节约资源？特别是在实现城市经济增长的前提下，如何有效地控制污染物的排放，做到"环境友好"？这些问题是"两型社会"建设和城市化研究交叉领域的重要课题，也是本研究的核心内容。

第二，探讨了我国城市化进程阶段划分、特征、基于政治经济学的影响因素，认为：生产力发展水平是影响我国城市化进程的根本原因；我国的城乡关系总体上经历了"融合""分离""统筹发展"的过程，"城乡分离"时期在时间上刚好与"非正常城市化"阶段对应，影响着我国的城市化进程。

第三，构建了综合城市规模测度指标体系。在分析城市规模单一表征法（以城市非农人口表示）将产生系统误差、统计指标缺乏连续性等缺陷的基础上，从城市人口规模、经济规模和用地规模三层面，构建了综合城市规模测度指标体系。

第四，借鉴城市经济学家巴顿的城市规模成本收益模型，进一步完善了资源消耗－城市规模、环境质量－城市规模的理论模型。理论上城市综合人均资源消耗与城市规模之间的关系是正 N 形曲线，即城市人口的人均资源消耗具有随城市规模的扩张先递增后递减然后再递增的变化趋势。城市综合环境质量与城市规模之间的关系是倒 N 形曲线，即城市的环境质量具有随城市规模的扩张先递减后递增然后再递减的变化特点。进一步，初步探讨了"两型社会"建设综合指数与城市规模之间的相互依存关系，即"两型社会"建设综合指数随城市规模的扩张将出现波动性变化，但变化规律比较复杂，本研究中把它们之间的依存关系简化为正 N 形曲线。

二 通过统计分析得到的结论

第一，初步探讨了城市经济规模、用地规模的分类标准。以城市市辖区地区生产总值（GDP，1978 年价格）来表征城市规模时，小城市、中等城市、大城市、特大城市和超大城市的分类标准分别为：50 亿元以下，50 亿～100 亿元，100 亿～200 亿元，200 亿～400 亿元，400 亿元以上。以城市建成区面积来表征城市规模时，小城市、中等城市、大城市、特大城市和超大城市的分类标准对应为：50 平方公里以下、50～100 平方公里、100～200 平方公里、200～400 平方公里、400 平方公里以上。按上述标准来划分我国的城市用地规模等级，所得到的关于城市经济规模和用地规模体系的分布、城市规模体系分类的结论等，与人口城市规模的结论相似。

第二，利用 2011 年相关数据，通过对人口、经济、用地等三种不同表征的我国城市规模等级结构空间分布现状的比较，得到以下结论。

一是关于城市规模等级结构的区域比较。从全国范围看，城市用地规模结构比较符合城市"金字塔"规律，而城市经济规模及城市人口规模的超大城市超前发展了，城市人口规模的中等城市也得到了优先发展。

基于不同表征方法的城市规模体系，各区域的发育程度存在差异；东部地区的城市用地规模体系、中部地区的经济规模体系、西部地区的人口规模体系发育相对较好。

二是关于城市规模不同表征量及其结构的区域比较。从非农人口看，不同地区各级城市非农人口数的比较优势各有差异，优先发展的城市规模级别以超大城市为主，也就是说超大城市对非农人口的吸引力具有比较优势。基于区域的比较，东部地区除小城市外，其他各级城市的非农人口数量都远多于其他区域，东部城市集中了非农人口的大部分。东、中、西及东北地区平均非农人口规模分别为 80 万人、41 万人、39 万人和 49 万人。

基于地区生产总值，不同地区各级城市地区生产总值的比较优势各有差异，优先发展的城市规模级别以超大城市为主，也就是说超大城市的经济效益最高，是我国经济发展的龙头。基于区域比较，东部地区除小城市外，其他各级城市的地区生产总值都远高于其他区域，东部城市的经济效益最高，是我国经济重心所在。东、中、西及东北地区平均经济规模分别为 165 亿元、61 亿元、59 亿元和 77 亿元。

从建成区面积的角度，不同地区各级城市建成区面积的比较优势各有差异，东部地区超大城市优先发展，中部地区中等城市优先发展，西部和东北地区小城市优先发展。基于区域的比较，东部地区除中等城市外，其他各级城市的建成区面积都远高于其他区域，东部城市的用地规模相对较大。东、中、西及东北地区平均用地规模分别为 87.8 平方公里、57.1 平方公里、56.2 平方公里和 62.1 平方公里。

第三，利用 1984 年、1996 年及 2011 年相关数据，探讨了 1984～2011 年我国不同表征方法的城市规模分布的演变。

关于非农人口规模的结论如下。

一是非农人口表征的城市数量与结构。1984～1996 年，表现出中、小城市数量优先增长的趋势；以小城市占绝对优势，各级城市数量结构基本稳定，略有升降。1996～2011 年，表现出超大城市和特大城市数量优先增长的趋势；小城市数量比重仍占优势，但优势有所削弱，中等城市数量比重上升较快。

二是各级规模的城市非农人口总数及结构。1984～1996 年，表现为中等城市和小城市非农人口数量优先发展的趋势，大城市非农人口数量受到限制；中等城市和小城市的非农人口比重得到了提高，超大城市和大城市的非农人口比重增长受到抑制。1996～2011 年，表现为特大城市、大城市非农人口数量优先发展的趋势，小城市非农人口数量增长受到限制；超大城市和大城市非农人口比重得到了提高，中等城市和小城市的非农人口比重提高受到限制。

三是平均非农人口规模。1984～1996 年，平均非农人口规模减少了 6.0 万人；1996～2011 年，平均非农人口规模增加了 24.7 万人。

关于经济规模的结论如下。

一是 GDP 表征的城市数量与结构。1984～1996 年，城市数量表现出大城市及以上级别城市数量优先增长的趋势；城市经济规模的结构以小城市占绝对优势，各级城市数量结构基本稳定，略有升降。1996～2011 年，表现出超大城市数量优先增长、小城市数量绝对减少的趋势；城市经济规模结构，小城市数量比重仍占优势，但优势有所削弱，中等城市数量比重上升较快。

二是各级规模的城市 GDP 总值及结构。1984～1996 年，城市经济规模表现为小城市 GDP 总量优先发展的趋势；城市 GDP 结构表现出小城市的 GDP 比重上升的趋势。1996～2011 年，城市经济规模表现为特大城市优先发展、小城市受限的态势；超大城市的 GDP 比重得到了提升；小城市的 GDP 比重受到了限制。

三是城市平均经济规模。1984～1996年，城市平均经济规模增加了11.8亿元；1996～2011年，平均经济规模由原来的32.8亿元增加到99亿元，增加了66.2亿元。

关于用地规模的结论如下。

一是建成区面积表征的城市数量与结构。1984～1996年，城市用地规模表现出大城市和小城市数量优先增长的趋势；各级城市数结构以小城市占绝对优势，各级城市数量结构基本稳定。1996～2011年，城市用地规模表现出超大城市和特大城市数量优先增长、小城市数量受限制的趋势；这期间小城市数量比重仍占优势，但优势有所削弱，中等城市数量比重上升较快。

二是各级规模的建成区面积总值及结构。1984～1996年，城市用地规模表现为小城市优先发展的趋势；小城市的用地规模比重在1984～1996年得到提升。1996～2010年，城市用地规模表现为特大城市、超大城市优先发展的趋势；超大城市和特大城市用地规模比重得到了提升。

三是城市平均用地规模。1984～1996年，平均城市建成区面积几乎保持不变，只增长了0.4平方公里；1996～2010年，平均城市建成区面积由原来的31.4平方公里增加到68.3平方公里，增长了1倍多。

第四，利用齐夫公式和分形理论、城市首位指数及位序－规模分布图，探讨了不同表征方法的城市规模体系分布类型的现状及演变。

关于城市规模体系分布类型的现状（2011年数据）比较，有以下结论。

一是结合城市规模分维数、城市首位指数及各城市位序－规模图，人口规模、经济规模和用地规模对应的城市规模分布都属于过渡类型；不同表征方法的位序－规模双对数曲线拐折点对应的城市规模分别是：人口规模21万人、经济规模22亿元、用地规模28平方公里。四区域不同表征方法城市规模分布也都属于过渡类型，与全国范围基本一致。

二是全国及四区域范围的城市人口规模分布较为集中，中间位序的城镇较多，人口分布显得比较均衡，首位城市的垄断性较低，中部地区首位城市人口规模垄断性相对较低，西部的相对较高。

三是全国及四区域范围的城市经济规模分布由自然分布最佳状态

向集中分布转变，首位城市的垄断性较低；中部地区城市经济规模的中间位序城镇相对较多，西部城市经济规模首位城市的垄断性相对较强。

四是全国及四区域范围城市用地规模分布具有中间位序城镇较多、首位城市垄断性较低的特性；中部地区城市用地规模中间位序城镇数量相对较多，西部城市用地规模首位城市垄断性相对较强。

关于分区域城市体系类型的演变，有以下结论。

一是总体上，1984～2011年，分区域不同表征方法的城市规模分布较为集中，中间位序的城镇较多，人口分布显得比较均衡；城市规模首位城市垄断性不强，第2位～第11位序城市各表征量超前发展。

二是城市人口规模分布类型的演变。1984～2011年，我国人口规模首位城市的垄断性在持续降低，中间位序的城市数量在持续增加；东、中部及东北地区三区域与全国范围的变化基本一致，而西部地区的城市分维数在减少，城市首位指数则在上升，其人口规模首位城市的垄断性在持续提高。

三是城市经济规模分布类型的演变。1984～2011年，全国及四区域范围经济规模首位城市的垄断性在持续降低，同时中间位序的城市数量呈波动增加趋势。

四是城市用地规模分布类型的演变。1984～2011年，全国范围用地规模首位城市的垄断性在持续降低，同时中间位序的城市数量波动增加；东、中部区域的变化基本与全国范围一致，西部和东北地区城市用地规模的首位城市垄断性趋于上升，中间位序城市数量在波动减少。

五是基于位序－规模分布图，全国范围不同表征方法的城市规模都处于由首位分布向位序－规模分布过渡的后期。不同时期，不同表征方法的位序－规模双对数曲线拐折点对应的城市规模有所变化：人口规模由1984年的12万人（1996年与1984年相等）增加到2011年的21万人；经济规模由1984年的5亿元增加到1996年的10亿元，再增加到2011年的22亿元；建成区面积由1984年的13平方公里增加到1996年的15平方公里，再增加到2011年的28平方公里。

三 通过计量分析得到的结论

第一，历史数据的计量研究表明"生产力水平是城市化水平的 Granger 原因"的单向因果关系成立，佐证了生产力发展水平是影响我国城市化进程的根本因素。

第二，以资源消耗－城市规模和环境质量－城市规模理论模型为基础，利用我国 2007~2011 年的相关面板数据进行了计量研究，得到关于中国的经验模型。主要结论如下。

一是探讨了综合城市规模测度。在构建综合城市规模测度指标体系的基础上，基于主成分分析方法，探讨了综合城市规模指标的测度，得到综合城市规模指数。

二是利用 2007~2011 年全国范围 286 个地级及以上城市的面板数据，用综合城市规模和城市人口，分别与综合人均资源消耗指数、综合环境质量指数进行面板回归，得到资源消耗－综合城市规模（城市人口规模）、环境质量－综合城市规模（城市人口规模）经验模型。结果显示：资源消耗－综合城市规模经验模型为单调递增曲线，资源消耗－城市人口规模经验模型为单调递减曲线，环境质量－综合城市规模经验模型为单调递减曲线，环境质量－城市人口规模经验模型是正 U 形曲线；四经验模型都不存在最优城市规模；全国范围既有利于"资源节约"又有利于"环境友好"的城市规模，从综合城市规模指数看为小于－0.50，从城市人口规模看为 60 万人以下。

三是进一步对资源消耗－综合城市规模、环境质量－综合城市规模和环境质量－城市人口规模三类模型分东、中、西及东北区域进行区域范围的面板回归，得到分区域的经验模型，并和全国范围的经验模型进行了比较。和全国经验模型一样，分区域经验模型也不支持资源节约型最优城市规模和环境友好型最优城市规模，但各区域的适度城市规模出现了分化。

四是在进行面板数据回归中，与城市人口规模（以非农人口表示）相比，综合城市规模指数能提高经验模型的拟合度和稳定性，显示出综合指数度量城市规模的优点；但因为综合城市规模指数是一无量纲数值，不能直接反映人们习以为常的城市人口规模的大小，难以普及推广，其缺陷也显而易见。

第三，以"两型社会"－城市规模（综合城市规模、城市人口规模）理论模型为基础，利用我国2007～2011年的相关面板数据进行了计量研究，得到关于中国的经验模型。主要结论如下。

一是基于"两型社会"综合测度指标体系，对武汉城市圈和长株潭城市群综合配套改革试验区及全国范围和分四区域的"两型社会"建设成效进行了测度。认为："两型社会"综合试验区的设立有利于"两型社会"建设，对长株潭城市群更为显著；长株潭城市群"两型社会"建设的效果略好于武汉城市圈。在区域空间上，"两型社会"建设成效由东向西呈递减趋势；在时间维度上，自"两型社会"政策实施以来，其建设成效在持续下降。本研究涉及的5个城市群的"两型社会"建设效果好于四区域空间。

二是利用2007～2011年全国范围286个地级及以上城市的面板数据，从全国及东、中、西、东北四区域的空间维度，用"两型社会"综合指数分别与综合城市规模指数、城市人口规模进行面板回归，得到"两型社会"－综合城市规模（城市人口规模）经验模型。基于经验模型，进一步探讨了不同区域范围内，有利于"两型社会"建设的最优和适度城市规模，并与第五章的有利于资源节约、环境友好的最优和适度城市规模进行了比较。结果显示：全国范围"两型社会"－综合城市规模经验模型是正N形曲线，"两型社会"－城市人口规模经验模型是单调递减曲线。经验模型说明：①我国现行的"两型社会"建设政策有一定成效，应继续推行。②综合城市规模指数小于－0.147时，城市的"两型社会"指数相对较低（小于0），而我国大部分城市处于该规模区间，"两型社会"建设任重道远。③分区域的经济模型出现分化，差异性较大。

与第五章的结论相比，无论适度综合城市规模指数还是适度城市人口规模，既有交集，又不完全一样。说明"资源节约""环境友好"与"两型社会"既有区别又有联系。全国范围的重叠区间比较大，综合城市规模指数的重叠区间多；城市人口规模的重叠区间较小，且结果的合理性较差。

有利于"两型社会"建设的最优城市规模更是没有接近一致的数值。

"两型社会" –城市规模的理论关系和经验模型需更多理论探讨和实证研究的支持。

第二节 本研究的对策建议

基于相关理论与实证研究，提出以下对策建议。

第一，借鉴历史经验，从政治经济学角度，新的历史发展阶段平稳推进我国新型城市化的建议有：做好顶层设计，坚持科学发展观，提高生产力发展水平；协调城乡关系，提升城镇化质量，推动城乡发展一体化。

第二，基于建成区面积表征的我国城市规模迅速扩张的事实，以及未来 20 ~30 年间仍是我国城镇化快速发展时期，城市建设用地需求巨大，对我国土地资源的供给形成巨大压力。要解决城市建设用地需求与土地供给之间的矛盾，可采取以下措施：一是科学规划，提高城市容纳能力；二是提高土地利用效率，发展紧凑型城市；三是建立农村宅基地流转机制。

第三，基于"两型社会"政策实施以来，其建设成效在持续下降的实证结果，政府一方面应鼓励技术创新，用更先进的技术代替陈旧技术、淘汰落后设备；同时制定更为严格的节能减排标准和产业政策并严格执行。另一方面，加强"两型社会"宣传教育，使"资源节约、环境友好"深入人心，使节约资源、保护环境成为企业和广大消费者的自觉行为。

第三节 本研究的创新之处

本研究的创新表现在以下三个方面。

第一，初步确定了城市经济规模、城市用地规模分类的划分标准，并对三种不同表征方法城市规模分类的统计特征进行了对比。

第二，构建了综合城市规模测度指标体系，并利用主成分分析法得到能综合反映城市人口规模、经济规模和用地规模特性的综合城市规模指数。

第三，借鉴相关理论，进一步完善了资源消耗 –城市规模和环境质量 –城市规模理论模型，并初步构建了"两型社会" –城市规模理论模型。依据以上理论模型，利用2007~2011年的面板数据得到我国整体及分区域的"两型社会"－城市规模经验模型；基于经验模型，得到我国整体和不同区域有利于"两型社会"建设的最优及适度城市规模。

第四节　本研究的不足之处及后续研究问题

第一，受统计数据的限制，研究的城市样本仅限地级及以上城市，尽管这些城市代表了我国城市的主流，但占城市数量大多数的县级市及建制镇没有纳入研究范围（计量分析时），将对研究的结论造成影响。

第二，受《中国城市统计年鉴》中统计指标的限制，拟合资源消耗、环境质量及综合城市规模三变量时，所选取的指标针对性不强。例如：在拟合综合城市规模指标时，与城市人口规模有关的城市常住人口、流动人口等指标无法系统获得（《中国城市统计年鉴》中没有这些指标）；拟合环境质量变量时，城市噪声污染、光污染、大气微小颗粒污染（PM2.5）等指标没有体现。这些缺陷将影响计量结论的说服力。

第三，在讨论城市体系时，尽管从城市人口规模、经济规模和用地规模进行比较研究，但未能体现城市的功能；另外，本研究也未触及城市规模三种不同表征方法之间的关系。如何根据"十一五"规划所提出的推进主体功能区形成，从城市功能的角度探讨形成区域协调的城市体系，进而推动主体功能区的形成，探讨三种不同表征方法的城市规模之间的协调关系，等等，这些将是后续研究方向。

主要参考文献

［1］ 毕于榜：《城市经济规模效益及优化途径的分析》，《消费导刊》2012年第4期。

［2］ 蔡敏华、魏芬、王芳：《旅游学概论》，人民邮电出版社，2006。

［3］ 蔡珍贵、罗灿：《基于"两型社会"的企业责任竞争力探析》，《商业时代》2009年第31期。

［4］ 曹立军、杨中明：《基于系统动力学的两型社会评价与预测集成模型》，《系统工程》2012年第2期。

［5］ 曹立军、周少华：《区域两型社会的评价方法》，《求索》2010年第4期。

［6］ 曹玮：《基于突变级数法的"两型社会"建设动态趋势评价——以长株潭城市群为例》，《统计信息论坛》2012年第2期。

［7］ 陈宏滨、李碧云：《两型社会发展的始动力》，《求索》2012年第9期。

［8］ 陈黎明、欧文：《可持续发展视角下的两型社会指标体系研究》，《科技进步与对策》2009年第20期。

［9］ 陈文兴：《快速城市化进程中的我国户籍制度改革》，《云南行政学院学报》2013年第1期。

［10］ 陈晓红等：《"两型社会"建设评价理论与实践》，经济科学出版社，2012。

［11］ 陈秀芹、许抄军：《大学生参与"两型社会"建设的心理动机》，《中国健康心理》2013年第12期。

［12］ 陈瑜、马北玲：《湖南两型社会发展评价模型与实证研究》，《求索》2009年第11期。

［13］ 陈卓咏：《最优城市规模理论与实证研究述评》，《国际城市规划》2008年第6期。

［14］ 程鑫：《两型产业发展影响因素实证研究》，《求索》2012年第10期。

［15］邓超、尹媛媛：《政府在两型社会建设中对创业投资发展的支持作用》，《求索》2009年第12期。

［16］邓伍英、柳玉：《论两型社会文化构建的艺术审美实践》，《湖南社会科学》2013年第3期。

［17］杜涛、陶良虎：《基于两型社会要求的武汉绿色物流发展研究》，《商品储运与养护》2008年第5期。

［18］段进、罗红艳、朱静平：《以金融改革与创新助推长株潭两型社会建设》，《湖南大学学报》（社会科学版）2009年第4期。

［19］段宁、黄握瑜：《城乡总体规划编制的理念转变与内容创新——基于"两型社会"背景下城乡总体规划编制的创新思路》，《城市规划》2011年第4期。

［20］国家发改委经济研究课题组：《破除资源与环境约束的可持续发展战略》，《经济研究参考》2012年第43期。

［21］方建珍、杜伟岸：《金融与循环经济的深度融合：论"两型社会"的建设范式》，《武汉金融》2010年第7期。

［22］冯奎、钟笃粮：《完善基本公共服务体系促进户籍制度改革》，《中共中央党校学报》2013年第1期。

［23］傅超、刘彦随：《我国城镇化和土地利用非农化关系分析及协调发展战略》，《经济地理》2013年第3期。

［24］高鸿鹰：《城市化进程与城市空间结构演进的经济学分析》，对外经济贸易大学出版社，2008。

［25］高鑫：《试析英国经验对武汉城市圈"两型"社会建设的启示》，《湖北社会科学》2010年第4期。

［26］顾朝林、吴莉娅：《中国城市化问题研究综述（Ⅰ）》，《城市与区域规划研究》2008年第2期。

［27］海鸣：《两型社会消费引导作用和性质的探讨》，《福建论坛》（人文社会科学版）2012年第2期。

［28］赫广义：《城市化进程中的农民工问题》，中国社会科学出版社，2007。

［29］赫鹏鹏、姜亢：《城市环境库兹涅茨曲线的实证分析》，《技术经济与管理研究》2012年第9期。

[30] 洪亮平、程望杰:《"两型社会"城乡规划指标体系整体框架研究》,《城市规划学刊》2012 年第 1 期。

[31] 胡汉荣、康煌:《推进农业综合开发,促进"两型社会"建设》,《农业开发研究》2008 年第 5 期。

[32] 胡扬帆:《"两型社会"综合配套改革试验区建设对旅游业的推动》,《特区经济》2010 年第 4 期。

[33] 胡玉敏、杜纲:《中国城市增长的空间计量经济学研究》,《科学·经济·社会》2012 年第 1 期。

[34] 黄梅、甘德欣等:《"两型社会"背景下长株潭生态工业网络构建研究》,《经济地理》2011 年第 2 期。

[35] 黄锡生、邓禾:《行为与规制:建设"两型社会"法制保障研究》,科学出版社,2010。

[36] 贾晓娟:《资源环境约束下的"两型社会"产业结构调整》,《理论月刊》2008 年第 3 期。

[37] 蒋嵘涛、李萍:《城市群政府管理体制创新对"两型社会"建设的回应路径研究》,《社会科学辑刊》2009 年第 4 期。

[38] 焦张义:《房价、生态环境质量与最优城市规模》,《南方经济》2012 年第 10 期。

[39] "居民消费问题研究"课题组:《"两型社会"居民消费指数分析》,《调研世界》2011 年第 1 期。

[40] 柯善咨、赵曜:《城市规模、聚集经济与资本的空间极化——基于我国县级以上城市面板数据的实证研究》,《财经研究》2012 年第 9 期。

[41] 匡远配、曾小溪:《"两型农业"功能演变及其定位研究》,《社科纵横》2010 年第 4 期。

[42] 赖明勇、吴义虎、肖皓:《湖南省承接产业转移与"两型社会"建设——基于湖南省 CGE 模型的分析》,《湖南大学学报》(社会科学版)2010 年第 4 期。

[43] 冷俊峰、杨赛鑫、李金保:《区域产业两型化发展水平评价研究》,《科技进步与对策》2011 年第 5 期。

[44] 李碧云、陈宏滨:《两型社会长株潭农业的四个要务》2010 年第

4 期。

［45］李斌：《扩招后考上大学的机会均等了吗?》，《中国青年报》2005 年
1 月 25 日。

［46］李崇富等主编《生态文明研究与两型社会建设》，中国社会科学出版
社，2011。

［47］李光：《创意产业化：加快湖北"两圈一带"建设的重要途径》，《湖
北社会科学》2010 年第 2 期。

［48］李化：《澳大利亚新能源发展：法律、政策及其启示》，《理论月刊》
2011 年第 12 期。

［49］李惠娟、龙如银：《资源型城市环境环境兹涅茨曲线研究》，《自然资
源学报》2013 年第 1 期。

［50］李良、赵伟军主编《"两型"社会下城市发展研究》，湖南大学出版
社，2009。

［51］李梦觉：《长株潭"两型社会"建设绩效评价指标体系的构建》，《湖
南商学院学报》2010 年第 3 期。

［52］李培：《最优城市规模研究述评》，《经济评论》2007 年第 1 期。

［53］李强、陈宇琳、刘精明：《中国城市化"推进模式"研究》，《中国
社会科学》2012 年第 7 期。

［54］李涛、孙武、胡莉等：《1930s 和 1960s 珠江三角洲城镇建成区位序－
规模、开展及其形态特征》，《华南师范大学学报》（自然科学版）
2009 年第 3 期。

［55］李新平、申益美：《基于熵值法的"两型社会"经济建设评价体系的
构建》，《统计与决策》2011 年第 13 期。

［56］李肇荣、曹华盛主编《旅游学概论》，清华大学出版社，2006。

［57］李震、杨永春：《基于 GDP 规模分布的中国城市等级变化研究——
等级结构扁平化抑或是等级性加强》，《城市规划》2010 年第 4 期。

［58］李正辉、王佳、许涤龙：《金融促进"两型社会"建设的空间差异性
研究》，《统计与决策》2010 年第 3 期。

［59］梁小青：《重化工城市"两型社会"建设实证分析——以荆门市为
例》，《企业改革与发展理论月刊》2009 年第 9 期。

［60］ 梁志峰主编《2011 年湖南"两型社会"发展报告》，社会科学文献出版社，2011。

［61］ 梁志峰主编《2012 年湖南"两型社会"发展报告》，社会科学文献出版社，2012。

［62］ "两型社会建设指标体系研究"课题组：《"两型社会"综合指标体系研究》，《财经理论与实践》2009 年第 5 期。

［63］ 廖启鹏、余瑞祥：《"两型社会"视角下村庄布局规划若干问题研究》，《资源与产业》2011 年第 4 期。

［64］ 廖小平、孙欢：《两型社会指标评价体系的构建逻辑》，《湖南师范大学社会科学学报》2011 年第 4 期。

［65］ 刘登佐、瓮晶波：《两型社会建设与湖南文化创意产业发展探析》，《现代商贸工业》2010 年第 16 期。

［66］ 刘红梅：《长株潭两型社会区域旅游竞合研究》，《求索》2010 年第 2 期。

［67］ 刘玲玲、周天勇：《对城市规模理论的再认识》，《经济经纬》2006 年第 1 期。

［68］ 刘庆：《基于"两型社会"的土地可持续利用评价研究》，中国农业出版社，2013。

［69］ 刘儒晅：《国有企业环境责任——基于心理契约视角的博弈分析》，《企业经济》2012 年第 4 期。

［70］ 刘伟：《建国后党的城乡政策调整与城乡二元结构的形成》，《中国延安干部学院学报》2009 年第 2 期。

［71］ 刘细良、秦婷婷：《低碳经济视角下的长株潭城市群交通系统优化研究》，《经济地理》2010 年第 7 期。

［72］ 刘辛田、肖华茂：《论长株潭城市群"两型旅游"发展战略》，《社会科学家》2012 年第 5 期。

［73］ 刘永亮：《置疑中国最优城市规模》，《城市规划》2011 年第 5 期。

［74］ 刘友金、胡黎明、赵瑞霞：《湖南"两型社会"建设与创意产业发展研究》，《湖南科技大学学报》2012 年第 2 期。

［75］ 刘远彬、丁中海、孙平等：《两型社会建设与智慧产业发展研究》，《生态经济》2012 年第 11 期。

[76] 刘韵琴:《低碳视角下两型社会旅游产业发展要素重构——以长株潭城市群为例》,《吉首大学学报》(社会科学版) 2011 年第 1 期。

[77] 陆大道、姚士谋:《中国城镇化进程的科学思辨》,《人文地理》2007 年第 4 期。

[78] 陆铭、高虹、佐藤:《城市规模与包容性就业》,《中国社会科学》2012 年第 10 期。

[79] 路晓非:《政府绿色采购与环境友好型社会》,《环境与可持续发展》2008 年第 5 期。

[80] 栾晓梅:《"两型社会"视角下武汉城市圈产业集群发展分析》,《湖北社会科学》2012 年第 4 期。

[81] 毛腾飞:《发展"两型产业"建设"两型社会"——以湘潭市为例》,《中国经贸导刊》2010 年第 4 期。

[82] 倪琳:《论"两型社会"建设视阈下生态消费模式的构建》,《经济纵横》2013 年第 3 期。

[83] 聂方红、黄夏先、钟荣丙:《长株潭城市群地方政府在低碳转型中的地位与作用》,载张萍主编《长株潭城市群发展报告 (2010)》,社会科学文献出版社,2010。

[84] 欧阳峣、陈修谦:《"两型社会"建设体制机制创新的系统动力学分析——以长株潭城市群为例》,《国家行政学院学报》2009 年第 6 期。

[85] 欧阳峣、生延超:《两型社会建设体制机制创新研究述评》,《中国流通经济》2009 年第 10 期。

[86] 乔海曙、王修华:《两型社会建设的理论探索与体制机制创新——首届"两型社会建设论坛"综述》,《经济研究》2009 年第 5 期。

[87] 全毅:《日本转变经济发展方式与建设"两型社会"的经验及启示》,《亚太经济》2011 年第 2 期。

[88] 孙红玲:《长株潭两型社会城市群的产业结构优化与发展》,《求索》2009 年第 8 期。

[89] 孙浦阳、武力超:《城市的最优发展规模:基于宜居视角的研究》,《上海经济研究》2010 年第 7 期。

[90] 孙文凯、白重恩、谢沛初:《户籍制度改革对中国农村劳动力流动的

影响》,《经济研究》2011 年第 1 期。

[91] 泰尊文:《"两型"社会建设综合配套改革进程》,湖北人民出版社,2012。

[92] 谈明洪、吕昌河:《以建成区面积表征的中国城市规模分布》,《地理学报》2003 年第 2 期。

[93] 田国强:《中国经济转型的内涵特征与现实瓶颈解读》,《人民论坛》2012 年第 12 期(中)。

[94] 王朝阁、孙海涛:《"两型社会"背景下工业平衡计分卡的构建》,《商业会计》2013 年第 1 期。

[95] 王春秋:《我国的资源约束现状与可持续发展战略》,《中国矿业》2006 年第 4 期。

[96] 王方红、朱云:《长株潭两型社会建设中的政府管理制度创新路径分析》,《湖南大学学报》(社会科学版)2009 年第 6 期。

[97] 王桂新、武俊奎:《城市规模与空间结构对碳排放的影响》,《城市发展研究》2012 年第 3 期。

[98] 王辉、刘茂松:《两型社会都市农业发展综合评价指标体系的构建》,《求索》2011 年第 4 期。

[99] 王慧召、申晓留、刘珂、谭忠富:《北京市 3E 可持续发展研究及预测预警模型的应用》,《能源与环境》2010 年第 1 期。

[100] 王金南、张吉、杨金田:《环境友好型社会的内涵与实现途径》,《环境保护》2006 年第 5 期。

[101] 王茜茜、周敬宣、李湘梅等:《基于投影寻踪法的武汉市"两型社会"评价模型与实证研究》,《生态学报》2011 年第 20 期。

[102] 王秋跃、田艳丽:《构建"两型"社会背景下绿色农业发展对策探讨》,《贵州商业高等专科学校学报》2008 年第 3 期。

[103] 王天仁、李建锋:《倡导"责任消费"的意义与路径选择》,《人民论坛》2011 年第 8 期。

[104] 王小鲁:《中国城市化路径与城市规模的经济学分析》,《经济研究》2010 年第 10 期。

[105] 吴小莲:《两型社会语境下的湖北艺术产业化探析》,《湖北社会科

学》2010 年第 8 期。

［106］武彦民、杨峥：《土地财政与最优城市规模》，《经济与管理研究》
2012 年第 3 期。

［107］夏锋：《规模效应、人口素质与新型城镇化的战略考量》，《改革》
2013 年第 3 期。

［108］夏永祥：《改革开放 30 年来我国城乡关系的演变与思考》，《苏州大
学学报》（哲学社会科学版）2008 年第 6 期。

［109］肖安民主编《武汉城市圈经济社会发展报告（2010～2011）》，
社会科学文献出版社，2011。

［110］熊威、聂柳：《武汉城市圈"两型社会"建设与金融创新的分析与
研究》，《武汉金融》2010 年第 8 期。

［111］熊正德、韩丽君：《构建长株潭城市群"两型社会"的金融支持体
系研究》，《湖南大学学报》（社会科学版）2011 年第 6 期。

［112］徐统仁：《环境友好型社会的科学内涵与对策建议》，《青岛科技大
学学报》（社会科学版）2007 年第 1 期。

［113］许鞍铭：《长株潭"两型社会"综合评价指标体系探析》，《文史博
览（理论）》2010 年第 3 期。

［114］许波、纪慰华：《长江三角洲地区城市规模分布的分形研究》，《城
市问题》2001 年第 2 期。

［115］许贤棠、王铄、张飞琴：《基于"两型社会"背景的武汉城市圈水
体旅游发展研究》，《国土与自然资源研究》2009 年第 4 期。

［116］薛珑：《山东省"两型社会"监测评价系统构建及实证分析》，《山
东经济》2010 年第 6 期。

［117］颜赛燕：《"两型社会"建设中企业战略预算管理研究》，《经济纵
横》2012 年第 12 期。

［118］阳秋林、代金云：《"两型社会"背景下的企业社会责任评价指标体
系及其运用研究——以湖南企业为例》，《湖南社会科学》2012 年
第 3 期。

［119］杨海生、周永章、王夕子：《我国的城市环境兹涅茨曲线的空间计
量检验》，《统计与决策》2008 年第 20 期。

[120] 杨洪、田银华、袁开国等：《长株潭“两型社会”建设试验区旅游发展基础研究》，《湖南科技大学学报》（社会科学版）2009年第6期。

[121] 叶全良、李涛：《基于“两型社会”建设的三种旅游资源开发模式》，《经济管理》2009年第9期。

[122] 叶文忠：《长株潭城市群“两型社会”的内涵和特征研究》，《湖南科技大学学报》（社会科学版）2010年第6期。

[123] 叶文忠、欧婵娟、李林：《基于粗糙集理论的“两型社会”发展评价》，《统计与决策》2011年第11期。

[124] 俞勇军、陆玉麒：《城市适度空间规模的成本－收益分析模型探讨》，《地理研究》2005年第5期。

[125] 曾立荣、王明安：《两型社会建设的合力格局及其构建机制》，《特区经济》2011年第3期。

[126] 曾翔旻、赵曼、聂佩进等：《“两型社会”综合评价指标体系建设和实证分析——基于武汉市的实证研究（一）》，《科技创业月刊》2008年第5期。

[127] 张红：《论绿色金融政策及其立法路径——兼论作为法理基础的“两型社会”先行先试权》，《财经理论与实践》2010年第3期。

[128] 张俊飚：《“两型社会”建设与湖北农业发展》，《湖南社会科学》2008年第5期。

[129] 张丽华：《“两型社会”建设中长株潭旅游产品开发模式研究》，《中国流通经济》2010年第1期。

[130] 张利、雷军、李雪梅等：《1997～2007年中国城市用地扩张特征及其影响因素分析》，《地理科学进展》2011年第5期。

[131] 张萍主编《长株潭城市群发展报告（2011）》，社会科学文献出版社，2011。

[132] 张启春、王茜：《基于“两型社会”建设的武汉城市圈产业集聚发展分析》，《湖北社会科学》2010年第8期。

[133] 张强、李远航：《“两型”社会建设的国际借鉴》，《财经理论与实践》2009年第1期。

[134] 张庆丰、〔美〕克鲁克斯：《迈向环境可持续的未来：中华人民共和

国国家环境分析》，中国财政经济出版社，2012。

[135] 张亚斌、艾洪山：《两型社会建设与新型产业体系的构建》，《湖南大学学报》2009 年第 4 期。

[136] 张应武：《基于经济增长视角的中国最优城市规模实证研究》，《上海经济研究》2009 年第 5 期。

[137] 张莹：《积极发展太阳能产业，助推武汉两型社会建设》，《中国软科学》2009 年增刊（上）。

[138] 张臻汉：《资源集约与城市化的最优规模》，《经济与管理研究》2012 年第 6 期。

[139] 赵静、曹伊清、尹大强：《"两型社会"建设环境指标体系研究》，《中国人口·资源与环境》2010 年第 3 期。

[140] 钟惠英：《两型社会综合改革试验区构建的动力机制》，《求索》2010 年第 10 期。

[141] 周彬学、戴特奇、梁进社、张锦宗：《基于分形的城市体系经济规模等级演变研究》，《地理科学》2012 年第 2 期。

[142] 周光明、黄农：《试论湘潭市林业与"两型社会"建设的耦合关系》，《湖南林业科技》2008 年第 6 期。

[143] 周靖：《产业集群：长株潭经济一体化的推动器》，《长沙理工大学学报》（社会科学版）2008 年第 3 期。

[144] 朱俊成、钟儒刚：《两型社会视域下的咸宁市产业发展研究：基于集群的思考》，《世界地理研究》2010 年第 2 期。

[145] 朱孟珏、周春山：《国内外城市新区研究的回顾与展望》，《热带地理》2013 年第 1 期。

[146] 朱清、余瑞祥、李彦军：《基于居民环境偏好的两型社会经济学分析》，《中国软科学》2012 年第 6 期。

[147] 朱顺娟、郑伯红：《长株潭"两型社会"评价指标体系研究》，《统计与决策》2010 年第 2 期。

[148] 邹德文、陈要军：《大力发展 EET 产业支撑"两型"社会建设》，《理论月刊》2008 年第 9 期。

[149] 邹宏如：《节约型社会的内涵、特征及实现途径》，《领导文萃》

2005 年第 10 期。

[150] Capello, Roberta and Camagni, Roberta, "Beyond Optimal City Size: An Evaluation of Alternative Urban Growth Patterns", *Urban Studies*, 2000, 9.

[151] Cuyck, "China's Energy Security: Perception and Reality", *Energy Policy*, 2011, 39.

[152] Grossman G. M., Krueger A. B., *Environmental Impacts of a North American Free Trade Agreement*, NT: Woodrow Wilson School, Princeton, 1992.

[153] Li Qiufeng, Dang Yaoguo, Qiang Wuyong, "Study on Measurement of Level of Economic—Environmental System's Coordination Development in Yixing City", *Energy Procedia*, 2011, 5.

[154] Panayotou T., "Empirical Tests and Policy Analysis of Environmental Degradation at Different Stages of Economic Development", World Employment Programme Research Working Paper, 1993.

[155] Shafik N., Bandyopadhyay S., "Economic Growth and Environmental Quality: Time Series and Cross Country Evidence", Washington, DC: Background Paper for World Development Report, World Bank, 1992.

[156] Wang Xuan, Su Jieqiong, Shan Shan, Zhang Yan, "Urban Ecological Regulation Based on Information Entropy at the Town Scale: A Case Study on Tongzhou District, Beijing City", *Procedia Environmental Sciences*, Volume 13, 2012.

[157] Wang Zhongping, Shi Changliang, Li Qiang, Wang Gang, "Coupling Trending Analysis about Urbanization and Urban Resource in Beijing", *Energy Procedia*, 2011, 5.

[158] Yaobin Liu, Yichun Xie, "Measuring the Dragging Effect of Natural Resources on Economic Growth: Evidence from a Space-Time Panel Filter Modeling in China", Annals of Association of American Geographers.

[159] Zheng Xiaoping, "Measure Optimal Population Distribution by Agglomeration Economies and Diseconomies: A Case Study of Tokyo", *Urban Studies*, 1998, 35.

后　记

　　新中国的成立，开启了我国现代城镇化的历程；改革开放以来，伴随着经济的飞速发展，我国正经历着迅速、空前的城镇化进程，导致了世界历史上规模最大、持续时间最长的农村－城镇人口迁移；大规模的人口迁移产生了中国特有的"农民工"问题，也导致了城市人口规模、空间规模的急剧扩张。快速城镇化给我国的资源和环境带来了巨大的压力，为推动我国城市化的持续发展，党的十七大报告提出了走新型城镇化道路，十八大报告进一步把"城镇化质量明显提高"作为"经济持续健康发展"的标志之一。

　　传统发展模式导致资源消耗、环境保护之间的不协调性日益凸显，在反思传统发展模式造成全球问题的基础上，可持续发展成为当今各国社会经济发展的主流思想。基于中国改革开放的经济实践，在可持续发展思想指导下，产生了科学发展观；在科学发展观指导下，提出了"两型社会"建设构想，并用其指导两个综合试验区的实践。本研究正是在我国推动新型城镇化的前提下，关注"两型社会"建设实践中的城市规模问题。

　　近十年来，本人持续关注中国城镇化进程中的城市（城镇）规模问题。其间完成了博士学位论文《基于可持续城市化的我国城市规模、体系及实现机制研究》，并在《地理研究》《统计研究》《经济学家》《经济地理》等刊物上发表了系列关于城市化、城市规模的学术论文。以此为基础，本人主持的课题"基于'两型社会'的城市规模研究"，于2010年获得国家自然科学基金资助（71073135）。

　　本书正是在国家自然科学基金委员会资助下得以完成的，也是博士论文研究的进一步拓展。在攻读博士学位期间，本人的各项研究工作都凝结了导师——湖南大学经济与贸易学院副院长罗能生教授的心血，也得到了湖南大学博士生导师王良健教授、衡阳师范学院院长（湖南大学兼职教授）刘沛林教授的大力支持，在此向他们表示深深的谢意！同时，感谢湖南省经济地理研究所研究团队（他们是所长魏晓研究员、书记刘玉桥、副所长李红、编辑部主任苏昌贵等）所提供的帮助！

在本课题的实施过程中，课题组成员（课题组主要成员是赫广义、吕渭济、王亚新、张东日、李海明、陈四辉；课题组其他参与者是江群、钟足锋、沈炜、陈秀芹、刘儒炳）做了大量的基础性工作，如外出调研、基础数据的收集整理、相关论文的撰写等。正是课题组成员的辛勤付出和真诚合作，才使得课题研究得以顺利实施和按时完成，在此也向他们表示感谢！

感谢社会科学文献出版社编辑张景增、冯咏梅、蔡莎莎等相关人员，在本书的出版过程中，他们的辛勤付出使书稿更加完善。

最后，衷心感谢我的亲人多年来在精神和生活上所给予的理解和支持。特别要感谢我的妻子周晓军女士，是她承担起了全部的家务及抚育儿子的重任，没有她的理解和无私的支持，我是无法安心完成相关工作的。还要感谢我那阳光向上的儿子，他的健康成长给了我无限的精神慰藉。

许抄军

2013 年 11 月

图书在版编目（CIP）数据

"两型社会"城市规模研究／许抄军著.—北京：
社会科学文献出版社，2014.1
ISBN 978 - 7 - 5097 - 5340 - 8

Ⅰ.①两…　Ⅱ.①许…　Ⅲ.①城市经济 - 经济
发展 - 研究 - 中国　Ⅳ.①F299.2

中国版本图书馆 CIP 数据核字（2013）第 278663 号

"两型社会"城市规模研究

著　　者／许抄军

出 版 人／谢寿光
出 版 者／社会科学文献出版社
地　　址／北京市西城区北三环中路甲 29 号院 3 号楼华龙大厦
邮政编码／100029

责任部门／经济与管理出版中心（010）59367226　　　责任编辑／张景增　冯咏梅
电子信箱／caijingbu@ ssap. cn　　　　　　　　　　　责任校对／韩海超
项目统筹／恽　薇　　　　　　　　　　　　　　　　　责任印制／岳　阳
经　　销／社会科学文献出版社市场营销中心（010）59367081　59367089
读者服务／读者服务中心（010）59367028

印　　装／三河市尚艺印装有限公司
开　　本／787mm×1092mm　1/16　　　　　　　　　印　　张／16.5
版　　次／2014 年 1 月第 1 版　　　　　　　　　　　字　　数／260 千字
印　　次／2014 年 1 月第 1 次印刷
书　　号／ISBN 978 - 7 - 5097 - 5340 - 8
定　　价／59.00 元